Coleção Invenções Democráticas
Volume II

INVENÇÕES DEMOCRÁTICAS
A dimensão social da saúde

Coleção Invenções Democráticas
Volume II

INVENÇÕES DEMOCRÁTICAS
A dimensão social da saúde

Organização
Marcelo Gomes Justo

Trabalho coletivo do Núcleo de Psicopatologia, Políticas Públicas
de Saúde Mental e Ações Comunicativas em Saúde Pública da
Universidade de São Paulo (Nupsi-USP)

Nupsi-USP   **autêntica**

Copyright © 2010 Núcleo de Psicopatologia, Políticas Públicas de Saúde Mental e Ações Comunicativas em Saúde Pública da Universidade de São Paulo (Nupsi-USP)

CONSELHO EDITORIAL INTERNACIONAL
Boaventura de Sousa Santos (Universidade de Coimbra/University of Wisconsin), Christian Azaïs (Université de Picardie Jules Verne d'Amiens), Diego Tatian (Universidad Nacional de Cordoba), Laurent Bove (Université de Picardie Jules Verne d'Amiens), Mariana Gainza, Marilena de Souza Chauí (FFLCH-USP), Milton Meira do Nascimento (FFLCH-USP), Paul Israel Singer (FEA-USP), Sandra Jovchelovitch (London School of Economics), Vittorio Morfino (Università degli studi di Milano-Bicocca).

COORDENADORIA DA COLEÇÃO INVENÇÕES DEMOCRÁTICAS
André Menezes Rocha, David Calderoni, Helena Singer, Lilian L'Abbate Kelian, Luciana de Souza Chauí Mattos Berlinck, Marcelo Gomes Justo, Maria Luci Buff Migliori, Maria Lúcia de Moraes Borges Calderoni.

PROJETO GRÁFICO DE CAPA
Diogo Droschi

PROJETO GRÁFICO DE MIOLO
Christiane Silva Costa

EDITORAÇÃO ELETRÔNICA
Christiane Morais de Oliveira

REVISÃO
Ana Carolina Lins

EDITORA RESPONSÁVEL
Rejane Dias

Revisado conforme o Novo Acordo Ortográfico.

Todos os direitos reservados pela Autêntica Editora. Nenhuma parte desta publicação poderá ser reproduzida, seja por meios mecânicos, eletrônicos, seja via cópia xerográfica, sem a autorização prévia da Editora.

AUTÊNTICA EDITORA LTDA.
Rua Aimorés, 981, 8º andar . Funcionários
30140-071 . Belo Horizonte . MG
Tel: (55 31) 3222 68 19
Televendas: 0800 283 13 22
www.autenticaeditora.com.br

Dados Internacionais de Catalogação na Publicação (CIP)
(Câmara Brasileira do Livro, SP, Brasil)

Invenções democráticas : a dimensão social da saúde / organizado por
    Marcelo Gomes Justo. – Belo Horizonte : Autêntica Editora / Núcleo de
    Psicopatologia, Políticas Públicas de Saúde Mental e Ações Comunicativas
    em Saúde Pública da Universidade de São Paulo – Nupsi-USP , 2010. –
    (invenções Democráticas, v. II)

    Bibliografia
    ISBN 978-85-7526-474-4

    1. Saúde pública. 2. Psicopatologia. I. Justo, Marcelo G. II. Título. III. Série

10-02870	CDD-302.23083

Índices para catálogo sistemático:
1. Saúde pública : Psicopatologia
302.23083

Sumário

Apresentação..7
Marcelo Gomes Justo

Carta de Princípios do Nupsi-USP..13
David Calderoni

PARTE I – A psicopatologia e a dimensão social da saúde............................21
Psicopatologia para a saúde pública: motivações, conceitos e estratégias metodológicas..23
David Calderoni

Uma contribuição psicanalítica à psicopatologia para a saúde pública..........29
Maria Lúcia de Moraes Borges Calderoni

Sobre o campo complexo das relações entre sociedade e saúde....................37
Paulo Rogério Gallo

A humanização na saúde como instância libertadora................................39
Alberto Olavo Advincula Reis
Isabel Victoria Marazina
Paulo Rogério Gallo

Os estados gerais da psicanálise: o sentido da estética entre a soberania e a vulnerabilidade da ética..51
Nelson da Silva Junior

PARTE II – A filosofia de Espinosa e a dimensão social da saúde...................57
O pensamento político de Espinosa..59
Marilena Chauí

Saúde mental pública em Espinosa...67
Cristiano Novaes de Rezende

Do desejo de não ser dirigido à *Hilaritas* democrática...................................71
Laurent Bove

O espinosismo em face da economia solidária..75
Laurent Bove em interlocução com Paul Singer

PARTE III – A economia solidária e a dimensão social da saúde...................81
A economia solidária e a dimensão social da saúde.......................................83
Paul Singer

Gestão pública de assentamento de reforma agrária como aprendizado..........89
Marcelo Gomes Justo

PARTE IV – A educação democrática e a dimensão social da saúde...........99
A educação democrática e a dimensão social da saúde..................................101
Lilian L'Abbate Kelian

Quando a educação é Invenção Democrática de pesquisa-ação.....................105
Helena Singer

PARTE V – A Justiça Restaurativa e a dimensão social da saúde...............115
Justiça Restaurativa e a dimensão social da saúde..117
Egberto de Almeida Penido

A Justiça Restaurativa (JR) perante os princípios
e as missões do Nupsi-USP 121
Maria Luci Buff Migliori

PARTE VI – Invenções em reflexão...135
Laurent Bove e as Invenções Democráticas...137
David Calderoni

Sobre os autores...201

Apresentação

Marcelo Gomes Justo

Este livro é resultado do trabalho de unir pessoas e de articular grupos, movimentos e instituições. Um grupo voltado para a qualificação de agentes de saúde atua há cerca de uma década na interface da psicofarmacologia, psiquiatria e psicanálise, com a visão de que a práxis clínica une essas áreas do conhecimento. Insere-se numa perspectiva de atuação e de discussão conceitual da psicopatologia para a saúde pública. A partir de 2005, sentiu-se a necessidade de formar um núcleo de cultura e extensão na Universidade de São Paulo (USP); isso foi o embrião do atual Núcleo de Psicopatologia, Políticas Públicas de Saúde Mental e Ações Comunicativas em Saúde Pública da Universidade de São Paulo (Nupsi-USP). Em 2008, agregaram-se pessoas ligadas à educação democrática, à Justiça Restaurativa, à filosofia espinosana e à economia solidária, formando-se um grupo autodenominado "Invenções Democráticas".

O assunto tratado aqui é a relação entre o Nupsi-USP , a dimensão social da saúde e as Invenções Democráticas. Dimensões centrais do humano, como produção material, educação, justiça, política e filosofia, aparecem articuladas com a saúde, como bem-estar físico, mental e social.

O Nupsi-USP é um núcleo de apoio à cultura e extensão universitária da Universidade de São Paulo, oficializado em dezembro de 2009. Como tal, deve articular ensino e pesquisa para uma interação transformadora entre universidade e ações comunitárias; a articulação ensino, pesquisa e extensão enriquece o processo pedagógico, favorece a socialização do saber acadêmico para além dos muros da universidade e contribui para a participação da comunidade na vida universitária, conforme resolução da USP. Em sua composição inicial, contou com 12 professores de diferentes unidades, como Faculdade de Saúde Pública, Instituto de Psicologia, Faculdade de Educação, Escola Politécnica, Faculdade de Filosofia, Letras e Ciências Humanas e Faculdade de Economia e Administração; além de 18 pesquisadores externos à universidade, com atuações em instituições e associações ligadas a psicanálise, psicopatologia, magistratura, educação e cidade-escola, educação democrática e estudos da violência.

O núcleo volta-se principalmente para ações psicossociais comunicativas na área sanitária. A partir desse tema, justifica-se como um local com caráter essencialmente interdisciplinar, de entrecruzamento de saberes e experiências irredutíveis a uma ciência específica. Vejamos diretamente trechos da justificativa de sua criação:

> A Psicopatologia deita raízes na tradição médico-científica e na tradição humanista (filosofia, literatura, artes e psicanálise), relacionando-se com as mais variadas expressões do conhecimento humano e sendo irredutível à psiquiatria, à neurologia, à psicologia, à filosofia ou à psicanálise. Uma de suas principais características é a multiplicidade de abordagens e referenciais teóricos, que ela tem incorporado nos últimos 200 anos. [...]

> Por seu turno, a Saúde Mental, tal como contemplada no âmbito da Saúde Pública, define-se por meio de seu aspecto coletivo, multidisciplinar, positivo, centra-se na saúde e em sua promoção, visa grupos populacionais – e, dessa forma, vai ao encontro da interdisciplinaridade própria a um Núcleo de Apoio à Cultura e Extensão Universitária.

> No âmbito das diversas temáticas da saúde – saúde da criança e do adolescente, saúde do trabalhador, saúde ambiental, condutas de alimentação, saúde da mulher – a saúde mental apresenta-se, suplementarmente, como uma temática transversal e afim a ações comunicativas que configurem atividades de extensão, articuladas a atividades de pesquisa e de ensino.

> [...] as ações comunicativas devem e podem cumprir papel fundamental na inclusão social, bandeira comum das políticas públicas contrapostas à precarização e à escassez de trabalho e à desassistência aos sofrimentos psíquicos e físicos da população. Isso porque, antes de tudo, as ações comunicativas articuladas à dimensão social da saúde constituem recurso estratégico para dar voz e participação às comunidades na determinação do sentido da inclusão social que se venha a praticar.

O Nupsi-USP tem como missão ser local universitário de referência para projetos de Invenções Democráticas e de promoção de ações de interação simbiótica dessas invenções e, consequentemente, de sua divulgação. Além disso, busca a intervenção na sociedade propondo uma "psicopatologia para a saúde pública", baseada na ideia de que os cidadãos têm direito e potência para participar da construção do diagnóstico e das propostas de ação em relação ao sofrimento psíquico e à promoção da saúde mental. Os objetivos decorrentes poderão ser vistos em alguns capítulos deste livro.

Nos textos presentes no livro, encontram-se dois interlocutores: o Nupsi-USP e as Invenções Democráticas. Trata-se da tensão entre o instituído e os movimentos. O primeiro é um núcleo de extensão da USP, algo local e formal, que articula interdisciplinarmente psicopatologia, filosofia espinosana, economia solidária, educação democrática e Justiça Restaurativa em torno do tema da saúde (mental). O segundo consiste em algo que atravessa a institucionalização acadêmica e insere-se em diferentes movimentos promotores da democracia. O Nupsi-USP é atravessado pelos movimentos, que têm nele uma de suas referências, e suas atividades são orientadas para os movimentos; assim, o núcleo se fortalece pelos movimentos e os fortalece.

Por que Invenções Democráticas? Porque a democracia é a gestão dos conflitos, das divergências e das diferenças. Estes são constantemente repostos e, consequentemente, novas lutas por direitos surgem. Impossível não se lembrar do livro *A invenção democrática*, de Claude Lefort, do início dos anos 1980, e da coleção homônima organizada por Marilena Chauí. Não cabe aqui nominar acontecimentos históricos cruciais da década de 1980 para cá. Mas a democracia continua a ser: invenção de direitos, principalmente o direito às diferenças, construção coletiva pela base (e não mero instrumento burguês) e forma de resistência a totalitarismos. Outra geração surgiu com os marcos daquela época, adotando novas formas de luta que não visam necessariamente à tomada do poder para realizar seus feitos nem negam o papel do Estado e agindo autonomamente nas brechas possíveis; assim, constituindo Invenções Democráticas. Não é por menos que uma referência central é Espinosa, o primeiro filósofo a defender a democracia na Idade Moderna.

O nome "Invenções Democráticas" reaparece no encontro de militantes da filosofia espinosana e dos movimentos da educação democrática, da economia solidária, da Justiça Restaurativa, da psicopatologia para a saúde pública, em outubro de 2008. Parte da conversa ocorrida naquele encontro é reproduzida no capítulo "O espinosismo em face da economia solidária". No encontro foi discutida a ideia de uma sede universitária e interinstitucional para entrelaçar as práticas ali presentes e as pesquisas articuladas em torno da dimensão social da saúde, como relata David Calderoni em seu texto final.

Por fim, vale apontar que a democracia está: na economia solidária, com a forma de gestão do empreendimento, sem patrão nem empregado, e sim como iguais, na decisão coletiva sobre produção, repartição das sobras e gestão de conflitos internos; na escola democrática, com as decisões coletivas sobre o quê e como aprender e sobre como conviver e na gestão comum dos conflitos sociais; na Justiça Restaurativa, com os círculos restaurativos, com o princípio de sair da lógica punitiva e quando se coloca ofensor e ofendido em diálogo; na filosofia espinosana, com o desejo de não ser oprimido; na psicolopatologia para a saúde pública, com diagnósticos e tratamentos participativos e com intercâmbios solidários. Democracia, assim, aparece como oposição a: trabalho alienado; ensino disciplinador e autoritário; penalização dos conflitos sociais; dominação; impossibilidade de superar o sofrimento mental. As Invenções Democráticas não se restringem às mencionadas aqui, elas são sem limites, como apontou Lefort.

***

Grande parte dos capítulos do livro foram escritos inicialmente como partes do documento de proposição do Nupsi-USP . São de representantes de suas respectivas áreas dialogando com o tema da dimensão social da saúde. Os textos de Marcelo G. Justo, Helena Singer e o final, de David Calderoni, foram feitos posteriormente para o livro. O texto de autoria de Alberto O. A. Reis, Isabel V. Marazina e Paulo R. Gallo é um artigo anteriormente publicado que exemplifica um dos enraizamentos que geraram o Nupsi-USP . Os textos expressam visões diferentes e as diferenças, mais do que preservadas, são valorizadas como forma de levantar discussões. Também divergem no diálogo com o Nupsi-USP e com a saúde pública: há autores que explicitaram as aproximações entre suas áreas e a saúde, outros que mencionam o Nupsi-USP e/ou as Invenções Democráticas e aqueles que, ao tratar de seus temas, subentendem o que está relacionado com os propósitos do núcleo, cabendo ao leitor encontrar as articulações.

O primeiro capítulo traz na íntegra a carta de princípios do Nupsi-USP , elaborada por David Calderoni. Pode-se ver o jogo dinâmico entre a instituição acadêmica e os movimentos das Invenções Democráticas. O Nupsi-USP apoia-se nesses movimentos e pretende ser uma instituição que os reverbera.

A partir da carta de princípios, abrem-se cinco seções de diálogos. Na primeira, "A psicopatologia e a dimensão social da saúde", estão os textos de David Calderoni, de Maria Lúcia M. B. Calderoni, de Paulo R. Gallo, de Alberto O. A. Reis, Isabel V. Marazina e Paulo R. Gallo e de Nelson da Silva Junior. David Calderoni retoma ideias presentes na carta de princípios, apresenta conceitos e métodos para o movimento da psicopatologia para a saúde pública e contextualiza este movimento. Maria Lúcia Calderoni auxilia na compreensão da complexidade da psicopatologia para a saúde pública por meio do dispositivo grupal da psicanálise. Traz a rica contribuição dos "intercâmbios solidários" – a possibilidade de compreender o outro e, ao identificar-se com ele, ser solidário – como fundamentais para a cura do sofrimento psíquico. Intercâmbio solidário combina diretamente com economia solidária, educação democrática e Justiça Restaurativa. Gallo reflete sobre os porquês do Nupsi-USP e sobre a compreensão do humano e seus sofrimentos, retomando aspectos da saúde mental e da ação comunicativa.

APRESENTAÇÃO 11

Reis, Marazina e Gallo, em artigo anteriormente publicado na revista *Saúde e Sociedade*, defendem a humanização da saúde (incorporando a multidisciplinaridade – para uma visão integrada do sujeito em sofrimento – e a noção de singularidade do acontecer psíquico – em relação à saúde mental). A humanização é, principalmente, entendida como uma intervenção na lógica que exclui o sujeito como corresponsável no processo de cura e atribui ao médico a posse da única verdade sobre a doença.

O texto de Silva Jr. consiste de um relato pessoal sobre o encontro "Estados Gerais da Psicanálise", ocorrido em julho de 2000, em Paris, e é incorporado agora a esta publicação por acreditar-se complementar aos princípios norteadores do Nupsi-USP . O autor retrata as reflexões sobre as relações de autoridade no trabalho psicanalítico e, a partir destas, tece considerações sobre os paralelos entre arte e psicanálise em suas relações com a ética e defende, para a segunda, uma ética da vulnerabilidade.

Na segunda parte, é a vez da filosofia espinosana e a dimensão social da saúde, com textos de Marilena S. Chauí, Cristiano N. Rezende, Laurent Bove e um diálogo deste com Paul I. Singer.

Com Marilena Chauí temos uma aula sobre o pensamento político de Espinosa (com a clareza didática e o rigor que são peculiares à autora). Destaca-se da leitura a fundamentação da democracia e a noção de indivíduo como composto pelo conflito, interno e externo. Encontra-se na filosofia de Espinosa a força da democracia: o uno e o múltiplo realizam-se na perspectiva de seguir a si mesmo ao seguir a *Multitudo*. Rezende faz uma leitura rigorosa de Espinosa e aponta para a potencial articulação com a saúde mental pública. O texto de Bove desenvolve a noção de *Hilaritas* em Espinosa como um afeto da alegria de viver juntos e da resistência à dominação; portanto, democrático por excelência. O diálogo Bove e Singer é a transcrição parcial de uma reunião de vários autores aqui presentes e outros, em função da qual se decidiu pela criação de um grupo autodenominado "Invenções Democráticas". O trecho apresentado é um comentário de Bove sobre as aproximações entre o pensamento espinosano e a economia solidária. Basicamente, o autor traça dois paralelos: Espinosa estabelece o desejo de não ser dirigido por um semelhante como primaz na multidão (*Multitudo*) e a *Hilaritas*, sentimento (afeto), que perpassa igualmente o tecido social quando há um boa auto-organização. Foram mantidos o clima de conversa e a contextualização do debate.

Esse diálogo faz a passagem para a terceira parte, cujo tema é a economia solidária e a dimensão social da saúde, com capítulos de Paul Singer, escrito para o documento de princípios do Nupsi-USP, e de Marcelo G. Justo. Paul Singer, ao defender a economia solidária como um modo de produção oposto ao capitalista, mostra como este não é saudável e como a solidariedade é uma importante dimensão social da saúde. O capítulo de Justo contém a reflexão sobre a necessidade de gestão pública dos conflitos sociais em assentamentos de reforma agrária para a consolidação de experiências de economia solidária.

A quarta parte apresenta a relação da educação democrática com a dimensão social da saúde com os textos de Lilian L´Abbate Kelian e de Helena Singer. O capítulo escrito por Kelian expõe os fundamentos da educação democrática e problematiza as formas de lidar com o sofrimento psíquico e as tensões da passagem da infância para a idade adulta em escolas democráticas. Helena Singer faz a defesa da pesquisa-ação como potencial superação da dicotomia teoria e prática. Assim, demonstra como a educação democrática está voltada para a transformação da realidade local.

A Justiça Restaurativa e a dimensão social da saúde é o diálogo da quinta parte, com os capítulos de Egberto A. Penido e de Maria Luci B. Migliori. Penido começa pelo cerne: a Justiça Restaurativa possui uma lógica distinta da punitiva para lidar com os conflitos sociais. Migliori desenvolve as características da Justiça Restaurativa como complementar ao sistema judiciário, exemplifica as experiências concretas e dialoga com os fundamentos do Nupsi-USP.

Por fim, o texto de David Calderoni – um ensaio sobre a filosofia de Laurent Bove – articula as Invenções Democráticas, o Nupsi-USP e a filosofia espinosana, apontando para questões cruciais quanto aos rumos das Invenções Democráticas.

A organização das seções priorizou os temas. Não há uma sequência única de leitura dos capítulos; porém, a leitura aleatória de um capítulo provocará a leitura de outros.

Aproveitem as Invenções Democráticas.

Carta de Princípios do Nupsi-USP

David Calderoni

O trabalho de efetivação e ampliação do direito social à saúde defronta-se com atos, afetos e ideias em que é possível divisar duas direções antagônicas:

- a luta para subordinar e reduzir a vida humana e a natureza a relações de propriedade, de interesse e de força, engendrando monopólios, sectarismos, violências e devastações irrecuperáveis;

- o esforço para promover e sustentar a vida humana e a natureza como bens universais participáveis, incrementando a autonomia e a cooperação entre os cidadãos do mundo.

Assumindo esta última direção, a proposta do Nupsi-USP objetiva dar consequência acadêmico-institucional ao princípio que situa a vida como valor supremo, circunscrevendo-o a partir de certos posicionamentos políticos, jurídicos e filosóficos liminares. Para tanto, tomemos primeiramente em conta as seguintes definições:

> Saúde é um estado de completo bem-estar físico, mental e social e não apenas a ausência de doença ou enfermidade (OMS, 1946).[1]

---

[1] "'*Health is a state of complete physical, mental and social well-being and not merely the absence of disease or infirmity*.' Preamble to the Constitution of the World Health Organization as adopted by the International Health Conference, New York, 19-22 June, 1946; signed on 22 July 1946 by the representatives of 61 States (Official Records of the World Health Organization, no. 2, p. 100) and entered into force on 7 April 1948. The Definition has not been amended since 1948." Disponível em: <http://www.who.int/about/definition/en/print.html>.

> A saúde é direito de todos e dever do Estado, garantido mediante políticas sociais e econômicas que visem à redução do risco de doença e de outros agravos e ao acesso universal e igualitário às ações e serviços para a sua promoção, proteção e recuperação (BRASIL, *Constituição de 1988*, art. 196).

Principiando pela consideração do aspecto mais geral da definição de saúde da OMS, cabe firmar posição quanto ao significado teórico e prático do ideal de alcançar "um completo estado de bem-estar social".

Como critério balizador das avaliações teóricas e das propostas práticas concernentes ao ideal de bem-estar social que põe em jogo a dimensão social da saúde, tem-se destacado o conceito de justiça distributiva, utilizado como crivo apto a estabelecer uma medida do grau de difusão dos serviços de saúde junto à população.

Para aquilatar o alcance do conceito de justiça distributiva, convém situá-lo em seu contexto filosófico originário. Segundo Aristóteles, a finalidade da política será alcançada e a vida na cidade será justa na medida em que proporcione o bem-comum, estendendo a todos os cidadãos a justiça participativa ou total (que realiza o poder político como bem participável e indivisível, assegurando aos cidadãos direito irrestrito à voz e à presença nas decisões sobre os negócios da cidade), a justiça distributiva ou parcial (que define e aplica as regras de divisão proporcional dos bens partilháveis porque divisíveis) e a justiça comutativa ou corretiva (voltada a reparar desacertos em transações voluntárias e involuntárias, ou seja, contratos e delitos).[2]

Note-se desde logo que a saúde não é meramente um serviço passível de uma justiça distributiva a ser avaliada e implementada segundo critérios de acessibilidade e utilização. A saúde é também, e antes de tudo, um direito universal e, como tal, a saúde é, desde sempre e por definição, irredutível àquilo que se pode distribuir.

É assim que, em seu paradigmático estudo intitulado *Políticas públicas, justiça distributiva e inovação: saúde e saneamento na agenda social*, Nilson do Rosário Costa (1998, p. 4) aponta precisamente que a condição de melhoria dos serviços públicos de saúde em termos de uma mais justa distribuição teve como condição a implementação da Constituição Federal de 1988, por meio de uma política pública centrada na consideração do usuário como cidadão:

> A Carta de 1988 abrigou a idéia da saúde como direito ao acesso universal e igualitário às ações e serviços de promoção, proteção e recuperação (Constituição de 1988, art. 196); inovou na concepção de orçamento da seguridade social e saúde (art. 199), mantido com recursos da Previdência Social, do

---

[2] Cf. os livros de Aristóteles *Ética a Nicômaco* e *Política*, retomados por CHAUÍ, 2002, p. 470-1, e por CASTORIADIS, 1987, p. 293-308.

Finsocial/Cofins, da Contribuição sobre o Lucro Líquido de Pessoas Jurídicas etc. A criação do orçamento da seguridade social ratificou a desvinculação de contribuição ao acesso a benefícios de saúde e previdência, além de a assistência social ser elevada a uma política constitucionalmente instituída. [...] O Sistema Único de Saúde, criado em 1989, representou a forma institucional para um novo padrão de proteção social. Além da universalização do acesso, o SUS propôs a integralidade da atenção, antes assegurada apenas ao segmento da população incorporada ao mercado formal de trabalho.

[...]

O mais importante nesse processo de massificação e ampliação foi a eleição de clientelas na condição de cidadão e não na de "pobres".

A compreensão do significado do usuário-cidadão como figura possibilitadora do favorecimento recíproco entre direito e serviço sanitários pode ser aprofundada no contexto do pensamento político de Aristóteles que, como referimos, é lugar de origem da própria ideia de justiça distributiva.

À luz do contexto originário deste último conceito, é possível haurir um ensinamento fundamental das observações de Nilson do Rosário Costa acerca da relação entre cidadania e justiça distributiva: estabelecendo de direito que todos os usuários são cidadãos e que todos os cidadãos podem ser usuários, a Constituição de 88 sincronizou nos princípios da política de saúde (e das políticas públicas dela decorrentes) a justiça distributiva e a justiça participativa, articulando a universalidade de acesso ao serviço com a universalidade do controle social sobre ele. Assim, de modo simultâneo e conjunto, a Constituição de 88 arquitetou na esfera da saúde uma ordenação institucional que dá plena consequência legal ao princípio que situa a vida como valor supremo.[3]

---

[3] Articulados à já referida definição internacional de saúde da OMS e ao citado Art. 196 da Constituição Federal, as diretrizes do Nupsi-USP norteiam-se também pelos seguintes princípios jurídicos e doutrinários da Lei Orgânica de Saúde (Lei nº 8.080 de 19/09/90):

§ 2º do Art. 2º:

O dever do Estado não exclui o das pessoas, da família, das empresas e da sociedade.

Parágrafo único do Art. 3º:

Dizem respeito também à saúde as ações que, por força do disposto no artigo anterior, se destinam a garantir às pessoas e à coletividade condições de bem-estar físico, mental e social.

Princípios arrolados no Art. 7º:

I - universalidade de acesso aos serviços de saúde em todos os níveis de assistência;

II - integralidade de assistência, entendida como conjunto articulado e contínuo das ações e serviços preventivos e curativos, individuais e coletivos, exigidos para cada caso em todos os níveis de complexidade do sistema;

III - preservação da autonomia das pessoas na defesa de sua integridade física e moral;

IV - igualdade da assistência à saúde, sem preconceitos ou privilégios de qualquer espécie;

V - direito à informação, às pessoas assistidas, sobre sua saúde;

Em consonância a Costa (1998, p. 159), podemos observar que tal movimento constituinte coloca o Estado a serviço da salvaguarda dos direitos sociais,[4] na medida em que os situa acima dos bens meramente econômicos, de modo a prevenir a situação em que, "ao serem tratados como bens privados acessíveis no mercado, os benefícios sociais assumirão inexoravelmente a forma de mercadoria, perdendo a sua característica de bens públicos".

Se há muito a comemorar quanto ao sentido democratizante do artigo constitucional que estabelece que "A saúde é direito de todos e dever do Estado", a verdade cotidiana é que os cuidadores que são funcionários do Estado acabam recebendo o peso de uma enorme dívida social e histórica acumulada, sofrendo em sua própria carne o impacto das reivindicações massivas da população que lhes cobra a sua saúde como um dever (não cumprido) pelo Estado. Isso faz com que os cuidadores, arriscados em seu direito à saúde pela enorme pressão da demanda por serviços de saúde, não possam na justa medida ser considerados como cidadãos no ato mesmo em que cuidam da saúde de outros cidadãos.

Isso mostra que o modo de produção capitalista não pode ser isoladamente considerado como fonte de injustiça social, visto que uma violência se produz em sua articulação com o segmento estatal do modo de produção público ("que emprega assalariados e oferece bens ou serviços públicos" – SINGER, 1998, p. 138) quanto aos direitos sanitários dos próprios funcionários encarregados de compensar os vieses da privatização e da escassez dos bens e serviços na área da saúde.

Por conseguinte, a consecução da universalidade do direito à saúde requer a definição do paradigma do trabalho justo.

Nesse sentido, essa proposta encontra fundamento ético na noção de práxis, entendida como um modo de agir inter-humano em que o agente se reconhece no processo e nos resultados de sua ação e em que o outro é visto como agente essencial de sua própria autonomia. A práxis encontra sua finalidade no próprio ato que a constitui.[5]

VI - divulgação de informações quanto ao potencial dos serviços de saúde e a sua utilização pelo usuário.

[4] "São direitos sociais a educação, a saúde, o trabalho, a moradia, o lazer, a segurança, a previdência social, a proteção à maternidade e à infância, a assistência aos desamparados, na forma desta Constituição." (BRASIL, *Constituição de1988*, art. 6º)

[5] A noção de práxis aqui desenvolvida baseia-se na Ética a Nicomômaco, de Aristóteles, e nas retomadas dessa noção, no que tange à inseparabilidade de seus termos e à imanência de sua finalidade, efetuada por CHAUÍ (1988) e, no que tange à visada da autonomia do outro, sendo conforme a CASTORIADIS (1982, p. 94) "Chamamos de praxis este fazer no qual o outro ou os outros são visados como seres autônomos e considerados como o agente essencial do desenvolvimento de sua própria autonomia. A verdadeira política, a verdadeira pedagogia, a verdadeira medicina, na medida em que algum dia existiram, pertencem à praxis."

Consideramos que nossa realidade atual é marcada pela predominância de relações de alienação que são contrárias à práxis. Em tais relações de alienação, que têm grande impacto nas práticas e saberes referentes ao processo saúde-doença, o agente não se reconhece no processo e nos resultados de sua ação e o outro não é visado como agente essencial de sua própria autonomia. A alienação tem como finalidade realizar o desígnio de outrem, sendo assim constituída pelo império de um desejo externo ao agente.

Localizamos como fonte essencial das relações de alienação o trabalho tutelado, subordinado e competitivo, gerando contradições e inversões que atravessam todas as esferas da cultura.

Para reverter a alienação em práxis, é necessário uma ação comunicativa que religue o agente, sua ação e o produto dessa ação.

O afeto, mais que sentimento privado, é modo de relação. Por isso, uma ação comunicativa que religue o agente, sua ação e o produto dessa ação põe em jogo um trabalho sobre a dinâmica dos sentimentos e emoções, implicando a passagem entre dois regimes afetivos bastante distintos: a alienação envolve uma lógica do ódio, do desconhecimento e da desconfiança própria dos processos esquizoparanoides, enquanto que a práxis acompanha o predomínio das forças integrativas do amor e da confiança no entreconhecimento e no agir inter-humano. Assim, a investigação e a intervenção no plano dos processos psicopatológicos constituem uma dimensão essencial da ação comunicativa emancipatória e libertária.

Concebendo a ação comunicativa como um saber-fazer e um fazer-saber que põem em contato agentes internos e externos à universidade, cabe atentar ao ensinamento propiciado por um cidadão que, entrevistado sobre a sua condição de usuário de serviço de saúde mental, perguntou-nos pela definição de psicopatologia. "Aprender com o sofrimento" foi a resposta, diante da qual, ele advertiu: "Cuidado, porque assim sempre se encontra sofrimento. Por isso, eu prefiro aprender com a felicidade."

A reflexão sobre essa advertência nos remete aos seguintes pontos:

- considerar a psicopatologia como o conhecimento (logos) do sofrimento (páthos) da mente (psiquê) envolve o risco de, exacerbando a atenção ao sofrimento, perder de vista o ponto de apoio positivo a partir do qual se pode conhecer a mente. Noutras palavras: não é possível nem aprender nem dar a aprender com o sofrimento se ele é referência, instrumento e ambiência únicos. Ainda que sob a forma de uma mínima esperança, é necessário um grão de encantamento, de alegria e de prazer sem o qual a melancolia leva à morte;

- assim como a saúde não se reduz à ausência de doença ou enfermidade, como ensina a OMS, assim também a paz não é ausência de guerra, como ensina Espinosa. Ou seja: a ausência do negativo não equivale à presença do positivo;

- a inclusão do bem-estar social na definição internacional e na legislação brasileira de saúde leva a interrogar quais são os fundamentos positivos das instituições sociais, afastando a redução do trabalho à obediência a metas de produtividade, impedindo o confinamento da justiça à punição aos que não cumprem o dever, questionando a qualidade da educação da escola concebida como dispositivo disciplinar e obstando que se esgote a psicopatologia na classificação e administração dos desvios psicossociais das normas de funcionamento mental e comportamental;

- a norma, a pena, a disciplina e a obediência coagidas acompanham antes o mal-estar que o bem-estar social, ao passo que o desejo, a alegria e o prazer espontâneos constituem a relação positiva com o semelhante.

Sendo a relação positiva com o semelhante essencial à gênese, à manutenção e ao desenvolvimento da vida plena e da coexistência humana – sendo também, portanto, condição necessária do bem-comum que é norte da justiça –, a dimensão social da saúde porta consigo a dimensão vital do direito.

Destarte, tendo a vida como inconteste valor supremo, o direito à saúde se apresenta como ponta de lança da democratização dos direitos sociais, contrapondo-se ao pressuposto do medo da morte como fundamento primacial da sociabilidade – ideia que, em conformidade a uma lógica da guerra, acompanha a equiparação entre poder político e dominação.

Já na perspectiva da cultura da paz, apostando em fundamentos positivos da saúde ancorados no desejo de vida plena quanto aos modos de autoconhecimento psicossocial, de formação educacional, de sustentação econômica e de reparação jurídica, com vistas a que, na consecução do bem-comum, a justiça participativa efetivamente perpasse, enfeixe e enforme a justiça distributiva e a justiça corretiva, colocam-se as seguintes proposições:

1. na medida em que as dimensões social e individual da saúde apoiam-se essencialmente no intercâmbio solidário de acolhimento, escuta, curiosidade, compreensão, intenção reparatória, generosidade, ajuda mútua, prazer, alegria, encantamento e reflexão, o movimento da *psicopatologia para a saúde pública* consiste no esforço contínuo de investigação e cura do que se contrapõe ao desenvolvimento da trama psicossocial do cuidado de si e do semelhante;

2. a dimensão social da saúde apoia-se essencialmente na *Justiça Restaurativa*, na medida em que esta responde pelo direito ao reconhecimento social da própria história e ao acesso a reparações jurídicas centradas não na punição, e sim na compreensão e na superação das causas da violência obtidas no processo de recomposição de laços sociais em torno do ofensor e do ofendido;

3. a dimensão social da saúde apoia-se essencialmente na *economia solidária*, na medida em que esta responde pelo direito ao trabalho autônomo associado e autogestionário, não subordinado e não alienado;

4. a dimensão social da saúde apoia-se essencialmente na *educação democrática*, na medida em que esta responde pelo direito à instrução e à formação centradas no estímulo e no exercício do desejo de conhecer e ensinar e na consideração dos educandos e dos educadores como agentes essenciais de decisão quanto aos temas e às regras de convivência relativas ao processo de aprendizagem;

5. as dimensões social e individual da saúde encontram recurso precioso na filosofia espinosana, na medida em que esta oferece fundamento ontológico, lógico, ético e político único para a interpretação conjunta das relações solidárias entre corpo e mente, afeto e razão, homem e natureza, indivíduo e comunidade, direito e poder, necessidade e liberdade, nos quadros de uma ciência do singular.

Na perspectiva da criação de um núcleo ligado às ações psicossociais comunicativas na área sanitária, cabe, por fim, considerar essas diversas proposições à luz do princípio da integralidade de assistência em saúde, "entendida como conjunto articulado e contínuo das ações e serviços preventivos e curativos, individuais e coletivos, *exigidos para cada caso* em todos os níveis de complexidade do sistema"(BRASIL, *Lei Orgânica da Saúde*, 1990, grifos nossos).

Ao preceituar assim que um acervo de recursos complexos e múltiplos adquira unidade caso a caso em função da especificidade dos cuidados requeridos por um indivíduo preciso ou por uma determinada coletividade, entendemos que o princípio da integralidade da assistência em saúde prescreva que as ações sanitárias constituam *modos de cuidado singular do singular*.

Incorporando a centralidade de tal diretriz ética à circunscrição dos apoios essenciais à consecução das múltiplas dimensões sociais da saúde sob o prisma do movimento da psicopatologia para a saúde pública, podemos caracterizá-lo conjuntamente à educação democrática, à economia solidária, à Justiça Restaurativa e à filosofia espinosana como sendo Invenções Democráticas geradoras de um campo de operações clínico-políticas constituído por *modos de cuidado singular do singular* voltados ao aumento da potência de autonomia e cooperação.

Referências

ARISTÓTELES. *Ética a Nicômaco e política.* São Paulo: Abril Cultural, 1982. (Coleção Os Pensadores).

BRASIL. *Constituição da República Federativa do Brasil.* 1988.

BRASIL. Lei n° 8.080 de 19/09/90 (Lei Orgânica da Saúde).

CASTORIADIS, C. *A Instituição Imaginária da Sociedade*. Rio de Janeiro: Paz e Terra, 1982.

CASTORIADIS, C. Valor, Igualdade, Justiça, Política: de Marx a Aristóteles e de Aristóteles a nós. In: *As encruzilhadas do labirinto*. Rio de Janeiro: Paz e Terra, 1987.

CHAUÍ, Marilena. *O que é ideologia*. 27. ed. São Paulo: Brasiliense, 1988.

CHAUÍ, Marilena. *Introdução à história da filosofia: dos pré-socráticos a Aristóteles*. Volume 1. São Paulo: Companhia das Letras, 2002.

COSTA, Nilson do Rosário. *Políticas públicas, justiça distributiva e inovação: saúde e saneamento na agenda social*. São Paulo: Hucitec, 1998.

SINGER, Paul. *Uma utopia militante. Repensando o socialismo*. Petrópolis, RJ: Vozes, 1998.

Parte I

A psicopatologia e a dimensão social da saúde

Psicopatologia para a saúde pública:
motivações, conceitos e estratégias metodológicas

David Calderoni

Motivações

A ideia de uma psicopatologia para a Saúde Pública tem como ponto de partida o seguinte diagnóstico:

1. as práticas de saúde mental reguladas pela instância pública da lei e pelos serviços públicos ou privados que funcionam mediante a atividade publicamente autorizada de psicólogos, psiquiatras e demais profissionais integrantes de equipes de saúde mental pressupõem a Psicopatologia na medida em que envolvem necessariamente diagnósticos, concepções e classificações relativos aos sofrimentos e transtornos psíquicos e à sua contextualização epidemiológica;

2. em que pesem os justos ideais de comunicabilidade, de não arbitrariedade, de operacionalidade epidemiológica e de visibilidade de critérios classificatórios que legitimaram a criação da Classificação Internacional de Doenças (CID) e do Manual Diagnóstico e Estatístico de Transtornos Mentais (DSM), a utilização desses catálogos mundialmente predominantes tem sido ocasião de insuficiências diagnósticas e desumanizações da prática clínica;

3. as referidas insuficiências diagnósticas e desumanizações da prática clínica se apoiam no fato de que a construção desses manuais classificatórios baseou-se:

a) num postulado de ateorismo e de neutralidade próprio de uma atitude clínica objetivista, a qual se pauta pela desvinculação das implicações diagnósticas advindas do entrelaçamento das realidades do observador e do observado;

b) no descarte de concepções relativas a conflitos entre forças não diretamente observáveis;[1]

c) na adoção de critérios diagnósticos ligados à quantificação de uma lista fechada de sintomas e sinais definidos via de regra sem participação da comunidade de não especialistas;[2]

4. neste quadro, as dinâmicas sócio-históricas da realidade comum ao usuário e ao agente dos serviços de saúde mental, assim como a abordagem estrutural, etiológica e psicodinâmica do sofrimento psíquico de ambos, tendem a ser ideologicamente desconsiderados em nome da neutralidade, do ateorismo, do objetivismo, da tecnocracia e da abstração quantitativa de critérios diagnósticos;

5. isso dá margem à despolitização das determinações do sofrimento psíquico e à exclusão de abordagens psicodinâmicas para as quais é essencial o entrelaçamento das realidades do observador e do observado;

6. os movimentos sanitarista e da reforma psiquiátrica conduziram a legislações e políticas que apoiam a garantia do direito social de conhecer categorias, critérios e procedimentos de avaliação de saúde mental e física, bem como a autonomia moral do cidadão usuário de serviços sanitários; deixam, porém, em aberto a necessidade teórica, prática e formativa de uma psicopatologia que articule estratégias de informação e comunicação participativa a abordagens psicodinâmicas e que seja compatível com a compreensão e o cuidado exigidos pela singularidade de cada indivíduo ou coletividade em sofrimento.

7. na medida em que a saúde não equivale à ausência de doença, uma psicopatologia voltada à promoção da saúde não pode esgotar-se na classificação e administração dos desvios psicossociais das normas de funcionamento mental e comportamental. Ao contrário, é tarefa de uma psicopatologia libertária engendrar estratégias metodológicas em que a interpretação dos conflitos psíquicos dê campo ao desenvolvimento da autonomia e da resistência à opressão individual e coletiva.

Os itens seguintes resumem consequências conceituais e metodológicas desses posicionamentos.

---

[1] Em consonância ao nosso ponto de vista não empirista, Freud (*apud* FULGÊNCIO, 2003, p. 129-173) explicita a relação intrínseca entre as noções de conflito psíquico e de psicodinâmica: "Não queremos apenas descrever e classificar as aparências, mas concebê-las como sinais de um jogo de forças dentro da alma [...] que trabalham umas de acordo com as outras, ou umas contra as outras. Esforçamo-nos por elaborar uma concepção dinâmica das aparências psíquicas".

[2] "Em 1952 a American Psychiatric Asociation lançou o Manual Diagnóstico e Estatístico dos Transtornos Mentais, DSM, que seria a referência nosográfica (e nosológica) para uso nos EUA, pois a Europa já tinha seu próprio código (CID) Classificação Internacional das Doenças, lançado em 1946. [...] ambos os códigos foram se reformulando a partir das novas descobertas provenientes das várias áreas, sobretudo das neurociências, até chegarem à 10ª edição (no caso do CID) e à 4ª edição (no caso do DSM). Com objetivo de tornar o mais isento possível dos vícios subjetivos inerentes ao ato de diagnosticar, os códigos adotam uma postura desvinculada da qualquer escola de pensamento (ateorismo) e o diagnóstico seria feito na base da combinação de vários sintomas observáveis [...]." Cf. LEAL.

Conceitos

O movimento da *psicopatologia para a saúde pública* define-se pela promoção da liberdade psíquica e da relação positiva com o semelhante mediante dispositivos grupais voltados à construção de *diagnósticos psicossociais participativos, oficinas do medo e dos sonhos* e *praticáveis de direitos psíquicos*, preferencialmente em interação com outras Invenções Democráticas.

Em seus valores e significações, essa definição opera:

- identificando liberdade, direito e potência;

- pautando a saúde mental pública pela promoção de intercâmbios solidários de acolhimento, escuta, curiosidade, compreensão, intenção reparatória, generosidade, ajuda mútua, prazer, alegria, encantamento e reflexão;

- pautando a psicopatologia pelos estudos e cuidados relativos ao que se contraponha à liberdade espontânea e singular de pensar, sentir, imaginar, sonhar, interpretar e comunicar;

- considerando como colaboradoras todas as disciplinas para as quais a interpretação dos conflitos psíquicos é fundamental para a construção da história individual e coletiva.

Em sua relação inclusiva e extensiva das *Invenções Democráticas*, o movimento da *psicopatologia para a saúde pública* visa a contribuir:

- para a mobilização conjunta do direito à curiosidade, ao encantamento e à reflexão, em consonância à *educação democrática* e em contraposição às práticas que identificam em cadeia a educação à escola e a escola ao disciplinamento coativo de corpos e mentes;

- para o equilíbrio do cuidado de si e do semelhante, propiciando empreendimentos de *economia solidária* contrapostos à competição selvagem, à alienação e à subordinação no trabalho;

- para a comunicação e compreensão de conflitos e diferenças sem exclusão social, em consonância à *Justiça Restaurativa* e em contraposição à lógica que reduz a justiça à punição;

- para a interpretação conjunta das relações solidárias entre mente e corpo, afeto e razão, em consonância à *filosofia espinosana*, segundo a qual:
    - mente e corpo são modificações de uma mesma substância (Deus, ou seja, a Natureza);
    - afeto e razão aumentam ou diminuem sua potência de agir de modo correlativo e conjunto;

- é possível compreendê-los numa ciência do singular que considere cada ser pelos atos, afetos e ideias que apenas este mesmo ser pode unicamente realizar.

Tais concepções contrastam:

- com a tradição aristotélica, para a qual só é possível uma ciência do universal onde o que cada ser tem de único é considerado um acidente não científico;
- com a tradição cartesiana, para a qual, sendo a mente e o corpo duas substâncias distintas, quando o afeto é ativo, a razão é passiva; e quando a razão é ativa, o afeto é passivo.

Estratégias metodológicas da psicopatologia para a saúde pública

Objetivam propiciar o inteligir, o elaborar e o agir coletivos mediante *diagnósticos psicossociais participativos*, *oficinas do medo e dos sonhos* e *praticáveis de direitos psíquicos*, tendo por lema *cuidar de quem cuida*.

Diagnósticos Psicossociais Participativos

Voltado ao inteligir coletivo, os Diagnósticos Psicossociais Participativos são dispositivos que articulam investigação e intervenção social. Trata-se de espaços de levantamento das necessidades e riquezas da população no que diz respeito à sua saúde mental.

Partem das seguintes premissas:

- de que um diagnóstico das questões referentes à saúde mental de um determinado grupo ou região pode e deve ser construído dialogicamente;
- de que se pode e deve efetivar o direito social de conhecer e deliberar acerca das categorias, critérios e procedimentos de avaliação de saúde mental;
- de que o exercício da voz ativa dos cidadãos na caracterização dos seus sofrimentos psíquicos e questões emocionais, assim como o exercício do seu direito de participação nas decisões sobre o tipo de cuidados requeridos por essas questões e sofrimentos contêm em si uma dimensão terapêutica.

Oficinas do Medo e dos Sonhos

Destinadas à elaboração psíquica coletiva dos resultados dos Diagnósticos Psicossociais Participativos, as Oficinas do Medo e dos Sonhos consistem em espaços nos quais as aflições possam ser expressas e pensadas, abrindo para os sonhos, os desejos, as esperanças e os projetos dos participantes. Tais dispositivos são terapêuticos, na medida em que se considera que o sofrimento psíquico pode ser positivamente transformador, mas que a condição de tal transformação é que esse sofrimento possa ser experimentado e interpretado em situações de relação positiva com o semelhante, posto que não é possível nem aprender nem dar a aprender com o sofrimento se ele é referência, instrumento e ambiência únicos. Ainda que sob a forma de uma mínima esperança, é necessário um grão de encantamento, de alegria e de prazer sem o qual a melancolia leva à morte.

Praticáveis de Direitos Psíquicos

Trata-se de estratégia ligada às seguintes acepções da palavra *praticável*:

- que se pode praticar ou pôr em prática; factível, exequível, realizável.

- que pode dar passagem; transitável; viável.

- cada um dos elementos cenográficos tridimensionais e móveis (como, p. ex., estrado, plataforma, esquadria, armação, suporte), utilizados no teatro para compor diferentes planos no espaço cênico em que os atores se movimentam.

Visando ao agir coletivo que torne realidade os projetos resultantes das Oficinas dos Sonhos, os Praticáveis de Direitos Psíquicos consistem em bases organizacionais de apoio para desempenhar papéis protagônicos e coadjuvantes, a partir de arranjos criativos de procedimentos (tais como Círculos de Paz, Círculos Restaurativos, Planos de Autoformação Local), materialidades mediadoras (tais como argila, galpões, mídias, instrumentos musicais) e instituições (tais como Incubadoras de Cooperativas).

Viabilizando a relação solidária entre mente e corpo, afeto e razão, indivíduo e comunidade, os Praticáveis de Direitos Psíquicos objetivam que o pensar, o sentir, o imaginar, o sonhar, o interpretar e o comunicar possam se materializar em maneiras, recursos e processos de efetivação e de ampliação do bem-estar físico, mental e social.

Referências

FULGENCIO, Leopoldo. *As especulações metapsicológicas de Freud*. In: Natureza Humana. São Paulo, 5(1), p. 129-173, jan.-jun. 2003.

LEAL, Eduardo. *Os Limites do sofrimento*. Disponível em: <http://www.sedes.org.br/Departamentos/Formacao_Psicanalise/limites_do_sofrimento.htm>. Acesso em: 25 abr. 2009.

Uma contribuição psicanalítica à psicopatologia para a saúde pública

Maria Lúcia de Moraes Borges Calderoni

Existem formas de clínica que a Psicanálise vem inventando para responder às maneiras pelas quais o sofrimento psíquico vem sendo experimentado nos dias de hoje. No campo da saúde pública, há um potencial para a participação dessa abordagem teórica na construção de um campo clínico e ético que leve em conta as atuais condições sociais, econômicas e políticas.

A Psicanálise é:

1) uma teoria sobre o psiquismo humano, sua constituição e suas maneiras de afetar e ser afetado, inclusive suas formas de sofrimento e adoecimento – portanto, uma *psicopatologia*,

2) uma técnica de tratamento e cura do sofrimento psíquico – portanto, uma *psicoterapia* e

3) uma forma comprovadamente frutífera de investigação e pesquisa da psiquê humana – portanto, uma *metodologia científica*.

Desde a sua origem, essas três dimensões são inseparáveis: a Psicanálise é uma *práxis*. E há muitos anos[1], sabe-se que essa clínica, *simultaneamente investigativa, terapêutica e propiciadora de construções teóricas*, pode acontecer em grupo.

---

[1] Há mais de meio século, a psicanálise anglo-saxã iniciou o trabalho grupal pensado não somente do ponto de vista terapêutico, mas também ligado à formação e às intervenções institucionais. Na França, Lacan, Anzieu, Pontalis, Kaës, entre outros, contribuíram com a construção de conhecimentos sobre esse tema que também interessou aos argentinos, dentre os quais Pichon-Rivière e Bleger são os mais conhecidos. Porém, esse ainda não é um campo com um corpo teórico sistematizado e diferentes técnicas e teorias sobre as possibilidades terapêuticas do grupo pouco tem conversado entre si.

O dispositivo grupal pode ser especialmente apropriado para articular o saber psicanalítico com o campo da saúde na sua dimensão social e potencializar outras práticas clínico-ético-políticas[2] que participam, dentro de uma concepção alargada de saúde, da construção do bem-estar social tal como definido pela OMS ("saúde como o mais completo estado de bem estar físico, mental e social"...).

O psicanalista se propõe a escutar e interpretar dimensões psíquicas que não estão imediatamente acessíveis: seu campo de investigação inclui, de forma essencial, o que é da ordem do inconsciente. Historicamente, essa escuta e essa interpretação ocorreram de forma individual: um analista e um paciente. Além disso, frequentemente, o espaço grupal terapêutico foi teorizado pelos psicanalistas como lugar de ameaça da integridade egoica e de rivalidade: em tese, os pacientes teriam muita dificuldade de compartilhar a atenção do analista.

Em uma direção contrária a essas ideias, é necessário pensar as condições nas quais um grupo possa se constituir como lugar de suporte identificatório e solidário para que essa maneira de atuar psicanaliticamente possa servir a uma clínica psicopatológica para a saúde pública. É esse o desafio dessa contribuição.

A ideia de que, em um grupo, por existir uma situação de *não exclusividade*, pelo espaço ser *com-partilhado*, os pacientes vivenciem necessariamente algo da ordem de uma perda e, por isso, tendam a entrar em rivalidade e a se sentir ameaçados é apenas uma das possibilidades do acontecimento grupal. Experiências clínicas de muitos anos[3] mostram que esse dispositivo pode se estruturar de forma diferente: ainda que nem todos os participantes se sintam incluídos o tempo todo, é possível realizar o trabalho de escuta e interpretação de maneira que os componentes do grupo suportem bem não estarem incluídos em todas as articulações interpretativas. Mais que isso, a disposição conjunta de escuta do outro tem sido uma característica comum a essas experiências.

A possibilidade deste acontecimento que proponho chamar de *intercâmbio solidário* pressupõe uma disponibilidade para compreender o outro como diferente, para suportar uma reciprocidade que não seja calculada ou estrita e também a abertura de um espaço de indefinição ou indeterminação. *Considero essencial o lugar da solidariedade na cura do sofrimento psíquico.*

O conceito de *identificação enriquecedora* de David Calderoni (2004, p. 267-275) é precioso para compreender a predominância dessa disponibilidade para a alteridade que está na base do *intercâmbio solidário*. Partindo de ideias sobre o "fundamento econômico-afetivo da abertura à liberdade", o autor considera

---

[2] Refiro-me às práticas libertárias que receberam o nome de Invenções Democráticas, entre as quais destaco especialmente a Educação Democrática, a Economia Solidária e a Justiça Restaurativa.

[3] Há mais de 15 anos, participo de trabalhos com grupos psicanalíticos na Clínica Psicológica do Instituto Sedes Sapientiae com resultados terapêuticos positivos.

que "identificação enriquecedora é o fenômeno no qual o investimento de um objeto", portanto, do outro, "é acompanhado por um investimento (e não por um desinvestimento) do ego com ampliação de suas propriedades", sendo que "essas propriedades que enriquecem o ego se referem ao aumento da sua potência de amar e trabalhar". Portanto, estamos em um regime diverso daquele no qual as propriedades adquiridas por alguém são as propriedades perdidas ou retiradas de outro, ou seja, não estamos, "em uma relação objetal ou intersubjetiva sob regime concorrencial entre propriedades privadas". O fundamento é outro: trata-se do "reconhecimento da posse de uma propriedade comum" que parte de outro paradigma econômico sugerido por Freud[4] (*apud* CALDERONI, 2004, p. 270) para pensar as situações em que "o ego enriqueceu-se com as propriedades do objeto". Portanto, passar de uma identificação empobrecedora na qual a lógica é a da rivalidade e ameaça de perda à outra, enriquecedora, implica, no plano das relações com o outro, "a passagem de um regime concorrencial de propriedades privadas para um regime cooperativo de propriedades comuns" que, por sua vez, permite "o aumento da potência de amar e trabalhar".

Quando a disponibilidade para o outro nos enriquece, estamos em regime potencializador de *intercâmbios solidários*. Os desafios contidos no modo de produção desses processos psíquicos em jogo na solidariedade grupal podem ser exatamente o lócus da articulação entre a abordagem psicanalítica e o campo das Invenções Democráticas, especialmente o campo da "psicopatologia para a saúde pública".

Anzieu (1974, p. 67) fala que "*o grupo é experimentado por cada um como um espelho de múltiplas faces* [...]". Acrescento, novamente partindo de ideias de David Calderoni que, por vezes, "esse é um espelho vazio, vaziez significando aqui o campo de indeterminação propiciador dos deslocamentos, desincorporações e desidentificações necessários à experiência e ao trabalho da diferença", o mesmo lugar que Fédida (1999) vai identificar, a partir do conceito fenomenológico de vazio, à própria psiquê. Não caberá aqui aprofundar essas ideias. Acrescento, somente, que o conceito de *vazio* com o qual Fédida trabalha pode ser traduzido como a essência do continente ou o continente como forma ideal pura para aquém de qualquer conteúdo (CALDERONI, 2000, p. 124).

Muitos grupos são potencializadores de solidariedade e suporte recíproco entre os seus integrantes. Essa disposição transferencial[5] é determinante para que esse dispositivo seja bem-sucedido e, por isso, é fundamental estimular os

---

[4] "Psicologia de grupo e análise do ego", ESB, V. XVIII.

[5] No sentido psicanalítico, a transferência ocorre quando o que sentimos por uma pessoa se desloca para o que sentimos por outra pessoa. Em geral, transferimos para nossas relações atuais, modos de interação provindos de nossa infância. Os vínculos que formamos vida afora guardam íntima conexão com essa dinâmica de transferências ensejadas em cada encontro com o outro.

seus integrantes para que não somente se envolvam com as questões uns dos outros, mas também exerçam um papel interpretante de uns para com os outros. O grupo possui uma potência analítica própria que não é inferior à psicanálise individual: é diferente e pode se constituir em uma forma singular de cooperação para a construção de redes "potenciais e potentes de resistência à dominação e de construção dos múltiplos sentidos da liberdade".[6]

Sem desconsiderar que a alteridade[7] – para que se mantenha como tal – traz consigo de forma incontornável um estranhamento, um enigma que faz com que sempre esteja presente uma tensão agonística nas relações intersubjetivas (isto é, uma tensão ligada a uma lógica afetiva do combate e da guerra), existe a possibilidade de um diálogo que nasça daí mesmo e se realiza quando essa tensão é sustentada sem que se tente resolvê-la pela rivalidade, dominação ou submissão ou, então, mais grave ainda, pela aparente supressão das diferenças. Uma das formas possíveis dessa sustentação se relaciona à capacidade de o coordenador de grupos ser continente das agressões e ódios que surgem na tensão intragrupal sem projetá-los ou devolvê-los imediatamente ao grupo. Isso não significa deixar-se agredir, mas requer uma capacidade razoável de suportar a angústia, mantendo-se íntegro e integrado sem precisar reagir defensivamente aos movimentos destrutivos do grupo.

O campo transferencial é muito complexo no contexto grupal, e é exatamente essa complexidade que exige uma delicada articulação do aqui/agora do grupo com a história singular de cada um de seus membros e pede grande capacidade de continência das angústias de todos. As transferências são múltiplas, cruzadas, e o jogo de identificações e projeções se multiplica exponencialmente. Ouvi-las, identificá-las e orquestrá-las para que cada um possa se reconhecer como escutado e considerado na sua singularidade pode ser uma das funções do analista de grupo. A palavra orquestrar é proposital e faz analogia com o regente de uma orquestra no sentido de sua função de fazer com que as "falas" dos diversos instrumentos produzam uma música audível para todos. Essas "falas", sempre complexas, podem estar afinadas, adequadas, no "*timing*" correto, mas também podem se repetir indefinidamente, estar fora do tom, fora de hora, impedindo o diálogo produtivo com os outros. Por vezes, é dia de "solo", e os outros precisam escutar. Por vezes, é um dueto ou um trio que protagoniza a cena. Por vezes, a orquestra toda toca junto.

Essa orquestração das transferências trabalha, sobretudo, com identificações e projeções. É sua tarefa apontar para o grupo, a partir das falas de seus membros – seja quando falam de si mesmos, seja quando falam dos outros –,

---

[6] Como escreve David Calderoni no texto de divulgação do III Colóquio de Psicopatologia e Saúde Pública ocorrido na Faculdade de Saúde Pública da Universidade de São Paulo de 28 a 30 de novembro de 2008.

[7] Agradeço a Lívia Godinho Nery Gomes, cujas ideias me auxiliaram a pensar a questão da irredutibilidade da alteridade.

aquilo que é comum, aquilo que contém a possibilidade – por sua identidade, pelo seu sentido – de auxiliar a compreensão do que está sendo trazido e também apontar o que diverge, o que aparece como fala sobre o outro, mas é essencialmente projeção que não pode ver no outro mais do que o reflexo do próprio sofrimento. No limite, as falas sempre contêm essa dupla possibilidade, e o trabalho com a identidade e a diferença está presente o tempo todo.

Ana Maria Fernández (2006, p. 154-155) diz que "o outro – enquanto semelhante e diferente – está ali para tornar possível que no laço social o sujeito se recrie como tal". É essa potência subjetivante do outro que o trabalho grupal psicanalítico deve propiciar.

Para alguns, pode ser mais produtivo estar em grupo. Como se o jogo identificatório estimulasse a associação livre, as lembranças do "primeiro grupo" – a família de origem. Irmanados, podem se tornar uma espécie de nova 'família' onde se pode aprender a compartilhar, a ouvir, a esperar a sua vez... Onde amores e ódios, rivalidades e possibilidades de reparação são colocados em jogo. Não é pouco. Uma pessoa disse que o grupo foi sua primeira experiência de escutar os outros... E que isso mudou significativamente suas relações.

A ideia de que o grupo psicanalítico é ambiente propício para a reprodução dos dramas familiares remete à origem da palavra *grupo*. Conforme A. M. Fernández (2006), esse vocábulo significa um pequeno coletivo humano que compartilha um objetivo comum. Sua origem é recente e se relaciona com a formação da subjetividade moderna e com a constituição do grupo familiar restrito – a família nuclear moderna. Ganha importância no século XVIII junto com o aparecimento do amor materno, do amor conjugal e do sentimento doméstico de intimidade. Portanto, faz sentido trabalhar com a ideia de que o grupo é especialmente propenso a reproduzir os variados matizes da cena familiar (edípica) originária de cada um.

Porém, o trabalho produtivo em grupo não é fácil, e o coordenador de grupos não está isento do perigo de ignorar a singularidade complexa das participações de cada um.

Relações de solidariedade, vivências de "pertencer a", sentimentos de que se está menos sozinho compõem o conjunto de experiências relatadas com frequência pelos integrantes dos grupos. Essa dimensão da experiência grupal é essencial, especialmente para as pessoas mais velhas. Talvez por terem uma consciência mais aguda do desamparo e da solidão humanas. Talvez porque as perdas inevitáveis acumuladas em muitas décadas de vida tragam consigo uma fragilidade que pede esse amparo grupal. E talvez, também, em função de uma questão "social" contemporânea: os mais velhos tendem a ser descartados do mercado de trabalho e do "mercado" das relações. Quando grupalizados, identificam-se facilmente nesse lugar de exclusão. E podem, muitas vezes, juntos, se solidarizar e enfrentar de forma mais potente essa exclusão social.

Freud disse em *Psicologia de grupo e análise do eu* (1969, p. 91)[8] que o outro é, para cada um de nós, não somente adversário ou objeto, mas também suporte e modelo. Todos esses papéis estão presentes imaginariamente nos grupos. Creio que a potência do dispositivo depende da possibilidade de que o outro seja, preponderantemente, vivido como aliado e suporte identificatório.

O grupo psicanalítico francês liderado por Anzieu e depois por Kaës[9] propôs uma forma de pensar um dos aspectos dessa potência grupal. Para esses autores, o vínculo primário entre as pessoas é a circulação fantasmática (atividade pré-consciente que articula representações de coisa e de palavra – em suma, a atividade de fantasiar). Ainda que só existam fantasmas individuais, como o fantasma é uma cena imaginária que se desenvolve entre vários personagens, Anzieu conclui que o fantasma possui uma organização grupal interna. Kaës parte dessa ideia e aproxima essa organização fantasmática grupal interna e a situação vivenciada em um grupo. Em outras palavras, é porque o fantasma se organiza "grupalmente" que é possível, no grupo, essa "ressonância fantas-mática" que se define pelo reagrupamento de alguns participantes do grupo em torno do fantasma de um deles. Esse reagrupamento, ainda segundo Kaës (1984 *apud* FERNANDEZ, 2006, p. 143), se relaciona a "interesse, convergência, eco, estimulação mútua".

Penso que essa ideia é útil para explicar o *intercâmbio solidário* presente em muitas experiências grupais. É muito comum os vários integrantes de um grupo psicanalítico, de fato, interessarem-se uns pelos outros, estimularem-se mutuamente. Frequentemente há uma convergência dos conteúdos trazidos que permite com que as falas ecoem sentidos. Creio que faz parte do papel do coordenador de grupos facilitar a emergência dessas ressonâncias e, a partir daí, propiciar a passagem de identificações empobrecedoras (nas quais o outro é vivenciado como ladrão potencial do que nos pertence ou do que poderíamos ganhar) para uma nova possibilidade: a de se enriquecer com o enriquecimento do outro. Os intercâmbios ocorrem quando os participantes conseguem ocupar algum lugar no cenário fantasmático dos outros.

Em suma, é absolutamente essencial que se leve em conta a atividade fantasmática do grupo. Porque o fantasma é portador de um desejo recalca-do, ele pode trazer, ao se revelar, horror, fascínio ou indiferença dependendo como se enlace aos fantasmas dos outros. Pode provocar desejos semelhantes

---

[8] As palavras literais de Freud são: "[...] apenas raramente [...] a psicologia individual se acha em posição de desprezar as relações desse indivíduo com os outros. Algo mais está invariavelmente envolvido na vida mental do indivíduo, como um modelo, um objeto, um oponente, de maneira que, desde o começo, a psi-cologia individual, nesse sentido ampliado, mas inteiramente justificável das palavras, é ao mesmo tempo, também psicologia social".

[9] Esse grupo se compôs de pensadores que trouxeram contribuições especificamente psicanalíticas para entender o acontecimento grupal. Dele tomaram parte Pontalis, Missenard e Bejarano, entre muitos outros.

e suscitar o aparecimento de mecanismos de defesa variados. Isso faz com que seja fundamental a escolha criteriosa dos integrantes possíveis de um grupo. Certamente não são quaisquer pessoas que, colocadas juntas, são capazes de participar dessa "ressonância fantasmática" no sentido apontado por Kaës (a possibilidade de que haja interesse recíproco, estimulação mútua, etc.).

Creio que a constatação desses limites coloca questões e obstáculos importantes para a abrangência de propostas fundamentalmente baseadas no agrupamento solidário como o são a Economia Solidária, a Educação Democrática e a Justiça Restaurativa.

Essas são algumas das determinações psicológicas da dinâmica grupal que não podem ser totalizadas nesse tipo de explicação – seja porque existem sempre outros determinantes presentes além dos psicológicos (econômicos, sociológicos, históricos, etc.), seja porque a complexidade das circulações e trocas psíquicas não se restringe à dimensão da fantasia.

Na contramão dos limites apontados, o fato de que muitas vezes o dispositivo grupal é bem-sucedido leva a pensar que as forças de vida que caminham na direção de um regime cooperativo e não destrutivo do outro talvez estejam mais presentes em nós do que seria possível imaginar a partir da violência e da injustiça que participam de nosso cotidiano.

Referências

CALDERONI, David. *O Caso Hermes, a dimensão política de uma intervenção psicológica em creche*. São Paulo: Casa do Psicólogo, 2004.

ANZIEU, D. *Le Groupe e l'Inconscient, L'imaginaire groupal*. Paris: Dunod, 1974.

FÉDIDA, P. *A depressão*. São Paulo: Editora Escuta, 1999.

CALDERONI, M. L. M. B. As várias formas do resistir à perda ou de como é difícil o trabalho do luto. São Paulo, *Revista Percurso*, No. 24, 2000, p. 124. Resenha do livro *A Depressão*, de FÉDIDA, P. São Paulo: Editora Escuta, 1999.

FERNÁNDEZ, A. M. *O campo grupal, notas para uma genealogia*. São Paulo: Martins Fontes, 2006.

FREUD, S. *Psicologia de Grupo e a análise do eu*. Edição Standard Brasileira das Obras Psicológicas Completas de Sigmund Freud (ESB). Vol XVIII. Rio de Janeiro: Ed. Imago, 1969.

KAËS, R. Elementos para una historia de las prácticas y de las teorias de grupo em sus relaciones com el Psicoanálisis em Francia. *Revista de Psicología y Psicoterapia de Grupo*. v. VII, n. 1, Buenos Aires, 1984 *apud* FERNANDEZ, A.M. *O Campo grupal, notas para uma genealogia*, Martins Fontes, São Paulo, 2006, p. 143.

Sobre o campo complexo das relações entre sociedade e saúde

Paulo Rogério Gallo

Dada a complexidade das relações entre sociedade e saúde, a saúde pública trabalha, na modalidade de campo do conhecimento aplicado, com pressupostos teóricos mais amplos em relação aos referenciais circunscritos pelas políticas públicas.

A saúde mental, compreendida na área da saúde coletiva, coloca como paradigma que individualidades são expressão de múltiplas condições em que se estabelece uma relação dialógica entre o biológico e o social. Esta relação transcende e rompe tanto com a lógica do biológico que nos remete ao reino animal quanto com a do social que nos coloca mecanicamente como produtos do meio, ou mera extensão dos produtos do trabalho (reificação). Enfim, a dialogicidade entre o biológico e social nos remete à dimensão humana; lócus da patologia da psiquê. Patologia compreendida e qualificada como dentro de contextos sociais situados no espaço e no tempo.

A saúde pública, de maneira geral, procura criar ou favorecer situações que apontem para a ampliação da autonomia e ao lado deste esforço, fortalecer a percepção sobre cidadania. Trata-se, portanto, de constituir um núcleo de estudos e pesquisas que reconheça que "saberemos cada vez menos do que é um ser humano" tal como nos diz José Saramago em epígrafe de seu livro *As intermitências da morte* (2005, p. 19):

> [...] o que é um ser humano, o que motiva suas ações, Ninguém hesitaria a resposta, Sim, mas, ao contrário do que se julga, não são tanto as respostas que me importam, senhor primeiro Ministro, mas as perguntas, obviamente

refiro-me às nossas, observe como elas costumam ter, ao mesmo tempo, um objetivo à vista e uma intenção que vai escondida atrás, se as fazemos não é apenas para que nos respondam o que nesse momento necessitamos que os interpelados escutem de sua própria boca, é também para que se vá preparando o caminho para futuras respostas.

As ações comunicativas, compreendidas pelo Nupsi-USP no contexto da psicopatologia em saúde pública, são iniciativas democráticas de idas e vindas de informações.

Significando e (re)significando conceitos, comportamentos, valores, em espaços desiguais, visando a aproximar pessoas/culturas singulares e a diminuir os hiatos em nome dos quais, muitas vezes, alguns justificam a exclusão.

Referências

SARAMAGO, José. *As intermitências da morte*. São Paulo: Companhia das Letras, 2005.

A humanização na saúde como instância libertadora[1]

Alberto Olavo Advincula Reis
Isabel Victoria Marazina
Paulo Rogério Gallo

A humanização em saúde

O processo de humanização da saúde tem suas origens nos movimentos de reformas sanitárias, nas Conferências de Saúde e nos grupos militantes voltados a ações em prol do desenvolvimento de uma consciência cidadã e cujas atuações se tornaram, a partir da década de 1980, gradativamente influentes, estruturadas e articuladas. Na realidade, a reordenação do conceito de saúde, pedra de toque do movimento de reforma sanitária, incorpora, entre seus determinantes, as condições de vida e desloca no sentido da comunidade a assistência médico-hospitalar como diretriz da atenção à saúde (QUEIROZ; VIANA, 1992).

A institucionalização desse processo, com a Constituição de 1988 e a estruturação do SUS, inaugurou o reordenamento teórico, paradigmático e operacional da saúde que a levou a ser compreendida no âmbito da Segurança Social. Nesse contexto, a ideia de Humanização passou a ser entendida como "a valorização dos diferentes sujeitos implicados no processo de produção de Saúde" (BRASIL, 2004). Destaca-se, na definição, que o esforço de humanização é concebido como um aporte de valor positivo alocado ao sujeito implicado na produção da saúde,

---

[1] Artigo originalmente publicado em: *Saúde Soc.*, São Paulo, v. 13, n. 3, Dec. 2004 . Disponível em: <http://www.scielo.br/scielo.php?script=sci_arttext&pid=S0104-12902004000300005&lng=en&nrm=iso>. Acesso em: 01/03/2010. doi: 10.1590/S0104-12902004000300005.

40 INVENÇÕES DEMOCRÁTICAS – A DIMENSÃO SOCIAL DA SAÚDE

embora, no entendimento comum, não seja raro que designe o usuário ou cliente externo como principal, quando não único, alvo da humanização.

Quaisquer que sejam as antropologias que sejam consideradas na sustentação da noção de sujeito, tem-se que, no âmbito da humanização em saúde, ela se plasma em uma dimensão que transcende a ideia de pessoa, funcionário, servidor ou usuário, aproximando-se da noção de instância ou de lugares institucionais. Isso, por outro lado, não significa que ela venha ignorar a dimensão particular dos sujeitos. Ao contrário, pelo fato de a humanização em saúde definir-se pelo valor atribuído ao esforço dos sujeitos na produção da saúde, quando se contemplam a autonomia, o protagonismo, a corresponsabilidade e a vinculação das instâncias, põe em evidência (dada a noção de valor) a dimensão da subjetividade e da singularidade. Categorias como vínculo, responsabilidade, autonomia destacam a ênfase na subjetividade, posto que não são categorias do mundo inerte, mas próprias do sujeito. Esse é o cerne da questão.

No plano de sua realização político-institucional, a humanização recebeu acolhimento, na gestão do presidente Fernando Henrique Cardoso, com a implantação do Programa Nacional de Humanização, e continuidade e incremento, no Governo do presidente Lula, quando o Programa foi alçado a uma dimensão de Política Nacional de Humanização. Esse passo não foi sem importância, como se refere explicitamente o ministro Humberto Costa: "Para isto estamos construindo uma política que nomeamos Política Nacional de Humanização da Atenção e Gestão no Sistema Único de Saúde Humaniza – SUS" (Brasil, 2004, p. 9).

Contudo, a despeito de sua maior visibilidade de esforço voltado à sua implementação bem como do grau de realidade envolvido em suas propostas e do compromisso oficial traduzido em empenho de organização e formalização, a política de humanização encontra-se longe de se constituir em realidade. Em seus esforços de implementação não raro se observam desequilíbrios, que ocorrem até como consequência da falta de assistência endêmica instalada no setor saúde. O fato é que a ênfase dada ao empenho de humanização na saúde pende, amiúde, para o lado das necessidades imediatas do usuário ou cliente externo, de acordo com uma lógica dicotômica de confrontação alimentada por uma tradição paternalista, cujo efeito mais direto se traduz na opacidade dos serviços. Nesse caso, é a própria essência da política de humanização que se vê comprometida nessa má ponderação, uma vez que se alteram os preceitos de corresponsabilidade, vinculação solidária e participação coletiva no processo de gestão. A integralidade, numa acepção mais ampla e livre, implica mais do que uma lógica definidora do objeto saúde entendido como entidade biopsicossocial, mas uma compreensão do próprio processo de produção de saúde e de seus sujeitos. O próprio Ministério da Saúde enfatiza essa concepção integral das instâncias presente na política de humanização quando salienta que parte importante do encaminhamento do processo de humanização apoia-se "no estilo de gestão e na estrutura de poder das instituições de saúde", uma vez que estilo e estrutura "determinam e condicionam posturas e comportamentos relativos aos vínculos profissionais de saúde e usuário, bem como entre os profissionais de saúde entre si" (BRASIL, 2004).

O modelo da saúde mental e a singularização do acontecer psíquico

As iniciativas de humanização, encaminhadas como programa e, em seguida, como política, receberam influências diversas. Não cabe aqui historiá-las. Uma delas foi particularmente importante, e, se é salientada, é porque trouxe de imediato à baila a questão da subjetividade dos sujeitos e pôs em relevo, como condição precípua de sua realização, a questão da reflexão das relações dos profissionais no interior das instituições de saúde. Trata-se do processo de humanização que incidiu inicialmente num setor mais específico, menos abrangente, que é a área de saúde mental.

O modelo da saúde mental se desenha no discurso da medicina desde que, em 1948, a recém-fundada Organização Mundial da Saúde passou a promover um novo conceito de saúde, transcendendo as dimensões exclusivas da saúde biológica. Nesse novo conceito não se tratava mais de se pensar a saúde como ausência de doença ou invalidez, mas de promoção de um estado de bem-estar completo, físico, mental e social. Uma das consequências imediatas dessa nova definição foi a substituição do conceito de higiene mental pelo de saúde mental, o que implicou uma mudança substancial de concepção, no rastilho que acompanhou a mudança geral do campo da saúde.

Na América Latina, essa mudança se concretizou no Primeiro Congresso Latino-americano de Saúde Mental organizado no Brasil, em 1954, e no Segundo Congresso, que aconteceu em Buenos Aires, dois anos mais tarde.

O novo conceito, estreitamente ligado à Declaração Universal dos Direitos Humanos, também nascida em 1948, permitia articular de forma estruturada as disciplinas pertencentes à saúde mental às ligadas à saúde física. Apesar das críticas que foram formuladas – *a posteriori* – no sentido de sua generalidade e imprecisão, o novo conceito se legitimou com relativa rapidez dentro do campo médico e da saúde pública. Nesse momento, há de se assinalar que não só o campo da saúde pública era atingido pelo impacto dos movimentos de recomposição da prática médica (medicina integral e medicina preventiva) como começavam a se gestar os princípios que antecipavam a proposta da saúde coletiva, que abriria espaço, a partir do segundo quarto do século XX, para o ingresso e contribuições decisivas das Ciências Humanas no campo da Saúde Pública, tal como bem mostrou Birman (1991).

No primeiro caso, o movimento se caracterizou, de acordo com Alvarenga (1984), entre outros aspectos, pela integração do "social" à prática médica, bem como pela "necessidade do descentramento do enfoque biológico[...]" (DONNANGELO, 1976). Tratou-se, pois, segundo Alvarenga (1984, p. 80), de uma estratégia que promoveu uma concepção globalizada do objeto individual e tentou recuperar sua totalidade biopsicossocial. No segundo, mais tardio, caracterizado pela proposta de saúde coletiva, o conceito de saúde foi enriquecido pelos aportes das ciências humanas, particularmente na incidência de suas críticas ao discurso bionaturalista que condicionava então a vereda estreita pela qual se considerava a saúde.

Esse remanejamento de paradigmas possibilitou que, a partir daí, se passasse a considerar legitimamente o corpo não apenas como entidade natural, mas como lugar atravessado por desejos e condicionado em seu funcionamento pela vida simbólica. Na esteira dessa legitimação, começa a emergir a categoria de "trabalhadores de saúde mental", já que se faz necessária uma ampliação de categorias profissionais para tratar da saúde psíquica, que até esse momento era patrimônio quase exclusivo do médico, enfatizando prioritariamente a doença e não o sujeito. Já não se fala em trabalhar com a patologia, mas sim a favor do bem-estar.

Assim, percebe-se que o modelo que vai se construindo sob a égide do conceito de saúde mental é um modelo que, embora tenha se organizado a partir da Psiquiatria, recebeu influências de várias outras disciplinas, com destaque para aquelas pertencentes ao campo das ciências humanas, tais como a psicanálise, a sociologia, a antropologia.

Num plano mais geral, não se pode ocultar o pano de fundo sobre o qual se desenharam as transformações no campo da saúde. Trata-se, no caso, de um dos acontecimentos políticos mais significativos do século: a Segunda Guerra Mundial. As consequências da deflagração do conflito mundial imprimiram a necessidade do resgate dos valores humanos, perante os horrores dos campos de extermínio e da guerra atômica. Toda uma construção que alicerça o Estado de Bem-Estar Social se originou a partir da tentativa de se criarem novos paradigmas visando evitar a repetição do pior, e a saúde não se achou excluída desse esforço.

A valorização do conceito de saúde mental veio deslocar a ênfase dada ao discurso médico para uma atenção multidisciplinar, na qual os discursos de diversos saberes pudessem construir uma visão integrada do sujeito em sofrimento, trazendo, desta feita, a um plano primeiro, a sua singularidade e sua subjetividade.

Nesse âmbito, convém assinalar que parte do aporte significativo da psicanálise no remanejamento dos paradigmas da saúde foi dada pelo conceito de singularização do acontecer psíquico. Vale dizer que enquanto a Psiquiatria procedia pelo estabelecimento da ordenação do mal-estar dentro dos grandes quadros psicopatológicos, a Psicanálise propunha uma abordagem singular do paciente, no sentido de considerar a maneira própria pela qual os pacientes conseguiam organizar o seu sofrimento dentro de um sentido possível para eles. Torna-se mais claro que a questão sobre a qual se desenrola o embate não incide sobre o indivíduo, mas sobre a singularidade do sujeito em sua dimensão psíquica.

Além disso, diversas contribuições oriundas das vizinhanças psicanalíticas, por exemplo, os trabalhos iniciais de Bion sobre o funcionamento psíquico dos grupos, vieram mostrar que o aspecto da realidade social deveria ser parte incontornável do procedimento diagnóstico e curativo. Assim, no âmbito da saúde mental passaram-se a incorporar estratégias capazes de entender e atender os aspectos alienantes da realidade social e laboral na qual o paciente encontra-se inserido. Os trabalhos realizados pela psiquiatria sobre os efeitos dos traumas de guerra serviram de importante alicerce para poder realizar essa conexão entre um processo de adoecimento e o meio em que este se realiza.

É verdade, igualmente, que as iniciativas que se desenrolaram no campo da saúde mental foram incentivadas pelo fato de ali vicejarem as condições mais deletérias, mais desumanas no campo da saúde, afetando e brutalizando a todos, clientes internos e externos. Foi nesse elo fraco do Sistema de Saúde que se irrompeu uma das primeiras e mais radicais manifestações em prol da humanização do setor. O processo de humanização do setor da saúde mental se deu através da batalha antimanicomial, pela extinção dos castigos corporais e mentais disfarçados em técnicas terapêuticas, pelo fim do abuso medicamentoso, pela liberação da palavra e abertura de sua escuta, pelos direitos dos pacientes e, sobretudo, pelo reordenamento das relações dos profissionais de saúde entre si e de suas relações com os pacientes. As iniciativas no campo da saúde mental, que antecipariam o movimento mais geral de humanização da saúde, se constituíram, antes de tudo, em uma instância de liberação.

Nos anos 1970, tornaram-se célebres, sobretudo nos países desenvolvidos, as iniciativas voltadas à prática de análises institucionais e à criação de comunidades terapêuticas em que se processaram as primeiras experiências significativas de relações humanizadas no campo da saúde. Compreendeu-se, nesse contexto, que as relações desenvolvidas entre os profissionais das comunidades tinham um efeito direto sobre a saúde dos pacientes. A partir das experiências que se desenrolaram no interior dessas comunidades, entendeu-se de imediato que o desmantelamento do poder institucional, que produzia práticas abusivas e desumanas, passava por discussão e debate das iniciativas e dos problemas, capazes de envolver, em seus níveis diversos, o conjunto dos sujeitos participantes do processo de produção da saúde. Fora dessas condições de participação, responsabilidade e interação, os procedimentos de humanização, mesmo se tratando de iniciativas positivas, quando "processados goela abaixo", só mantinham o que aparentemente se queria abolir.

No rastilho disso, e fortemente condicionado pelas lutas feministas, o processo de humanização que colocava em questão tanto uma visão naturalista do processo de saúde/doença quanto o princípio de poder institucional comandando práticas e comportamentos, estendeu-se também em relação às práticas médicas dirigidas à mulher, precipuamente o parto. Daí para frente, a saúde como um todo se viu atingida por um movimento libertador iniciado nos porões sombrios onde jaziam os dementes.

As práticas criam os sujeitos

Certamente, o profissional de saúde que trabalha no contexto da rede pública já ouviu falar, até bastante, das iniciativas de humanização. Alguns deles já participaram – e participam – de iniciativas isoladas, bem-sucedidas, nos seus locais de trabalho. Geralmente, elas se realizam porque a direção da instituição demonstra interesse em impulsioná-las.

Muitas vezes, a empreitada toma o viés de uma melhoria nas condições do espaço físico e de circulação dentro dos prédios, outras vezes é relativa à instalação de diversos grupos de acolhimento para pacientes com patologias específicas ou ainda trabalhos sobre aleitamento e orientação do parto. Também não é raro assistir à promoção de uma série de treinamentos, dirigidos aos funcionários encarregados de recepção ou da enfermagem, sobre a melhor modalidade de atendimento dos pacientes e, *"voilà!"*, o projeto de humanização está em andamento.

Sem nenhuma intenção de se desvalorizar tais medidas, que em muito ajudam os pacientes que circulam pelas instituições de saúde, faz-se, entretanto, necessária uma análise mais aprimorada tendo-se em conta o contexto institucional na qual elas se desenvolvem.

Como ponto de partida, convém resgatar a famosa frase pronunciada pelo velho aristocrata do filme de Visconti, baseado no romance de Tomasi di Lampedusa, *Il Gattopardo*, que, questionado em relação às mudanças que se anteviam na sociedade italiana com a ascensão da burguesia, replicava que: "[...] se faz necessário que algo mude, para que o essencial continue intato". Sob que condições a humanização na saúde pode servir ao conservadorismo? Em suma, qual seria esse "essencial" que necessita ser protegido?

Ora, pode-se perceber nas instituições de saúde, tanto no nível dos complexos hospitalares quanto em postos ou centros mais simples, a existência organizadora de uma certa lógica – "árvores de lógicas", na expressão de Baremblitt (1986, p. 219), ramificações de sentidos – que continua sendo tributária do discurso da medicina. Esse discurso médico é aquele que dá ênfase e promove a relação curativa e assistencial, estimando como menores as ações que possam advir da prevenção e elidindo, na consideração diagnóstica, os fatores que possam advir do estatuto socioeconômico ou subjetivo, singular, do paciente atendido.

Esse tipo de lógica, que se poderia denominar instrumental, estende-se como pano de fundo da prática da medicina. Foi somente em tempos recentes, da segunda metade do século XX em diante, que tal prática passou a ser alterada pelas contribuições de numerosas disciplinas pertencentes a outros campos epistemológicos, conforme já mencionado, de forma a poder abrir novos espaços para outras formas de tratamento. Isto não significa que a velha lógica, a título de instituído fundador, não reapareça de forma às vezes muito pouco consciente nas práticas cotidianas dos agentes de saúde, fazendo resistência às intenções de maior abertura preconizadas, no plano ideológico, pelos próprios agentes. Neste particular, entende-se que toda ideologia porta aspectos tanto conscientes quanto inconscientes, que se encontram numa permanente tensão, à medida que as práticas que ela propõe acham espaço para operar na realidade.

Michel Foucault, através de sua obra dedicada à observação da história da medicina, demonstra que a predominância do discurso científico – do qual a medicina é uma das suas filhas diletas – vai produzindo uma prática que se afasta cada vez mais da singularidade para se alicerçar numa consideração da generalidade do "caso", excluindo o sujeito como possível corresponsável no processo de sua cura, privando-o de fala ou decisão sobre seu corpo e colocando o profissional médico como possuidor de uma verdade inquestionável sobre a doença.

A humanização em saúde aparece, desta feita, como uma intervenção nessa lógica e finda por questionar paradigmas que sustentam essa forma de ver o mundo. Tal intervenção e tal questionamento têm, amiúde, por efeito, provocar fortes resistências nos sujeitos que compartilham da lógica instrumental. Freud ensinou que toda forma de ver o mundo se sustenta para cada sujeito em poderosas moções inconscientes. Essa ideia, apropriada e largamente desenvolvida pelas correntes institucionalistas, ajuda a compreender, em parte, a forte inércia que acompanha todo processo de mudança. A relação entre uma visão de mundo e os sujeitos que a sustentam não opera no sentido de mão única. A visão de mundo e as práticas que dela se desdobram também produzem uma subjetividade específica, criam sujeitos que apoiam sua identidade nessa visão. O ditado popular o expressa de forma clara: "O hábito faz o monge".

Em muitos momentos das discussões com os profissionais da saúde em relação à humanização, essa resistência aparece tão claramente, travestida de diferentes roupagens, que pode ser bem apreendida por algumas frases colhidas em um dos processos de intervenção em humanização na saúde:

> "Além de ganhar mal e de trabalhar feito um escravo, vou ter de levar em conta o que o paciente tem a dizer... e como fazer com a famosa produtividade se fico horas com um paciente?"

> "Um médico tem de saber diagnosticar a doença... essas coisas da personalidade deixo para o psicólogo... se o paciente se inquieta, chamo o psicólogo, e eles que se entendam."

> "Dentro do meu hospital quem decide como se trata sou eu, que sei das dificuldades de conseguir pessoal e recursos. Afinal, muito se fala de tratar bem os pacientes, mas, e os médicos e as enfermeiras, quem olha por eles?"

Pode-se pensar que ali se manifestam sujeitos que foram se produzindo nas práticas que eles desenvolvem ou, no mínimo, reforçados por elas em traços que lhes são próprios. Não se pode esquecer, a respeito desse propósito, que nossa cultura é muito permeável a um estilo de gestão autoritário, na esfera tanto pública quanto privada, que gera uma constante confusão entre o espaço próprio e o espaço coletivo.

Mas o melhor diagnóstico encontra-se no Documento Básico para Gestores e Trabalhadores do SUS, sobre Política Nacional de Humanização, que elenca um certo número de desafios que o SUS enfrenta na sua implantação (BRASIL, 2004, p.13).

- Fragmentação do processo de trabalho e das relações entre os diferentes profissionais;

- Fragmentação da rede assistencial dificultando a complementaridade entre a rede básica e o sistema de referência;

- Precária interação entre as equipes e despreparo para lidar com a dimensão subjetiva nas práticas de atenção;

- Sistema público de saúde burocratizado e verticalizado;

- Baixo investimento na qualificação dos trabalhadores, especialmente no que se refere à gestão participativa e ao trabalho de equipe;

- Poucos dispositivos de fomento à cogestão e à valorização e inclusão dos gestores, trabalhadores e usuários no processo de produção da saúde;

- Desrespeito aos direitos dos usuários;

- Formação dos profissionais distantes do debate e formulação da política de saúde;

- Controle frágil dos processos de atenção e gestão do SUS;

- Modelo de atenção "centrado na relação queixa-conduta".

Essas práticas, mais do que ações condenáveis e criticáveis, aparecem como elementos institucionais produtores de sujeitos fragmentados; burocratizados na sua relação com os usuários; individualistas e distantes da percepção da sua própria importância para a sustentação da política de saúde, na qual se acham imersos. A apatia e a indiferença são majoritariamente efeitos da violência e do desamparo, do cerceamento que uma política de saúde como a descrita os submete no seu cotidiano.

É importante, ainda, assinalar que, embora a discursividade médica, com sua lógica centrada no profissional, na ação curativa e focada na queixa, produza efeitos presentes numa prática de saúde desumanizada, não é possível, contudo, atribuir-lhe uma total responsabilidade na manutenção das condições de precariedade do sistema de atenção à saúde. O essencial da desumanização reside no descaso histórico e politicamente produzido pelos sucessivos governos, em uma ordem maior, cuja análise não cabe desenvolver aqui. Outros países, aplicando corretamente o mesmo modelo, conseguem condições razoáveis, dentro do campo da assistência.

Mas, retornando ao particular da questão da humanização na saúde, entende-se que uma política de humanização efetiva só pode funcionar se compreendida como uma verdadeira intervenção institucional na lógica instalada dentro do sistema de saúde e nos diferentes níveis de efeitos que ela comporta. Para isso, essa intervenção não pode ser menos que uma política, isto é, um dispositivo de amplo alcance sustentado pela maior instância de gestão do Estado. O fato de a humanização ter sido apresentada, até recentemente, como um programa, e não como uma política, limitava suas possibilidades de autorização – e portanto de intervenção – nos espaços em que era proposta.

Desafios e possibilidades da humanização

A compreensão de que a humanização pode ter uma incidência sobre a lógica do atual sistema de organização das práticas de saúde, por tudo o que foi expresso, não implica a cegueira em face das dificuldades da tarefa nem a necessidade de firmá-la como um processo de longo alcance, que não sofra deturpações de acordo com a vontade do governante do momento. Decorre daí a importância de se estabelecer a humanização como política de amplo alcance dentro do campo nacional da saúde.

Essa política, se continuada, deve contemplar alguns aspectos concretos que aparecem como fundamentais. Assim, em primeira instância, deve ser entendido que as instituições de formação profissional são partes imprescindíveis desse processo, uma vez que são os grandes aparelhos formadores que possibilitam a transmissão não somente da técnica e da informação, mas também da ideologia que sustenta sua operacionalização concreta. Um dos grandes desafios da humanização é incidir na reformulação curricular, de forma a permitir uma visão mais abrangente do processo de prevenção e assistência, que toma o nome de "clínica ampliada". Ampliada, na medida em que se entende qualquer procedimento clínico como produtor de subjetividade, sendo, portanto, uma ferramenta importantíssima tanto para formar cidadãos ativos e responsáveis quanto para propor lugares alternativos aos da passividade e inércia presentes no processo de adoecimento e cura. Isso se constitui em uma reviravolta de porte, não somente para os pacientes, instados a "não incomodar o médico", como também para os profissionais, que foram ensinados a não escutar o paciente, na medida em que ele próprio "não sabe" do seu mal-estar.

Outro espaço onde essa mudança enfrenta uma batalha cotidiana é no da gestão das práticas. Todo um sistema de pensamento está plasmado num sistema de gestão, que abrange desde a maneira pela qual o profissional se posiciona até a elaboração de planejamentos institucionais, locais e gerais. A incorporação efetiva dos organismos já existentes de participação da comunidade, assim como as criações de novos dispositivos, surgem como formas decisivas de intervir na gestão institucional dos problemas, de realizar a humanização da saúde como instância de libertação.

Na verdade, trata-se de diferentes efeitos de um mesmo processo. Contudo, um dos mais importantes aparece como o espaço do próprio profissional da saúde. Na medida em que a política de humanização passa a ser vivida, prioritariamente, como uma perda do poder de decisão e uma delimitação de sua autonomia, o profissional de saúde a ela resistirá, com maior ou menor intensidade.

A política de humanização em saúde deve ser um instrumento de transferência de um poder centralizado, que envolve naturalmente risco e responsabilidade, para um poder compartilhado, no qual diferentes instâncias – profissionais, pacientes e gestores – possam sustentar o delicado processo de prevenção e assistência.

Os elevados índices de adoecimento daqueles que devem dar conta de demandas de altíssima complexidade com precários recursos materiais e subjetivos, como mostrado, por exemplo, por Kogima (2004), em seu estudo sobre a percepção da depressão puerperal pelas enfermeiras de uma UBS em São Paulo, ou o de Moreno e Reis (2002), sobre a comunicação do resultado de sorologia positiva de Aids, são mostras correntes dos efeitos dessa concentração de poder que se sustenta na lógica instrumental. Ora, uma política de humanização consistente não é nada mais – e nada menos – que uma rede de amparo e contenção para os pacientes e para os profissionais que nela se acham implicados e, nesta exata medida, surge como uma instância de libertação real de seus sujeitos.

Referências

ALVARENGA, A. T. de. *O conceito de risco na área materno-infantil: considerações teórico-metodológicas e de aplicação*. São Paulo, 1984. Tese (Doutorado em Saúde Pública) – Faculdade de Saúde Pública, Universidade de São Paulo.

BAREMBLITT, G. *Grupos: teoria e técnica*. Rio de Janeiro, Graal; 1986. (Biblioteca de Psicanálise e Sociedade, 1).

BIRMAN, J. A physis da saúde coletiva. *Revista Saúde Coletiva.* 1, p. 7-11, 1991.

BRASIL. Ministério da Saúde. *Política Nacional de Humanização*: documento base para gestores e trabalhadores do SUS/Ministério da Saúde. Brasília, 2004.

BRASIL. Ministério da Saúde. Secretaria de Assistência à Saúde. *Programa Nacional de Humanização de Assistência Hospitalar.* Brasília, 2002.

CAPRARA A.; FRANCO A. L. S. A relação paciente-médico: para uma humanização da prática médica. *Cadernos de Saúde Pública,* vol.15, n.3, p. 647-654, jul./set. 1999.

DONNANGELO, M. C. F. *Saúde e sociedade.* São Paulo: Duas Cidades, 1976.

FERNANDES, J. C. L. A quem interessa a relação médico paciente? *Cadernos de Saúde Pública,* jan./mar. 1993, vol.9, n.1, p. 21-27.

FOUCAULT, M. *Microfísica do poder.* Rio de Janeiro, Graal, 1995. 295 p. (Biblioteca de Filosofia e História das Ciências, 7).

FOUCAULT, M. *O nascimento da clínica.* Rio de Janeiro, Forense Universitária; 1994.

KOGIMA, E. O. *O entendimento dos enfermeiros de uma Unidade Básica de Saúde acerca da depressão puerperal,* São Paulo, 2004. Dissertação (Mestrado em Saúde Pública) – Faculdade de Saúde Pública, Universidade de São Paulo.

MORENO, D. M. F. C., REIS, A. O. A. O momento da comunicação do resultado sorológico para o HIV sob a ótica winnicottiana. *Pulsional-Revista de Psicanálise.* São Paulo, v. XV (156): 20-5, 2002.

QUEIROZ, M. S.; VIANNA, A. L. Padrão de política estatal em saúde e o sistema de assistência médica no Brasil atual. *Revista de Saúde Pública,* São Paulo, v. 26, n.2, p.132-140, abr. 1992.

Os estados gerais da psicanálise:
o sentido da estética entre a soberania e a vulnerabilidade da ética

Nelson da Silva Junior

Poder, crueldade, totalitarismo, tortura, intolerância, indiferença... decididamente o encontro "Estados Gerais da Psicanálise", ocorrido entre 8 e 11 de julho de 2000 em Paris, se deu sob a égide da vocação moral da ciência freudiana. A proposta do encontro recupera um momento preciso da história da França: 17 de junho de 1797, quando, pouco antes da Revolução Francesa, o rei convoca uma assembleia com o propósito de escutar as queixas dos delegados de várias regiões de instâncias da monarquia. Inquietante recordação quando se constata uma crise inédita na demanda clínica da Psicanálise em inúmeros países... Estaria a Psicanálise igualmente próxima do fim de seu reinado? Hoje cerca de trinta mil pessoas se dedicam à escuta de pacientes sob as regras da Psicanálise; destes, cerca de 1.200 estavam presentes. O internacionalismo do encontro foi notável: 33 países atenderam a um chamado que não vinha propriamente de uma instância oficial. Note-se que o mero prestígio de seus organizadores, René Major e Elizabeth Roudinesco, não teria sido suficiente para que a comunidade de psicanalistas ali presente tomasse sua continuidade no próximo século como uma questão que exige cuidado e reflexão. Uma pequena comunidade internacional de psicanalistas preocupada em examinar as forças destruidoras do seu interior e do seu exterior, tomando como única medida uma "relação autêntica com o desejo, a palavra e a realidade" (discurso de abertura de René Major).

Com efeito, o estado atual da Psicanálise no mundo parece confirmar a justeza dessa preocupação: com ligeiras diferenças entre países, a convergência em torno de questões fundamentais permitiu uma confirmação dessa crise. Esta foi uma das constatações de Chaim Samuel Katz: paradoxalmente, o aumento da potência teórica do pensamento analítico tem sido acompanhado por uma clara diminuição da demanda clínica. Única exceção a tal decadência generalizada: a América Latina, particularmente o Brasil, surge como um novo Eldorado psicanalítico aos olhos do velho continente. Madame Roudinesco lembra que, no Brasil, a Psicanálise se encontra fortemente enraizada da formação universitária dos cursos de psicologia clínica. (palestra de abertura, publicada no *Le Monde* de 10/7/2000). A comitiva brasileira no encontro foi, é verdade, a mais numerosa, e, pela primeira vez, um Congresso Internacional de Psicanálise fora do Brasil e de Portugal é contemplado com o português como língua oficial. Mas a participação brasileira foi bastante além de uma parcela respeitável no numerário. Maria Cristina Rios Magalhães foi a primeira brasileira a falar, e sua presença nesse momento de abertura demarcou a participação do Brasil como fruto da maturidade conquistada no Encontro Sul Americano dos Estados Gerais da Psicanálise, realizado em novembro de 1999 em São Paulo. Em seguida, a excelente apresentação de Paula Rocha, capaz de reorientar as discussões para problemáticas atuais de caráter geral a partir de um trabalho que engaja sua experiência com a clínica do autismo para compreender certos fenômenos culturais no Brasil de hoje. O trabalho respeitoso e crítico dos leitores brasileiros Miguel Calmon, Regina Orth de Aragão, e as discussões realizadas por Daniel Kuperman, Chaim Katz e Catherina Koltai demonstraram a seriedade da produção psicanalítica de nosso País. Destaque-se o trabalho de interpretação de Joel Birman da prosperidade do movimento psicanalítico na América Latina como tendo sido possibilitada precisamente pela dolorosa experiência política dos regimes totalitários, experiência infeliz marcada pelo horror, mas capaz de, em alguma medida, propiciar uma salutar desconfiança de base nas relações dos sujeitos com todas as formas de autoridade, inclusive a autoridade das instituições oficiais de formação, ou seja, os institutos de Psicanálise. Francis Hofstein, da França, nesse sentido, enfatizou, o uso da transferência pelas instituições de formação enquanto instrumento de poder, o que demonstra a possibilidade patológica da transferência enquanto um obstáculo à transmissão da psicanálise. Haveria na América Latina, segundo J. Birman, um "saber sobre a transferência", saber que se diria se despedir sem nostalgia da falsa proteção do masoquismo moral e se abrir ao próprio desamparo como a uma possível liberdade.

Com efeito, um tal entrelaçamento do âmbito político com a produção teórica e clínica da Psicanálise se confirmou em tristes e corajosas lembranças, em testemunhos que marcaram esse encontro como talvez a despedida de um século que se definiu produzindo crueldades e sofrimentos inéditos no ser humano. Foram Helena Bessermann Vianna e Anne-Lise Stern as duas damas desses dias, e cada uma delas soube trazer suas memórias com a delicadeza decantada por décadas de dor e de verdade. Anne-Lise Stern, sobrevivente dos campos de concentração, silenciou a todos evocando uma noite em que se conversou sobre Freud, desejos e sonhos entre as prisioneiras. No dia seguinte, contou, elas vieram lhe trazer em abundância os frutos oníricos dessa conversa. Uma delas, contudo, décadas depois, procurou-lhe para dizer como pôde sobreviver graças ao sonho que tivera aquela noite: uma luz aquecia ainda que fracamente o deserto do mundo. Helena Vianna, vítima da adesão da própria Psicanálise primeiramente à crueldade da tortura, e, em seguida, à crueldade do silêncio sobre a tortura. Sua mera presença representava a impossibilidade de evitar a questão, explicitada em outro momento por Armando Uribe, ex-embaixador do Chile sob Allende, sobre o "pequeno Pinochet em cada um de nós". Helena Vianna leu aos presentes sua carta de desligamento da IPA, recém-enviada a Otto Kernberg, presidente dessa instituição.

Sobre essa imanência do mal em cada um de nós, cabe aqui retomar alguns elementos da conferência proferida por Jacques Derrida. Antecipando o cerne de sua conferência com uma pontuação linguística que desvela todo o poder de recalcamento de uma tradução, Derrida opõe o termo latino "crueldade" ao termo germânico, "Grausamkeit", usado por Freud. A etimologia dessas duas palavras remete a compreensões fundamentalmente diversas quanto à natureza desse mal. Assim, se a raiz latina *"cruor"* diz respeito ao sangue derramado e, portanto, descreve os efeitos do sofrimento, a semântica teutônica fala diretamente do prazer obtido no sofrimento. A partir desse resgate etimológico, Derrida elege a Psicanálise como um discurso único, pois aborda "sem álibi" o prazer psíquico no sofrimento. "Sem álibi", essa expressão é retomada inúmeras vezes ao longo de duas horas de uma conferência impactante pela sua franqueza. Freud explora a sintaxe desse prazer no sofrimento, esboça a geografia da crueldade sem justificação ou finalidade senão si mesma. A partir da noção de pulsão de morte, a crueldade humana se apresenta sem álibi, pois nela vigora o "mal pelo mal".

Teria a Psicanálise condições de enfrentar a crueldade, seja aquela descrita por Freud como ligada ao princípio do prazer, a saber, a crueldade ligada à sexualidade e à pulsão de dominação, seja aquela descrita como um dos destinos possíveis da pulsão de morte? Quais estratégias se enfileiram diante de cada uma dessas formas e causas da crueldade? Como poderia uma ciência psicanalítica posicionar-se eticamente, isto é, engajadamente, contra a crueldade? Na opinião de Derrida, as resistências à Psicanálise operadas por ela própria ainda não permitiram que esta se alçasse acima dos males que ousou denunciar. Lembra que o próprio projeto terapêutico da Psicanálise se constitui em uma dessas resistências a si própria, na medida em que tal projeto se fundamenta sobre uma lógica de dominação. No que diz respeito às resistências exteriores, tratar-se-ia aqui da crueldade imanente à pulsão de dominação (*pulsion de maîtrise*, de *souveraineté*, termo que em seu discurso transcende a noção freudiana) se localiza e se fortalece no interior da cultura através da centralidade que uma série de princípios continua a ocupar no campo jurídico, ético e político. Tais princípios, que definem, para Derrida, o campo da soberania, são a "autonomia e onipotência do sujeito individual ou estatal, vontade egológica, intencionalidade consciente", ou seja, em termos psicanalíticos, o ego, o ideal de ego e o super-ego. Por soberania Derrida indica assim a primazia de uma compreensão da liberdade enquanto livre arbítrio da consciência e de uma série de ideais correlatos a esse princípio. Mas, para o filósofo, a Psicanálise ainda estaria aquém de sua própria vocação, pois ainda não pensou este "mais além do além do princípio do prazer".

Como possível encaminhamento dessa questão, Derrida retoma o texto "Por que a guerra?". Nesse texto, Freud contesta a tese de Einstein de que a paz seria possível desde que os Estados Nacionais estivessem dispostos a sacrificar incondicionalmente uma parte de sua soberania diante de uma entidade jurídica internacional. Segundo Freud, haveria causas psíquicas que impediriam esse sacrifício. Contudo, diante da equação mortal ("matar ou morrer") imposta pela lógica da pulsão de morte, Freud aponta para soluções parciais, em que, segundo Derrida, poderíamos nos inspirar para uma estratégia de "obliquidade", termo recorrente no texto freudiano. Haveria de se contar, diante do impasse entre a ambição de uma imposição totalitária da paz, e uma aceitação ingênua da natureza humana como essencialmente cruel, com uma lógica do indecidível, lógica fundada sobre uma compreensão da finitude não meramente negativa, ou negativista. Aqui a possibilidade da cultura dependeria do abandono da ilusão de uma erradicação total da crueldade e da aceitação de uma economia do possível, pensando a constituição humana como um de seus limites. Derrida finaliza sua conferência acenando para o futuro da Psicanálise, um futuro possível, mas certamente novo, já que as formas experimentadas até agora se mostraram inadequadas.

Seguindo a direção apontada por esse aceno, proponho algumas reflexões sobre o papel metodológico do campo da estética no questionamento das resistências da psicanálise a si própria. Suponho como justo o apelo de Jacques Derrida a uma urgente busca de respostas diante de novas formas de resistências do mundo à Psicanálise, mas igualmente resistências da Psicanálise ao mundo. A estética tem, a meu ver, uma função metodológica na análise das resistências da Psicanálise para consigo mesma. Mas, para avançar nessa proposta, cabe começar por uma pergunta. Teria a arte qualquer coisa a dizer sobre essa possibilidade incerta, isto numa discussão que gira essencialmente sobre questões éticas? Essa questão é fundamental, pois a voz cotidiana duvida *a priori* da importância do campo estético no debate político. Com efeito, as relações da Psicanálise com a arte têm sido tributárias quase que exclusivamente de uma herança kantiana, que postula uma independência entre o campo estético (sem finalidades) e o campo político (o bem como finalidade). Entretanto, a tradição kantiana não é senão uma das tradições nesse debate que engaja a política e a estética. Aristóteles e Platão, por exemplo, embora divergindo quanto ao interesse da tragédia para a pólis grega, admitem como legítima uma profunda e complexa relação entre arte e política. Com efeito, segundo Platão, a governabilidade corria um risco, diante do excesso de emoções suscitado pelo espetáculo trágico. Aristóteles, por sua vez, supunha que a governabilidade poderia ser facilitada pela catarse regular e controlada das emoções no próprio interior da cidade grega.

Se atribuímos à arte a função de interlocutor da questão ética, partimos do princípio que um exame das políticas da arte pode dar continuidade ao debate sobre a soberania e a crueldade inerente aos modelos clínicos freudianos. A arte partilha com a Psicanálise uma posição intermediária nas ordens discursivas: ambas, não podendo dedicar-se exclusivamente à sua vocação ética, admitem relações problemáticas com a ética. Problemáticas, num sentido muito preciso: acolhimento de um problema em sua própria casa, aceitação de sua existência como partilhada, abertura para uma experiência marcada pelo conflito e pela dor. Tal abertura legitima a arte como guia da Psicanálise na busca de si mesma, na busca de explicitação de sua(s) ética(s).

Os modelos de subjetividade, modelos implícitos nas hipóteses da psicopatologia psicanalítica, possuem um caráter *a priori* na escuta analítica. Nesse "lugar" de determinação da teoria sobre a clínica analítica cabe um questionamento a respeito da abertura à existência do outro. Trata-se, então, de uma questão ética específica: não mais uma pergunta sobre o que devemos e sobre o que não podemos "fazer com o outro", mas de uma pergunta sobre se o modo como a Psicanálise pretende tratar o outro permite de fato a existência deste outro.

O chamado a concebermos uma "metapsicologia" para a escuta analítica que evite a certeza de uma possibilidade total de deciframento parece-me como uma das possibilidades de a Psicanálise questionar a pulsão de soberania em ação nessa mesma escuta. Aqui pode ser retomado o problema derridiano da soberania no interior da psicanálise em sua vertente clínica. No que diz respeito às resistências da Psicanálise à si mesma, é precisamente nos modelos psicanalíticos, ali onde a possibilidade a existência do outro deve ser garantida, que a soberania prefere se esconder o mais profundamente.

Considerar a metapsicologia como uma hermenêutica do discurso significa tomar o analisando como susceptível de deciframento, e o analista como *expert* decifrador. Ambos, o analisando em sua inconsciência e o analista com sua ciência, seriam supostamente idênticos a si mesmos, invulneráveis neste processo. Contrariamente a essa hermenêutica da identidade, a escuta aberta à negatividade, inspirada na experiência estética, responde a uma "pré-" hermenêutica: isto é, uma forma de escuta na qual o analista repousa sobre a mais opaca ignorância de si mesmo. O prefixo "pré", em tal pré-hermenêutica, tem o sentido apresentado pela sensibilidade grega tal como a narrativa trágica a supõe. Nessa narrativa, a função do desconhecimento permite um novo tipo de cultura moral, na qual a vulnerabilidade é condição da ética. Sobre a possibilidade dessa ética da vulnerabilidade e o fim da soberania na Psicanálise? Cito Chico Buarque de Holanda, nosso artista, não por acaso, do feminino: "Te encontro com certeza, talvez no tempo da delicadeza...".

Parte II

A filosofia de Espinosa e a dimensão social da saúde

O pensamento político de Espinosa

Marilena Chauí

Espinosa expõe seu pensamento político em duas obras: *Tratado Teológico-Político* (*TTP*), publicado em 1672, e *Tratado Político* (*TP*), inacabado, publicado postumamente em 1677. Na primeira, conforme seu subtítulo, o filósofo apresenta os fundamentos da política para demonstrar que a liberdade de pensamento e de palavra é a condição indispensável para a paz e a segurança da república; na segunda, também conforme seu subtítulo, investiga as instituições necessárias aos diferentes regimes políticos para que os homens possam viver em paz, segurança e liberdade. O alvo do *TTP* é a crítica do poder teológico-político, isto é, uma política nascida da superstição, subordinada à religião e à ideia da transcendência do poder com relação aos homens (no caso do poder dos deuses) e à sociedade (no caso do poder dos reis). O objetivo do *TP* é articular liberdade e segurança, esta última definida como ausência de dúvida quanto ao presente e ao futuro e, portanto, como ausência de medo. Em ambas, contrariando a tradição da filosofia política e o pensamento político do século XVII, que consideram a monarquia a primeira e melhor forma da política, Espinosa afirma a anterioridade e superioridade da democracia, considerada por ele como o mais natural dos regimes políticos porque conserva a igualdade natural dos homens, concretiza o desejo natural de todos de governar e não serem governados e por isso garante a segurança e a liberdade de todos.

Como Maquiavel, Espinosa pensa a política como passagem do jogo de forças à lógica do poder; como Hobbes, a concebe determinada pelas paixões e pelo cálculo (comum à paixão e à razão) do menor mal e maior bem.

Diferentemente de Maquiavel, que concebe o príncipe como aquele que detém o poder, mas só o conserva se realizar o desejo do povo de não ser oprimido nem comandado pelo desejo dos grandes, Espinosa considera que o desejo popular só pode efetivar-se pela ação dos próprios cidadãos. Diferentemente de Hobbes, para quem a política é instituída por meio de um pacto, pelo qual os indivíduos transferem ao soberano todo o seu direito natural, Espinosa dispensa a ideia de contrato, em primeiro lugar, porque parte da sociabilidade natural, determinada pela ocupação comunitária de um território, pela cooperação, divisão social do trabalho e troca dos produtos – a materialidade econômica funda a sociabilidade – e, em segundo, porque o direito civil (ou o Estado) não é um acordo para transferir a um outro a potência natural de cada um ou a supressão do direito natural dos indivíduos, e sim a expressão positiva do direito natural coletivo ou da potência popular.

O ponto de partida de Espinosa é afirmação da identidade entre direito e potência:

> Por direito natural entendo as próprias leis ou regras da Natureza conforme às quais se fazem todas coisas, ou seja, a própria potência da Natureza. Disso segue que o direito natural de toda a Natureza e, portanto, de todo indivíduo, se estende até onde chegar sua potência. Por conseguinte, tudo quanto cada homem faz em virtude das leis de sua natureza, o faz com o máximo direito da Natureza, e possui tanto direito quanto possui de potência. (*Tratado Político*, II, § 4).

Essa identidade possui um fundamento ontológico, qual seja, a existência de uma única substância ou de um ser absolutamente infinito – Deus – que é causa imanente de todas as coisas. O ser absoluto, imanente aos efeitos produzidos por sua potência infinita, exprime-se nesses efeitos singulares, e estes, ou os seres singulares existentes, o exprimem de maneira certa e determinada. Assim, a potência do universo não é senão a potência de uma única substância absolutamente infinita, imanente às suas expressões finitas, e por isso o direito da Natureza não é senão a potência da Natureza inteira da qual cada ser singular é uma expressão determinada. A potência natural de todo ser singular lhe assegura fazer apenas o que segue da necessidade de sua essência e julgar segundo seu próprio temperamento o bom e o mau. Em estado de natureza, tudo o que cada um deseja é-lhe permitido e nada lhe é proibido, senão o que ninguém deseja ou que ninguém pode. Se os homens vivessem guiados pela razão – cujas regras visam o que é verdadeiramente útil para cada um e para todos –, cada um exerceria esse direito sem dano para os outros; mas, como são naturalmente atravessados pelas paixões, que ultrapassam em muito sua potência individual, são contrários uns aos outros mesmo quando precisariam de auxílio mútuo; a discórdia lhes é natural, imediata e espontânea. Em estado de natureza, vivem sob o medo da destruição recíproca e, por isso, de fato, o direito de natureza não tem condições de exercer-se: porque todos podem tudo, ninguém pode nada. Ora, a experiência ensina que nada é mais útil a um homem do que outro homem, pois os homens percebem que com a ajuda mútua, podem conseguir muito mais facilmente aquilo de que têm necessidade e que somente unindo suas forças podem evitar os perigos que os ameaçam de todos os lados. Se a experiência *mostra* a utilidade da vida em comum, a razão, por seu turno, *demonstra* que "as coisas que conduzem à sociedade dos homens ou as que fazem com que os homens vivam em concórdia, são úteis; ao contrário, são más as que induzem à discórdia na Cidade".

A política, lemos no *Tratado Político*, não deve ser procurada nos ensinamentos da razão, mas na condição natural dos homens. Estes são naturalmente passionais e racionais, e a paixão pode dividi-los, enquanto a razão necessariamente os une, de maneira que para chegar à instituição da política é preciso encontrar um ponto de intersecção entre a razão e a paixão. Esse ponto de intersecção é o que Espinosa designa com o nome de *lei natural*, igualmente válida para a paixão e para a razão. No que concerne à paixão, trata-se da lei natural segundo a qual uma paixão só pode ser vencida por um outra mais forte e contrária e que nos abstemos de causar um dano por medo de receber um dano maior. No que concerne à razão, essa lei é o que nos faz escolher, de dois bens, o maior e, de dois males, o menor, e desejar um bem maior futuro de preferência a um bem menor presente, e um mal menor presente de preferência a um mal maior futuro. Graças a essa lei natural, que a um só tempo rege o jogo das paixões e os cálculos da razão, a vida social, por meio da cooperação (ou da divisão social do trabalho e de seus produtos) e das regras tácitas da existência em comum (ou dos costumes), poderá ser estabelecida como alicerce da instituição da *civitas* ou das leis civis.

Espinosa considera algo um indivíduo (humano ou não) quando as partes que o compõem se tornam constituintes de um todo unificado porque todos eles conjunta e simultaneamente operam como causa única de produção de efeitos determinados. Um indivíduo é uma integração e diferenciação interna dos constituintes, que são forças cujo aumento ou diminuição depende das relações mantidas com forças ou potências externas, de tal maneira que os constituintes fracos de um indivíduo submetem-se às pressões externas, enquanto os constituintes fortes não só resistem a elas, mas sobretudo as vencem. Graças a essa concepção da individualidade, Espinosa pode conceber o conflito tanto como interno ao indivíduo quanto externo a ele. Trata-se de um conflito de forças contrárias e de intensidade variável que dependem dos objetos desejados e da intensidade do desejo. Cada potência individual é constituída por intensidades de forças concordantes ou conflitantes e se relaciona com uma exterioridade (os outros indivíduos) cujas forças podem concordar ou conflitar com a sua, podendo cada um fortalecer-se ou enfraquecer-se nessa relação.

A ideia do indivíduo como integração interna de partes e de forças que operam como causa única para produzir efeito único leva à ideia de um indivíduo coletivo complexo, a *multitudo*, e, por outro lado, a ideia do indivíduo como diferenciação interna dos constituintes pela diferente intensidade da força dos componentes permite compreender que a *multitudo* é constituída por diferentes intensidades internas de forças assim como pela concordância ou pelo conflito entre elas. A *multitudo* é o sujeito político e constitui o corpo político cuja alma é a lei. A potência da *multitudo* é o direito natural coletivo que se constitui como soberano ao exprimir-se sob a forma do direito civil ou do Estado.

> O direito da Cidade é definido pela potência da massa (*potentia multitudinis*) que é conduzida de algum modo pelo mesmo pensamento e essa união das mentes não pode ser concebida se a Cidade não visa realizar aquilo que a razão ensina a todos os homens que é útil esperar. (*Tratado Político*, III, § 3).

Três temas são constantes no discurso político espinosano. O primeiro se refere à ideia de que o corpo político visa ao equilíbrio interno das potências individuais por meio de uma ordenação institucional das forças que constituem o sujeito coletivo (a *multitudo*), equilíbrio que é determinado pelo instante inicial de constituição do próprio corpo político, quando a forma política é definida pela decisão sobre quem tem o direito ao poder e pelo estabelecimento de uma proporcionalidade geométrica entre três potências: as dos indivíduos singulares, a da *multitudo* e a da soberania, isto é, entre o direito natural (dos indivíduos singulares e do indivíduo coletivo) e o direito civil (da soberania). Um indivíduo como cidadão tem tanto mais direito ou poder quanto mais potente for o direito civil ou a soberania. O segundo se refere à ideia de que o inimigo principal do corpo político nunca lhe é exterior, mas interno, qual seja, o particular que, enquanto particular, movido por interesses privados, arroga-se o direito de promulgar ou abolir as leis. O inimigo político nada mais é do que o direito natural de um ou de alguns particulares, que operam a fim de conseguir um poderio de tal envergadura que possam tomar o lugar da soberania. E esse risco não depende da boa ou da má instituição da Cidade – toda Cidade contém esse perigo –, e sim da capacidade que a potência soberana tenha, ou não, para controlar aquilo que lhe dá origem e que se concretiza através dela. O terceiro é o de que o equilíbrio das forças é continuamente rompido pela diminuição ou pelo aumento da intensidade das forças internas (tanto as dos cidadãos singulares como as da *multitudo* e as da soberania), de sorte que a dinâmica das forças permite pensar a duração de um corpo político, isto é, tanto os meios de sua conservação como as causas de sua destruição ou, ainda, as de sua mudança.

São normas universais da instituição do poder político: 1) é necessário que a potência soberana seja inversamente proporcional à potência dos indivíduos tomados um a um ou somados, isto é, a potência soberana – o direito civil – deve ser incomensurável ao poder dos cidadãos – direito natural – tomados um a um ou somados, pois o direito civil é o direito natural coletivo ou a potência da *multitudo* corporificada no direito civil; 2) é necessário que a potência dos governantes seja inversamente proporcional à dos cidadãos, mas agora em sentido contrário ao anterior, isto é, tomados coletivamente, os cidadãos devem ter mais potência do que o governante, pois o poder coletivo ou a potência e o direito da *multitudo* não se identificam com ninguém. Em outras palavras, o governante ocupa o poder soberano, mas não se identifica com a soberania, que permanece sempre com a *multitudo* ou os cidadãos coletivamente tomados. Há distância necessária entre a potência do governante e a soberania. E porque a figura do governante não se confunde com a do poder soberano, os detentores do poder soberano, isto é, os cidadãos como *multitudo*, têm o poder para depor o governante, se tiverem forças para isto. 3) A soberania é intransferível, permanecendo sempre com a *multitudo*. O que se distribui é o *direito de participação no governo*. O que distingue os regimes políticos não é, portanto, a origem do poder (a origem é sempre a mesma, a *multitudo* como corpo único e causa única) nem o número de governantes (pois o governante não é idêntico à soberania), mas a definição do *direito de exercer o poder por meio do governo*.

Na monarquia, na qual a proporcionalidade entre a potência dos cidadãos e a da soberania é quase nula, o poder é exercido por um só com exclusão de todos os demais – é o mais instável, o mais inseguro e o menos livre dos regimes políticos, mantendo-se pela força das armas; na aristocracia, torna-se visível a divisão social, pois apenas uma parte da *multitudo* é propriamente cidadã (os patrícios), enquanto o restante (a plebe) está excluído do poder – por sua forma oligárquica, nela a proporcionalidade é precária e a segurança depende de que o patriciado seja capaz de atender às demandas da plebe, sem se deixar ameaçar por ela; na democracia, a proporcionalidade é perfeita, pois o sujeito fundador (a *multitudo*) e o governante (os cidadãos em colegiados e assembleias) são idênticos – é o mais estável, o mais seguro e o mais livre dos regimes políticos; na tirania e na anarquia não há corpo político ou Estado.

A compreensão dos diferentes regimes ou de cada forma política tem como medida diferenciadora a maneira como se institui a distribuição proporcional das potências que a constituem e, portanto, o lugar que em cada uma delas ocupa a *multitudo*. Por essa medida saberemos qual Estado é melhor, qual é superior e qual é livre. Cada forma política é melhor quanto menor o risco de tirania, isto é, de passagem do direito soberano ao direito natural de um só homem ou de um punhado de homens. Cada regime político é superior a outro quanto menor for o número de disposições institucionais necessárias para impedir o risco da tirania. E, enfim, um corpo político é mais livre do que outro quando nele os cidadãos correm o menor risco da opressão porque sua autonomia é tanto maior quanto maior o poder do Estado. Consequentemente, quanto mais livre for um Estado, menor será seu risco de ser oprimido por outros. Isso significa, por exemplo, que um corpo político monárquico é um dos mais sujeitos a ser dominado por outro porque seus súditos já se habituaram de tal maneira a ser dominados por um só homem que lhes é indiferente passar da submissão a um dominante à obediência a um outro. Ao contrário, na democracia, a autonomia individual, estando claramente firmada na autonomia coletiva, cada um e todos estão dispostos a lutar até à morte para impedir tanto o risco da usurpação interna quanto o da invasão externa.

A estrutura do campo político se oferece originariamente diferenciada: há o sujeito político soberano – a *multitudo*, que constitui a soberania –; há o cidadão, que participa do exercício do poder conforme sua distribuição decidida no momento da instituição, participação que é seu poder para fazer as leis e participar do governo; há o governante, que executa o que a soberania decide, dando às decisões a forma da lei positiva ou direito civil; e, finalmente, há o súdito, que está obrigado a obedecer às decisões do sujeito político, a respeitar as leis postas pelos cidadãos e a submeter-se aos decretos do governante. Na democracia, todas essas figuras políticas coincidem, e também coincidem sua existência empírica e sua existência política. Nos demais regimes, essa coincidência desaparece, uma vez que nem todos são cidadãos, embora todos sejam súditos e, no momento da instituição, todos sejam sujeito político. Mas porque o sujeito político nunca se torna virtual, as instituições das sociedades divididas em classes, onde as divisões sociais determinam a forma da participação no poder, devem contemplar mecanismos pelos quais os excluídos do governo e da cidadania possam satisfazer o direito natural, através do direito civil. Finalmente, as diferenças internas que estruturam todo e qualquer corpo político deixam entrever todos os conflitos possíveis entre seus componentes e constituintes.

Espinosa afirma que vícios e virtudes dos cidadãos não são deles, mas da Cidade, assim como são dela pela fraqueza e fortaleza, e, portanto, os costumes ou a moralidade privada e a pública dependem da qualidade das instituições. Em outras palavras, o campo político se define pela organização institucional do espaço público, de tal maneira que, seja qual for a forma do regime, este só será *político* se for uma república (a monarquia é constitucional, pois, do contrário, será tirania ou poder privado de um só). As instituições são postas pela lei, que opera sobre os costumes vigentes na esfera da convivência social. Cabe, então, indagar: até onde vai o poder do Estado?

O direito natural dos indivíduos oferece a primeira medida para determinar até onde se estende o poder do Estado. De fato, no *Tratado Político*, Espinosa escreve: "O poder que temos em vista exercer não deve ser medido apenas pela potência do agente, mas também pela aptidão que o paciente oferece". A referência ao "paciente", isto é, aos cidadãos, faz com que Espinosa apresente a potência do Estado pela designação de seu limite, ou seja, daquilo que escapa necessariamente ao seu poder, isto é, tudo aquilo a que a natureza humana tem horror e que, se lhe fosse imposto, desencadearia a fúria e a indignação popular. Em suma, escapa ao poder do Estado tudo o que o faça odiado pelos cidadãos. Se o Estado deve temer seus inimigos, precisa instituir-se de maneira a impedir que encontrem meios para surgir e para justificar-se. Isso significa, por um lado, que o Estado precisa ser respeitado e temido pelos cidadãos, mas que só pode sê-lo na medida em que suas exigências forem proporcionais ao que a *multitudo* pode respeitar e temer sem se enfurecer. A soberania só pode existir sob a condição expressa de não ser odiada porque não é odiosa. Se o Estado exigir mais ou se exigir menos, deixará de ser um corpo político. Também é decisivo para determinar até onde vai o poder da Cidade compreender que ela não poderá tornar-se inimiga de si mesma e que, portanto, os conflitos que a habitam só podem ser conflitos dos cidadãos sob a lei e não dos cidadãos contra a lei. Se a Cidade for capaz de impedir a usurpação da lei por particulares, sem que isso signifique supressão dos conflitos sociais, terá determinado sua autonomia e seu poder.

Dessa maneira, podemos compreender que a obediência civil exprime apenas a recriação ininterrupta da Cidade, pois nela se obedece a uma lei que, no momento de sua instauração, foi posta pela *multitudo*, de sorte que, ao obedecê-la, os cidadãos obedecem a si próprios na modalidade de cidadãos. A obediência é um ato segundo ou derivado e, por isso mesmo, exprime muito mais a virtude da Cidade do que a dos cidadãos, pois a Cidade obedecida só pode ser aquela cuja instauração cumpre o desejo do agente e a aptidão do paciente. Se numa Cidade o princípio instituinte é impotente para suprimir a sedição, visto não ser esta um conflito entre os cidadãos, mas entre eles e a lei da Cidade, então, a Cidade ainda não foi verdadeiramente instituída, pois lhe falta aquilo que a constitui como tal: o poder da potência soberana para ser reconhecida como soberana. A guerra civil assinala, portanto, a injustiça da Cidade, e a necessidade de destruí-la para que tenha lugar uma nova e verdadeira instituição, em suma, aponta a necessidade de uma revolução.

Saúde mental pública em Espinosa

Cristiano Novaes de Rezende

No prefácio da parte V da Ética, Espinosa afirma que a lógica está para a mente assim como a medicina está para o corpo, esboçando assim a ideia de uma *medicina mentis* que, sob essa rubrica explícita, de fato será assumida e desenvolvida fora do sistema espinosano, por exemplo, pelo matemático alemão Walter Von Tschirnhaus, que com Espinosa mantivera uma importante troca epistolar antes de redigir suas próprias obras e de se constituir em influente figura nos meios científicos do final do século XVII. Em verdade, a comparação do trabalho filosófico sobre a mente com o trabalho médico sobre o corpo não apenas sucede, mas também antecede em muito a filosofia de Espinosa, remontando a Platão e a pensadores ainda mais antigos. Todavia, no território filosófico próprio do sistema espinosano, a temática da saúde, e especialmente da saúde mental pública, encontra expressões autóctones.

Dentre as muitas passagens, explícitas ou implícitas, que podem ser encontradas a esse respeito, são especialmente emblemáticas aquelas do proêmio do Tratado da Emenda do Intelecto (TIE§7), em que, apresentando um modelo para o nascimento das motivações originárias do filosofar, Espinosa compara o contexto desse nascimento à condição de um doente que, acometido de enfermidade letal, se vê premido a buscar, em meio à crise, um remédio para reverter o quadro que, de outra forma, o levaria precoce e tristemente à morte. Nesse contexto, o traço propriamente espinosano se exprime na prescrição de uma "emenda", isto é, de um expediente que – votado a compreender os afetos e seus correlativos modos de percepção, que constituem essa vida mental em crise – deve discriminar o sentido interno de cada modalidade afetivo-cognitiva, bem como o que nelas há de real, isto é, de perfeito em si. As mesmas coisas podem então ser ditas boas, más, ou nem boas e nem más, desde que, sob distintos modos de percepção, sejam tomadas segundo distintas relações. Ao contrário de uma homogeneizante purgação ascética, essa emenda deve ser pensada como a depuração de uma multiplicidade. Destarte, se, por um lado, a doença, cujo fenótipo é a busca desenfreada de bens ordinários, à primeira vista parece marcada por certa multiplicidade – indicada no texto pela ideia de distração[1] e até mesmo pela ideia de vaidade e futilidade da vida comum (pois isso indica uma multiplicidade *ilimitada* de fins subalternos) —, por outro lado, sob essa aparência não se revela, senão como genótipo etiológico, uma concentração obsessiva que impede a aptidão para a multiplicidade: *his* [...] *adeo distrahitur mens ut minime possit de alio aliquo bono cogitare.*[2]

---

[1] § 3: *"his tribus adeo distrahitur mens"* ("por esses três a mente é a tal ponto distraída").

[2] § 3: "Por esses (bens ordinários) a mente é a tal ponto distraída que minimamente possa pensar em algum outro bem". É oportuno notar como a própria situação de *distractio*, a despeito da "dilaceração" que a etimologia do termo sugere (*sc.* ser arrastado em diversas direções), deriva-se, porém, de uma *exiguidade* latente sob essa multiplicidade superficial. Ademais, talvez valha a pena notar que foi aqui introduzida a ideia de "obsessão" para comentar o fechamento e o empobrecimento que caracterizam a procura *propter se* dos bens comuns. Embora esse termo não faça parte do vocabulário espinosano, seu sentido ordinário encontra-se próximo a uma das acepções possíveis da noção de aquiescência. Todavia, é proveitoso comentar que, examinando na obra espinosana algumas noções associadas à aquiescência, encontramos uma que licita o presente uso de *obsessão*: a pertinácia. Trata-se de algo mais que a mera teimosia. Em *Ethica* IV, prop. 6, Espinosa explica que a força de uma paixão pode superar as demais ações do homem de tal maneira que a ele adira pertinazmente [*"ita ut pertinaciter homini adhaereat"*]. Também na demonstração de *Ethica* VI prop. 43, e no escólio da prop. 44, reaparece essa noção: adesão *pertinaz*, aí associada à produção de um legítimo *delírio*. A discussão sobre a pertinácia no TIE dá-se em torno da noção de dúvida e permite que seja investigada essa insuspeitada relação entre a oscilação própria à *dúvida* e a fixação própria à *pertinácia*. A noção de adesão, por sua vez, comparece no TIE à altura do parágrafo 9: *"tota felicitas, aut infelicitas in hoc solo sita est; videlicet, in qualitate objecti, cui adhaeremus amoré"* ("toda felicidade ou infelicidade só nisso está situada, isto é, na qualidade do objeto ao qual *aderimos* por amor"). Por ora, o que parece importante indicar é que o caráter obsessivo desse tipo de adesão não provém da simples noção de *adhaerere*, pois na totalidade das ocorrências desse verbo na *Ethica* ele vem modificado pelo advérbio *pertinaciter* a fim de que seja especificado o *tipo particular* de aderência em questão; e no *De Emendatione*, onde *adhaerere* é apresentado sem aquele advérbio, o termo presta-se então a descrever, ao contrário, a ligação *geral* do ânimo tanto com os bens ordinários quanto com os almejados objetos de outra qualidade. Conclui-se, portanto, que o traço obsessivo da adesão pertinaz encontra-se na pertinácia, e não na adesão. Esta última indica simplesmente a produção de certa *união* (que será explicitada em TIE 13 – *"unionis quam mens cum tota natura habet"* ("união que a mente tem com a Natureza inteira") – e visada justamente pelo fim do empreendimento do Tratado e, como tal, desejada) entre o amante e o objeto do seu amor. A *adhaerentia* indica uma propriedade *comum* do amor: *"voluntatem amantis se jungendi rei amatae"* ("a vontade do amante de se juntar à coisa amada") [Cf. *Ethica* IV, def. afetos. 6, explic.]. Nessa mesma explicação dos afetos em *Ethica* IV, Espinosa ainda acrescenta que tal propriedade do amor, tal vontade, não consiste num consentimento ou numa deliberação da alma nem na cupidez pela coisa amada ausente, mas sim, como é o caso descrito no *De Emendatione*, na *acquiescentia* que se produz no amante diante da coisa amada – o que será decisivo não só para o funcionamento da vida comum (onde a aquiescência, sob a espécie da adesão *pertinaz*, chama-se *distractio*), mas para sua superação (quando a aquiescência, sob a forma da adesão unificadora, encontrar-se-á expandida como amor pelo infinito e especificada como um contentamento e uma estabilidade do ânimo em si mesmo e, *ipso facto*, na Natureza). Há, portanto, um fundamento para o emprego da noção de *obsessão*: o conceito de pertinácia, o qual não se identifica, como aqui deve haver ficado demonstrado, ao simples conceito de adesão.

Também as demonstrações da parte V da Ética consolidarão uma concepção da liberdade humana como aptidão para a multiplicidade simultânea (cf. especialmente prop. 3, corol; prop. 8; prop. 9; prop. 11), recusando a neutra liberdade de indiferença implicada pela noção de livre arbítrio. Esta última, porque fundada na admissão real da contingência, fratura a natureza ao configurar o conjunto das ações humanas como um império causal independente, situado no interior do império natural como que a perturbá-lo. Ao contrário, nos quadros de uma ontologia da necessidade, o fundamento da liberdade não equivale a poder indiferentemente tanto *ser* quanto *não ser*, mas sim a ter capacidade para simultaneamente tanto *ser*, num sentido, quanto *ser*, em outro. Trata-se, pois, de uma liberdade como compreensão da polissemia em ato do necessário. Falando precisamente dos remédios para os afetos (prop. 4, escol; prop. 20), Espinosa demonstra como uma mesma comoção anímica se transforma em função do conhecimento de suas relações com causas externas ou com a própria natureza daquele que se comove (prop. 2); demonstra, pois, como um afeto deixa de ser passivo tão logo dele se forme uma ideia clara e distinta (prop. 3); e demonstra que a mente tem um maior poder sobre os afetos na medida em que compreende as coisas como necessárias (prop. 6).

Todo o *Tratado Teológico-Político*, como confirma seu subtítulo, se destina a mostrar como a liberdade não destrói mas, ao contrário, promove a paz e a piedade no Estado, e como, ao contrário, um regime calcado no medo tem por efeito o adoecimento (*insanire*) do homem e a proliferação da superstição. No *Tratado-Político*, Espinosa, por um lado, critica a paz – na família ou no Estado – que seja a mera supressão dos conflitos internos ao corpo e à mente do grupo em questão (VI, 4), designando como doença (I, 5) o amor ao próximo que decorra de um enfraquecimento das paixões. Por outro lado, também evidencia que, por experiência, e não por uma ilusão utópica, sabemos ser possível possuir um corpo e uma mente sãos (II, 6), e que só na cidade pode o indivíduo superar as doenças do corpo e da mente e defender-se da opressão (III, 11). Também aqui, portanto, a posição espinosana se pauta pela afirmação da multiplicidade simultânea, retomando em todos os contextos a problemática essencial do uno e do múltiplo.

Assim, revela-se como nativa das articulações do sistema espinosano entre a lógica, a teoria do conhecimento, a ética e a política, a noção de uma saúde mental pública, que aponta, ademais, para o fato de que qualquer tese sobre essa noção estará inevitavelmente comprometida com opções filosóficas mais fundamentais, feitas consciente ou ingenuamente, no campo da ontologia.

Do desejo de não ser dirigido à *Hilaritas* democrática

Laurent Bove

O *Tratado Teológico-Político* nos dá a conhecer o que mais repugna à natureza humana ou o que pode ser temido como o maior dano: a *dominação* do homem pelo homem (V [8] e XVII [4]). Os homens não suportam serem dirigidos e dominados por seus iguais... ainda que cada um tenha o desejo de dirigir seu semelhante! É um princípio fundamental da natureza humana. Com efeito, esse desejo é o produto da lógica natural e afetiva da identificação dos afetos. É realmente um igual-*semelhante* que cada um deseja dirigir, mas pelo qual não deseja ser dirigido. A questão da obediência é então *deslocada*. Pois Espinosa é levado a pensar que a sociedade oriunda da lei dos afetos (e não de um contrato voluntário e racional) só pode ser, primeiro e logicamente, uma democracia. Ora, "não existe propriamente obediência na sociedade onde o poder se encontra nas mãos de todos..." (*TTP* V [9]). O *Tratado Político* (*TP*) vai desenvolver essa afirmação fazendo, desse modo, passar da questão política maior do problema tradicional da obediência ao da constituição estratégica do corpo real que é uma sociedade.

Considerando-se que a dominação transforma os homens em "animais [*bêtes*] ou em autômatos" e que o fim do Estado é, ao contrário, a liberdade (*TTP* XX [6]), o projeto ético-político espinosista é então o da construção de uma "vida humana" (*TP*, V, 5). A questão da antropogênese junta-se à questão política. Ora, o problema prático da expulsão da dominação não se coloca apenas em relação aos Estados tirânicos. É também a construção da dominação racional dos Estados modernos que está em jogo! Pois para o filósofo holandês não se trata de produzir (como para os fundadores de nossa modernidade) sujeitos [ou *súditos*] cuja obediência seria (enfim) racional, mas sim homens capazes de resistir a todas as formas da dominação e capazes de inventar juntos, sobre esta potente vigilância, uma sociedade autônoma produtora de "vida humana".

Ora, como o desejo de uma sociedade autônoma pode escapar à utopia? Deve-se construir, diz Espinosa, a verdadeira paz, levando-se em conta os homens tal como eles são, e não tal como os teólogos e os moralistas desejariam que eles fossem! Portanto, partindo das relações de potência e de aliança dos afetos segundo o desejo ambivalente de dominar *e* de resistir envolvido [*enveloppé*] no "direito de guerra"/de natureza ("potência de agir") de cada um. O *TP* abandona assim a concepção e a linguagem abstratas do contrato para pensar segundo essa *lógica de guerra*, matricial da condição natural e social comuns. Entre um Estado instituído por uma multidão livre e aquele que é adquirido por direito de guerra, não há nenhuma diferença essencial quando se considera o direito de cada um (*TP* V, 6). É segundo a consideração das relações afetivas e dos interesses inerentes à realidade afetiva da vida comum que se constroem as condições, elas mesmas efetivas, de uma paz durável. A originalidade está, portanto, primeiramente no paradoxo dos meios. A lógica de guerra se inscreve na lógica dos contrapoderes [*contre-pouvoirs*] que anulam de fato o estado de guerra, mas inscrevendo, ao mesmo tempo, realmente a dinâmica das instituições democráticas na lógica conflituosa [*conflictuelle*] do corpo político. Mas agora seus efeitos engendram a paz.

Nenhum otimismo. Não existe boa natureza da natureza humana nem boa vontade dos governantes... A razão política, como a razão dos homens, deve sempre ser construída, coletivamente. E para isso é preciso um povo em armas, uma educação democrática (livre de pressões sectárias das Igrejas como do próprio Estado) e uma ampla assembleia (a da multidão inteira) pronta para demitir aqueles que têm a cargo responsabilidades se eles derrogam às suas funções na lógica antropogenética do dispositivo. O estado de natureza (e de seus conflitos) prossegue desta maneira no estado social (*cf.* Carta 50 à Jelles) segundo o regime (explícito) da potência auto-organizadora do corpo comum que permite uma real produção da liberdade.

Para Espinosa, não é a obediência que faz o *cidadão* [*citoyen*]. A obediência (mesmo racional) faz apenas *súditos* [*sujets*]. O *cidadão* se define coletivamente e dinamicamente, pela fruição dos direitos (sua própria vida de agente social-histórico) e, portanto, a capacidade de defender esses direitos vitais, de até mesmo ampliá-los na construção indefinida de "uma vida humana" como liberdade. É primeiramente, a *resistência ativa* à opressão que faz o cidadão. A potência de reivindicação (*TP* VIII, 4-5) é, desse modo, a própria lógica da defesa permanente de um direito efetivo. Aquém das disposições jurídicas, ter um direito é ter, antes de tudo, a potência de poder defendê-lo e reivindicá-lo. Espinosa se interessa à realidade efetiva, a seus efeitos constitutivos de formas de vida humana. O jurídico é em si mesmo apenas um efeito e um (fraco) meio. A Lei é necessária mas não é a potência do Real.

A sociedade autônoma é então o corpo a que a prudência é intrínseca e que instaura uma confiança ou uma *fraternidade* ela mesma intrínseca ao regime de produtividade de vida do coletivo, uma confiança propriamente dita sem objeto, pelo fato de que ela é a própria fruição, em ato, do viver juntos *em igualdade* e na invenção indefinida da *liberdade*.

Essa liberdade, é preciso pensá-la sobre a base da necessidade universal. A autonomia é, com efeito, uma forma singular de causalidade que a Ética nomeou "causa adequada". Na Ética. III, 9, esc., após ter demonstrado o princípio do *conatus*, Espinosa escreve que uma vez colocada a essência de uma coisa, da natureza mesma desta coisa devem seguir necessariamente os atos que servem para sua conservação. E Espinosa denomina causa adequada aquela cujos efeitos podem ser percebidos claramente e distintamente unicamente por ela (E. III def. 1). No campo político, e à luz de Maquiavel, a causalidade adequada de um corpo político é sua "prudência intrínseca". O que Espinosa faz no *TP*, após ter colocado a forma de soberania de um Estado e ter retido [*retenu*] os atributos essenciais segundo os quais este Estado é o que ele é, é pensar (e isso tomando em conta os materiais oferecidos pelos políticos e pela história) o que se deduz dessa natureza e serve por isso mesmo à sua conservação. Pensar dessa forma a prudência de um corpo político ou a estratégia de seu conatus segundo um modelo de causalidade adequada. Ora, dado que o Direito de um corpo político nada mais é que "a potência da multidão", e que essa potência é necessariamente atravessada por conflitos, deve-se deduzir disso que o corpo político é um sujeito-dos-contrários e que ele só existe a condição que esses contrários não tenham atingido o ponto de crise e de antagonismo a partir do qual o próprio sujeito é destruído. Sendo dado que os conflitos são inelutáveis, deve-se, portanto, organizá-los de tal maneira que, latentes ou manifestos, eles sejam os meios pelos quais o corpo político afirma sua causalidade ou sua estratégia adequada. A causalidade do corpo político requer assim um regime específico ou determinado dos afetos, de suas ligações e de suas contradições, que oferece ao corpo passional coletivo em sua diversidade (potente foco [*creuset*] de racionalidade política), uma consistência afetiva e um prazer equivalentes à *acquiescentia in se ipso* do sábio. Há, na Ética, uma esplêndida noção (mas intraduzível e que Espinosa não utilizará no campo político), que corresponde bem ao que poderia ser o verdadeiro nome da confiança democrática sempre a ser construída: *Hilaritas*, que a Ética. III, 11 esc., define como um afeto de alegria referido ao mesmo tempo à alma e ao corpo quando todas as partes de um ser são afetadas igualmente. É um afeto que é "sempre bom" e que "não pode ter excesso" (É. IV, 42 dem.). Mas embora "sem excesso" (como o afeto ativo racional), é uma "paixão" porque sua causa não é o indivíduo que a experimenta (causa parcial), mas porque ela se encontra no dispositivo coletivo e vital a partir do qual são constituídas e se constituem a unidade e a existência mesma de um corpo comum potente pré e infra institucional. A *Hilaritas* oferece assim o afeto mesmo do prazer de viver juntos, do desejo ou do amor da paz e do comum na prática de afirmação e de resistência à dominação. É o afeto democrático por excelência sempre a ser construído, aprofundado e ampliado.

O espinosismo em face da economia solidária

Laurent Bove em interlocução com Paul Singer[1]

Circunstâncias

Desejosos de dialogar sobre as suas afinidades e horizontes de cooperação respectivos, militantes da educação democrática (Lilian Kelian), da economia solidária (Paul Singer), da Justiça Restaurativa (Luci Buff), da antropologia e do cinema (Moara Passoni), da psicanálise e da psicopatologia e saúde pública (Maria Lúcia Calderoni), da psicologia social e psicanálise (Nelson da Silva Junior) e da filosofia espinosana (Laurent Bove) reuniram-se no dia 25 de outubro de 2008 na casa de Maria Lúcia e David Calderoni, o qual vem trabalhando no cruzamento desses diferentes campos clínico-políticos.

Logo no início dessa conversa que teve por conseqüência a decisão de fundar o Grupo Invenções Democráticas, Paul Singer perguntou de que maneira a filosofia de Espinosa poderia entrar efetivamente em comunicação com as outras práticas ali presentes. Tendo a palavra sido passada a Laurent Bove, este expôs brevemente a posição espinosista em referência a uma declaração feita por Paul Singer num filme sobre a economia solidária.[2]

---

[1] Transcrição da exposição oral em francês: Lívia Godinho Nery Gomes e David Calderoni. Revisão: Laurent Bove. Tradução para o português: Maurício Ayer. Revisão: David Calderoni e Maurício Ayer.

[2] *Intervista Paul Singer* [Entrevista com Paul Singer]. Disponível em: <http://www.youtube.com/watch?v=FbSMSeosqaI>.

Ali, Paul Singer disse, com efeito, que o alimento da autogestão seria "a felicidade: as pessoas se sentem efetivamente muito mais felizes em não ter em quem mandar, nem quem mande nelas".

[Laurent Bove:] – Em relação à realidade efetiva das coisas, a prática da reflexão filosófica pode muito frequentemente parecer muito distante e abstrata. No caso da filosofia de Espinosa, que é um filósofo holandês do século XVII, existe, no entanto, em seus textos, uma maneira de pensar e de sentir que é muito importante para nós, hoje; e isso é sem dúvida o que profundamente pressentiu e sentiu o meu amigo David Calderoni ao pensar na possível relação que poderia ser estabelecida entre o pensamento espinosista e o pensamento da economia solidária. A partir de sua demanda, vou tentar explicitar rapidamente os dois pontos essenciais dessa possível interação.

Espinosa – ao pensar tanto o ser humano como a sociedade – pensa sempre em termos de corpo coletivo ou de multiplicidade. Ou seja, para ele, um corpo humano é desde logo um corpo comum no qual e pelo qual convergem e se reúnem múltiplas partes que agem juntas para formar um mesmo indivíduo ("se vários indivíduos concorrem para uma mesma ação de tal maneira que todos sejam a uma só vez causa de um mesmo efeito, eu considero a todos neste aspecto como uma mesma coisa singular", escreve Espinosa na definição 7 da parte II de sua Ética). E esse corpo comum, que é uma "prática" comum múltipla e convergente, é por seu turno apreendido (e compreendido) num corpo sempre mais vasto (formando ele mesmo um "indivíduo de indivíduos" até chegar à Natureza inteira...).

Desse ponto de vista, o próprio princípio de Espinosa é, de saída, anti-individualista: o homem, repete ele, não é "um império dentro de um império"!. Portanto, não se trata de uma filosofia do sujeito em que cada indivíduo está fechado dentro da sua subjetividade, mas se trata justamente de uma filosofia em que as "singularidades" emergem com tanto maior consistência e confiança quanto mais o próprio tecido comum se reforça e uma afirmação e uma circulação, em igualdade, de bens e de coisas, tornam-se possíveis para cada um, entre cada um – circulação dos afetos, das ideias, dos bens...

[Paul Singer pergunta:] – [circulação] *dos bens também?*

[Laurent Bove responde:] – ...dos bens também!

[Paul Singer pergunta:] – ...*comércio?*

[Laurent Bove responde:] – Sim. Existem decerto relativamente poucas coisas escritas em seus textos que sejam diretamente ligadas a um pensamento propriamente econômico, mas a perspectiva ético-política geral de Espinosa é com efeito a de um pensamento potente da partilha igualitária do bem comum.

Assim, desse ponto de vista – quando David me mostrou o diálogo filmado que você teve com ele sobre a economia solidária e quando eu também pude ler em francês algumas coisas que você escreveu –, é verdade que, em primeiro lugar, uma de suas afirmações teve um eco imediato em mim com relação àquilo que escreve Espinosa, a saber: que, tanto para o indivíduo quanto para o tecido do corpo social, é o desejo de não ser dirigido por um igual-semelhante que tem primazia nisto que ele chama de multidão [*multitudo*]. A noção de multidão é uma noção valorizada por Espinosa, mas que sempre foi percebida pejorativamente na medida em que se pensou que a multidão devesse ser politicamente transformada em povo, ou seja, devesse ser unificada sob e por um poder qualquer de maneira a que uma paz reinasse. É o que pensava Hobbes e é o que nós pensamos ainda... Espinosa, ao contrário, no decurso de sua obra – estamos em meados do século XVII, Espinosa era um judeu de origem hispano-portuguesa, seus avós fugiram da Inquisição, o que o levou a nascer em 1632 em Amsterdã, em pleno período de prosperidade holandesa (vindo a falecer em 1677) –, Espinosa vai então valorizar a noção de "multidão", escrevendo que é ela, a multidão, a potência que provê a multiplicidade e a diversidade dos seres humanos, que é ela, a multidão, a verdadeira potência política.

Com efeito, Espinosa diz no *Tratado Político* (sua última obra) que só há soberania pela *multitudinis potentia*, pela potência da multidão. Logo, pensar de maneira espinosista é, primeiramente, retomar os problemas da constituição de "uma vida humana" subjacentes às grandes categorias jurídico-políticas habituais e, em última instância, subjacentes também ao poder do Estado. Aquém ou abaixo da questão da soberania, no sentido da soberania instituída, aquém ou abaixo da lei ou das leis, aquém ou abaixo da própria categoria de povo... Trata-se, com efeito, de retomar as coisas segundo seu verdadeiro movimento constitutivo, ou seja, segundo o movimento real da constituição real da socialidade humana aquém ou abaixo da instituição jurídico-política, isto é, aquém ou abaixo das categorias de contrato e da suposta decisão voluntária dos homens (isso é Hobbes...) de transferir (ou abandonar) totalmente o seu direito natural ao soberano!

Espinosa trata então de retomar as coisas a partir da realidade efetiva das práticas comuns (e o esforço passional que cada ser efetua para perseverar em seu ser) no próprio coração das práticas comuns e dos desejos que os atravessam. Ora, ao acompanhar bem de perto a lógica dos afetos, a primeira coisa que Espinosa constata e sublinha é justamente aquilo que você mesmo diz: trata-se da primazia, entre os seres humanos, do desejo de não ser dirigido por um igual. Espinosa diz isso tanto no seu *Tratado Teológico-Político* (1670) como no seu *Tratado Político* (1677). É por isso que a história da dominação política teve sempre de inventar, sob diferentes figuras (desde a figura do sagrado até a figura, contemporânea, do *expert* político da coisa pública... os profissionais da política...) a ideia de que certos seres são superiores a outros, por razões muito misteriosas que lhes dão o "direito" (divino!?) de mandar... De outra forma, a dominação nunca teria funcionado, porque para aceitar a dominação é preciso verdadeiramente acreditar que o outro não é nem um igual nem um semelhante!

Desde o tecido relacional constituinte e primitivo, há para Espinosa ao mesmo tempo afirmação da singularidade e reconhecimento do igual enquanto tal (segundo o próprio desejo de cada um de afirmar sua diferença e de não querer ser dirigido...), de modo que, apesar de sua instabilidade e de sua fragilidade, podemos dizer que a multidão livre primitiva é desde logo um tecido eminentemente democrático. É certo que a história nos fará sempre "sair" ilusoriamente desse tecido em vez de, ao contrário, aprofundar e desenvolver nesse tecido a potência de democracia; mas, repito, Espinosa pensa que é essa potência da multidão que envolve (e desenvolve) verdadeiramente a potência democrática, a liberdade e a igualdade.

[Paul Singer pergunta:] – *Ele fala de democracia?*

[Laurent Bove responde:] – Espinosa fala de democracia..., ele explica até mesmo no caso de um povo primitivo (trata-se do povo hebreu ao sair da escravidão no Egito), que não chega a aceder verdadeiramente a uma democracia explícita, como a democracia pode se introduzir por um viés extremamente paradoxal como a teocracia (que é um tipo de democracia para um povo criança que ainda não é totalmente capaz de se gerir verdadeiramente e que, em todo caso, tampouco quer ser dominado por um igual). Por conseguinte, Espinosa mostra que há uma grande igualdade, uma grande fraternidade na teocracia hebraica, ainda que seja finalmente um imaginário divino que guie (mediante a lei mosaica) os comportamentos de todos. É a uma reflexão sobre a relação da democracia com os afetos, com o imaginário, sobre a constituição imaginária da realidade e do poder que nos convida o texto de Espinosa.

O grande problema é que o desejo de não ser dirigido deveria naturalmente aprofundar e reforçar o tecido da socialidade democrática... Mas esse tecido é um tecido social muito instável que só se sustenta pelas relações constituídas pelos afetos... Ora, a maior parte do tempo, naturalmente (sempre...), certos homens chegam a ocupar posições de poder de dominação e, por meio da imaginação, conseguem desenvolver tecnologias de dominação (o que Espinosa chama de *arcana imperii*, segredos políticos da dominação que permitem contornar o desejo natural de cada um de não ser dirigido...). E, para Espinosa, ali onde a igualdade desaparece é a própria socialidade que está em jogo. E talvez mesmo isto que se deve chamar de "uma vida humana"...

O segundo ponto de convergência, em relação justamente àquilo que pude entender de sua parte no diálogo com David, é a definição mesma do afeto que é ressentido justamente quando o tecido social solidário funciona em si e por si mesmo, fora da dominação – seja de maneira autônoma, seja em regime de liberdade de sua potência. Trata-se efetivamente, como você o diz, da própria questão da invenção da "felicidade". Há uma palavra latina em Espinosa que é, acho eu, intraduzível: é o que Espinosa chama de *Hilaritas*. *Hilaritas*: pode ser o contentamento [*allégresse*], pode ser a satisfação [*gaieté*], mas a tradução nunca é satisfatória. A *Hilaritas* é o sentimento (o afeto) que atravessa o tecido social justamente quando, por conta de sua boa auto-organização, esse tecido social é afetado em cada um de seus elementos (ou de suas partes) "em igualdade" por um afeto de alegria. Isso significa que esse tecido entrou num regime autônomo de sua potência de agir e de pensar, numa feliz produtividade de si mesmo, de algum modo, porque para Espinosa, como lembrou David, os afetos são forças, são ações efetivas. E, como você mesmo dizia, são também produções do imaginário, mas não, na *Hilaritas*, de um imaginário que oprime, mas de um imaginário que nos projeta adiante, de um imaginário que permite um ímpeto e uma abertura do porvir... De fato, em sua *Ética*, Espinosa só fala de *Hilaritas* no que concerne ao indivíduo humano, mas, de minha parte, eu penso que, de maneira totalmente "espinosista", pode-se legitimamente transpor tal afeto ao plano do corpo coletivo... A *Hilaritas* torna-se então o afeto democrático por excelência.

Vou parar por aqui, porque já me alonguei bastante. Para concluir, eu diria que são pelo menos essas duas razões que acabo de expor que justificam que David tenha legitimamente podido pensar que a filosofia espinosista dos afetos e a política dela deduzida possam encontrar as práticas e o pensamento da economia solidária.

Parte III

A economia solidária e a dimensão social da saúde

A economia solidária e a dimensão social da saúde

Paul Singer

A economia solidária é um modo de organizar atividades de produção, distribuição e consumo, de poupança e empréstimo e outras relacionadas à satisfação de necessidades de toda ordem. A economia (como ciência) trata dessas atividades na modalidade de atividades sociais, sempre realizadas por grupos; elas podem ser realizadas individualmente também, como demonstram casos de náufragos e anacoretas, mas que são tão raros que funcionam como exceções que confirmam a regra. Os seres humanos vivem em grupos sempre, possivelmente como condição de sobrevivência material e espiritual, o que talvez explique porque as atividades econômicas não podem deixar de ser sociais.

O capitalismo é historicamente o primeiro modo de produção que individualiza o protagonismo econômico ao generalizar o mercado "livre", isto é, livre de qualquer interferência coletiva, seja do Estado, seja de qualquer agrupamento de agentes: vendedores ou compradores. As leis não vedam que sociedades de pessoas ou de capitais atuem em mercados, mas devem fazê-lo enquanto indivíduos, ou seja, sem que haja qualquer relação de entendimento, aliança ou mesmo troca de informações entre elas. Essas leis são constantemente violadas, pois são óbvias as vantagens que qualquer tipo de combinação proporciona aos participantes, quando competem em mercados.

O livre mercado é a instituição básica do capitalismo, se não na realidade pelo menos no plano ideológico. Ele é a justificativa básica da meritocracia, ou seja, de que as enormes diferenças econômicas entre pessoas, classes, nações, etc. se devem ao mérito dos que têm mais ou ao demérito dos que têm menos.

Para que a justificativa seja convincente, é necessário que os mercados em que os produtos do trabalho social são comprados e vendidos sejam competitivos, ou seja, que os preços vigentes neles sejam determinados pela livre interação dos agentes, sem que qualquer um deles possa exercer influência decisiva nesta determinação. Se na realidade os mercados fossem competitivos nesse sentido, seria sustentável a tese de que no capitalismo reina a igualdade de oportunidades para todos. A enorme diferença de tamanho e poder econômico entre as empresas é tão evidente que ninguém sustenta que os mercados realmente existentes sejam (com raras exceções) inteiramente competitivos.

Não obstante, o capitalismo tornou corrente (e oficial) a tese liberal de que a livre competição é a principal virtude de qualquer sistema econômico. A dominação dessa ideia no mundo contemporâneo favoreceu a adoção da competição, para além da economia, pela família, pela escola, pelos relacionamentos sociais de modo geral, desde uma disputa por um táxi na rua até a escolha de membros de Academias de Letras e de quem merece ganhar anualmente cada um dos vários prêmios Nobel. A vida social no capitalismo contemporâneo é impregnada pela competição, coroada pela celebração festiva do ganhador e pelo desprezo pelos outros, os perdedores.

A maior parte das competições é organizada de modo que só possa haver um ganhador: o campeão, o *best-seller*, o maior, ou melhor, de todos. Assim os méritos pela vitória podem mais facilmente ser atribuídos a um indivíduo, relegando à sombra todos os demais que contribuíram para ela. O que reforça o mito da meritocracia: a humanidade seria constituída pelos bons, fortes e dedicados e pelos demais, destituídos em diferentes graus dessas qualidades. A sociedade só progride quando as posições de responsabilidade e poder são ocupadas pelos bons e quando esses são devidamente incentivados por recompensas adequadamente invejáveis a exercer suas raras faculdades.

A economia solidária surge como reação a esse mundo produzido pelo capitalismo. Sua visão de mundo se baseia na ideia de que a principal virtude de qualquer sistema econômico é promover a cooperação entre as pessoas, famílias, comunidades, países, etc... E na ideia de que a humanidade se compõe efetivamente de pessoas diferentes, mas que essas diferenças não resultam da concentração de qualidades em alguns e de sua ausência em muitos outros. Antes pelo contrário, todos são dotados de qualidades e defeitos. Cada pessoa é uma combinação específica – provavelmente única – de características que, conforme as circunstâncias podem ser consideradas boas ou más. O progresso da sociedade resulta da combinação dessas múltiplas qualidades e defeitos de vários indivíduos, quando esses se associam e cooperam entre si.

O mérito dos avanços e das conquistas da humanidade e de qualquer sociedade é de todos os que participam dos esforços coletivos que os possibilitam, mesmo quando os participantes se agrupam em diferentes empresas, escolas, times, igrejas e partidos políticos. Portanto, as recompensas – sobretudo os bens e serviços que satisfazem necessidades – devem ser repartidas entre todos por igual, ou em proporção a suas diferentes necessidades, ou ainda por algum outro critério de justiça consensual ou adotado pelo voto da maioria dos sócios.

A economia solidária, coerente com esta visão, é visceralmente democrática e se opõe a qualquer tipo de opressão e discriminação. Em sua prática econômica, os meios de produção são propriedade dos que trabalham com eles. Em grandes empreendimentos essa propriedade é coletiva, em microempreendimentos ela pode ser familiar ou individual. Em muitos empreendimentos de economia solidária, produtores individuais ou familiares se associam para realizar algumas operações em conjunto, principalmente compras e vendas; nestes convivem a propriedade individual, familiar e coletiva dos meios de produção.

A sociedade extremamente da competitiva e individualista, que o capitalismo promove, está longe de ser saudável, no sentido de propiciar às pessoas que nela convivem "um estado de completo bem-estar físico, mental e social", conforme a conhecida definição de saúde da OMS. Na verdade, ela propicia mal-estar físico, mental e social não só à grande massa dos desprovidos da propriedade de capital e por isso condenados – com poucas e notáveis exceções – a serem derrotados nas competições econômicas de que participam, mas também a muitos dos ganhadores, cuja saúde sofre pelo estresse ininterrupto a que se submetem para tentar preservar seu *status* de vitoriosos.

Os empreendimentos de economia solidária, na medida em que têm de comprar e vender em mercados em que a maioria dos que competem são empreendimentos capitalistas, tampouco escapam dessas pressões. Mas eles apreendem a desenvolver opções que os tornam menos dependentes de tais mercados. Os empreendimentos solidários de produção entram em alianças com empreendimentos solidários de consumo, tendo em vista criar mercados em que os preços praticados são justos, no sentido de que proporcionam a vendedores e a compradores rendas cujo poder de compra lhes permita graus de satisfação de necessidades, se não iguais, ao menos muito semelhantes. É o que se conhece pelo nome de *comércio justo*. Produtores e compradores conscientemente renunciam à busca da vantagem máxima e em seu lugar se esforçam para determinar preços que satisfazem tanto suas necessidades materiais quanto suas aspirações de justiça e reciprocidade.

Mas a economia solidária tem condições de ir mais longe ao desenvolver um sistema de finanças solidárias que não busca o lucro, mas recursos para apoiar os empreendimentos de economia solidária necessitados, seja porque não dispõem de capital suficiente por terem sofrido perdas, seja porque necessitam de mais capital para poder se expandir e desta forma oferecer novos postos de trabalho a quem deles precisa. A existência das finanças solidárias dá ao trabalhador-empreendedor solidário a segurança de que, em caso de necessidade, ele terá apoio financeiro suficiente para se reerguer. A segurança de poder oferecer solidariedade a quem precisa e de poder recebê-la quando estiver precisando é uma importante dimensão social da saúde, de que os competidores em mercados dominados pelo capital carecem.

Um dos condicionantes do bem-estar físico, mental e social que formam a saúde é certamente a confiança que as pessoas podem ter de que as condições de vida de que elas gozam, enquanto indivíduos e enquanto membros de famílias e eventualmente de comunidades, não estão em risco. No capitalismo, tal segurança inexiste para a grande massa dos que não são proprietários de capital, pois suas condições de vida dependem de estar empregados ou de dispor de suficientes compradores dos bens ou serviços, de cuja venda deriva sua renda. O risco a que estão expostos os assalariados é de serem despedidos, e os que exercem atividades por conta própria, é que algum competidor lhes tome a clientela. Essa insegurança atinge não só os integrantes da população economicamente ativa, mas também seus familiares e muitas vezes comunidades inteiras cuja economia depende frequentemente de algumas grandes empresas, que a qualquer momento podem fechar as portas ou transferir suas operações para outro lugar.

Particularmente perversa é a situação dos executivos de escalão médio e dos especialistas mais bem remunerados e que gozam de relativa autonomia para definir os meios que utilizam para atingir as metas com que se comprometeram. Na medida em que têm êxito ganham prêmios, mas, ao mesmo tempo, são forçados a se comprometerem com metas maiores no período seguinte. Como quase sempre a realização de metas não depende apenas do esforço da pessoa, mas também dos esforços de todos competidores, externos e internos à empresa, a sina da grande maioria desses(as) profissionais é estar permanentemente em estresse, que aumenta à medida que o prazo de realização das metas se aproxima. Se o(a) profissional fracassa na realização de suas metas, ele(a) perde não só o prêmio mas também o cargo e, possivelmente, o emprego.

> A carga mental e psíquica do trabalho não cessa de aumentar à medida que as exigências se multiplicam: pressão do cliente, supervisão pelo computador, redução de prazos, ordens contraditórias [...] Aos riscos tradicionais do trabalho [...] se somam agora aflições mentais – o sentimento de urgência permanente, o temor de cometer erros, a frustração de não poder fazer seu trabalho como se desejaria... A perda de sentido do trabalho, o sentimento de ser um joguete de forças incontroláveis, a incerteza do amanhã: são outros tantos fatores que agravam o sentimento de angústia nas empresas. Daí o aumento espetacular das patologias psíquicas, que a imprensa chama de sofrimento no trabalho, o estresse e o esgotamento profissional (*burnout*)... os trabalhadores enrascados nessas situações desenvolvem muito mais do que outros doenças cardiovasculares,

depressões, lombalgias e outros transtornos muscular-esqueléticos. Os médicos do trabalho constatam verdadeira epidemia desses sintomas nos assalariados, que aumentam 20% anualmente desde o começo dos anos 1990. Ao lado das patologias diretamente ligadas ao trabalho, o desemprego impõe também um pesado tributo à saúde e ao bem-estar. Depressão, doenças cardiovasculares, suicídios fazem com que um desempregado tenha três vezes mais probabilidades do que um empregado de morrer nos cinco anos seguintes à perda do emprego (COUTROT, 2005, p. 29-30).

Fica cada vez mais claro que o ideal da Organização Mundial da Saúde de que os seres humanos possam usufruir de completo bem-estar físico, psíquico e social é plenamente incompatível com o capitalismo. Na luta pela saúde, torna-se imprescindível introduzir a solidariedade na economia em lugar da livre competição ilimitada em todas as áreas de interação social. Neste sentido, a economia solidária se soma a outras Invenções Democráticas na luta por outra sociedade, mais igual, mais justa, mais livre, em suma *melhor*.

Referências

COUTROT, Thomas. *Démocracie contre capitalisme*. Paris: La Dispute/SNEDIT, 2005.

Gestão pública de assentamento de reforma agrária como aprendizado

Marcelo Gomes Justo

Neste texto são retomadas pesquisas anteriores, principalmente a análise dos conflitos sociais internos num assentamento de reforma agrária, cujo ponto comum é a luta por justiça em suas diferentes dimensões. Mostra-se a relação entre as Invenções Democráticas, especialmente a economia solidária e o recorte interpretativo da coexistência da justiça estatal e a não estatal, depois, é traçada a distinção entre gestão pública e gestão estatal para mostrar que os assentados tanto cobram o Estado quanto querem independência. Por fim, são retomados alguns dados de campo para demonstrar que, em meio a brigas e disputas privadas, os moradores reivindicam e aprendem a gerir publicamente os conflitos sociais. O reconhecimento da coexistência de formas estatais e não estatais de justiça e da centralidade desta para as iniciativas de economia solidária é fundamental para as reflexões sobre as Invenções Democráticas.

A coexistência da justiça estatal e não estatal e as Invenções Democráticas

As Invenções Democráticas, no sentido aqui tomado, expressam uma vertente do socialismo associada à democracia e às lutas sociais autônomas em relação aos partidos políticos. São conquistas socialistas no seio do capitalismo, independentemente da necessidade da conquista do poder do Estado. Nos trabalhos de Paul Singer sobre a economia solidária como socialismo autogestionário e democrático, encontramos a defesa dessa concepção em oposição ao modo de produção capitalista e aos regimes autoritários ou totalitários (de esquerda ou de direita).

Há um debate interno aos movimentos de luta pela terra: a organização dos camponeses em formas associativas de produção e/ou de comercialização agropecuária são modos socialistas ou são caminhos para a conquista de um futuro socialista? De acordo com a perspectiva da economia solidária, a atenção aqui se volta para as formas de gestão de assentamentos de reforma agrária como experiências inovadoras, em que novas sociabilidades são aprendidas para a realização do socialismo independentemente da tomada do Estado.

Na virada da década de 1970 para 80, as pesquisas sociais no Brasil passaram a enfocar os movimentos sociais como agentes políticos que postulavam o direito a ter direitos. Esta era uma forma de interpretar aqueles relativamente novos movimentos como democráticos, e não meros repetidores das manifestações de autoritarismo comuns ao conjunto da sociedade brasileira, como trabalhou Chauí (1989). Seguindo tal veio analítico, é possível focar diferentes formas e manifestações de justiça na luta pela terra no Brasil na perspectiva das Invenções Democráticas.

Em distintos trabalhos (JUSTO, 2002 e 2005), foi analisada a coexistência da justiça estatal e não estatal e estudadas diferentes manifestações de justiça e de gestão de conflito, sob o conceito de pluralismo jurídico.[1] Rapidamente, a concepção de justiça para o Estado moderno diz respeito a um monopólio, a terminar com ciclos de vinganças e a universalização dos meios para exercer a justiça. Neste sentido, todas as outras formas de justiça deveriam ser superadas. Analisar outros modos de justiça que convivem – legitimamente – com a justiça estatal significa olhar as organizações populares como constituintes de direitos. O pluralismo jurídico é um conceito que foi largamente utilizado para interpretar situações em que populações locais encontravam formas de gerir seus conflitos sociais em coexistência com as do Estado. Veio, então, como suporte para que outras formas de justiça e de controle social não fossem mais interpretadas simplesmente como pré-modernas, no sentido de que deveriam superar tal condição e alcançar a forma de justiça estatal. Os camponeses em luta pela terra tanto recorrem ao Estado quanto utilizam formas costumeiras de justiça em ações locais, como evitar o contato com pessoas da comunidade ligadas aos fazendeiros, por exemplo (JUSTO, 2002).

Ao analisar as formas como os moradores lidam com os conflitos sociais num assentamento de reforma agrária, encontrou-se a gestão pública (JUSTO, 2005). A gestão pública é pensada aqui como contraponto ao autoritarismo da sociedade brasileira, caracterizado pelo comportamento predominante da elite de defender única e exclusivamente os interesses privados, sem compromisso com o bem público; pela imagem de que o povo seria incapaz de mobilização

---

[1] A principal referência sobre pluralismo jurídico são os trabalhos de Boaventura de Sousa Santos. Para uma revisão do tema, ver JUSTO (2002, p. 152-167).

coletiva e defesa de seus interesses comuns; pelas crenças de que os problemas sociais devem ser resolvidos de cima para baixo e que a desigualdade social é algo natural, etc. Isto não quer dizer que a população também não reproduza formas privadas ou autoritárias de "resolver" os conflitos.

Tomando o assentamento de reforma agrária como um lugar onde ocorrem experiências de economia solidária, temos que a construção do socialismo aparece em meio às disputas internas. Por isso, há a necessidade e a busca por uma gestão pública dos conflitos como central para efetivar a economia solidária. Os assentados aprendem a gerir publicamente os conflitos sociais, entre intrigas e boicotes, e a cobrar a atuação do Estado (isto é a coexistência de formas de justiça estatal e não estatal).

O modo de produção capitalista embate-se constantemente com suas fronteiras. O capital, em sua lógica desenfreada de se multiplicar, defronta-se inevitavelmente com o seu limite, o não capital. A fronteira define-se pelo encontro dessas duas lógicas, portanto, é um lugar conflituoso. Tratar os conflitos sociais pelo olhar dessa fronteira não é novo, é próprio da lógica do capital gerar o seu contrário. O que parece ganhar nova força – após tantas lutas do século XX – é privilegiar as revoluções sociais (que são distintas das revoluções políticas que implicam necessariamente na tomada do poder de Estado), as experiências de autogestão, no lugar da luta centralizada e dirigida exclusivamente para a conquista do Estado.

Como os assentamentos de reforma agrária são locais de disputa, eles precisam estar conectados às redes de economia solidária para que sejam realizações socialistas (aqui e agora). Há visões contrárias, que expressam a concepção de que os trabalhadores rurais precisam tomar o poder do Estado e, só assim, seria possível a construção do socialismo. Muita tinta já foi gasta para criticar o autoritarismo de certas lideranças dos movimentos de luta pela terra, principalmente o MST, e suas visões sobre o socialismo. Junto à crítica à posição autoritária de alguns militantes, há as análises acadêmicas críticas às visões autoritárias de determinadas orientações do MST. Não cabe aqui retomar essa discussão, mas sim apontar para o potencial de socialismo democrático que há em assentamentos de reforma agrária, em oposição ao socialismo autoritário.

Procura-se retomar uma pesquisa anterior (Justo, 2005) realizada em um assentamento de reforma agrária para destacar o processo de constituição da gestão pública (e democrática) dos conflitos sociais e repensar a relação daqueles moradores com o espaço público. Além da especificidade do caso, há fatores generalizáveis. Foi enfocado o potencial de realização de formas de economia solidária no assentamento e foram mostrados os avanços e as limitações na realização desse processo. *Defende-se que a gestão dos conflitos é um elemento fundamental para a consolidação de empreendimentos de economia solidária em assentamentos e que a reforma agrária tem a importância de abrir espaço para experiências socialistas.* Como mostrou Oliveira (1997, p. 22), não cabe mais compreender o campesinato pelo veio do desenvolvimento das forças produtivas em direção a um capitalismo mais avançado, o velho debate capitalismo versus feudalismo, mas sim pelo posicionamento socialismo contra capitalismo.

A pesquisa baseou-se na análise de um assentamento cuja conquista foi possibilitada pelo Movimento dos Trabalhadores Rurais Sem Terra (MST), num município do sudoeste paulista, com uma parcela de ex-moradores de ruas da cidade de São Paulo e com outras pessoas que viviam nas regiões de Campinas e Sorocaba.

Foram trabalhadas duas hipóteses. Na primeira, é assumido que a mudança para o campo pode ser uma alternativa para um problema vivido na cidade, a situação de morador de rua. A noção de "alternativa" é entendida em contraposição ao modo de produção capitalista, no sentido da economia solidária definida por Singer (2002b). A segunda hipótese coloca que, numa fração de território potencialmente alternativa ao modo de produção capitalista, desenvolvem-se formas de gestão pública dos conflitos sociais referentes à vida coletiva no assentamento, que podem se tornar democráticas, com base na concepção de Quijano (2002, p. 511-512), que estabelece um "sistema de controle democrático da autoridade" referenciado em instâncias supranacionais.

A pesquisa: gestão pública e gestão estatal

Basicamente, a diferença entre a gestão pública e a estatal consiste no seguinte. A gestão estatal dos conflitos não é realizada pelo público envolvido, mas por técnicos operadores da lei e, portanto, distantes do cotidiano gerador do conflito. Além disso, o controle social exercido pelas leis baseia-se em distinções sociais, a lei comporta-se no espaço social realizando discriminações, quando pessoas de baixa posição social recorrem a ela, pouca ou nenhuma lei será aplicada, conforme estabelecido pela teoria de Black (1998).

A gestão pública dos conflitos diz respeito ao controle social e à apropriação do espaço exercidos pela população de um dado local, no caso um assentamento de reforma agrária. É esse movimento que transforma o espaço em território, no sentido definido por Raffestin (1993). No caso, um território camponês, e não um território estatal. Mas é um território marcado por interesses diversos e em disputa e que, assim, traçam redes. Longe de negar os poderes estatais, essa forma de gestão está em diálogo com eles, mas não se limita a referendá-los e sim apontar manifestações plurais do jurídico. É um caminho para a emancipação do assentamento, no sentido de ganhar autonomia em relação à tutela estatal, mas não no de livrar o Estado de suas responsabilidades perante as políticas de reforma agrária.[2]

---

[2] Quando o Estado coloca propostas de "emancipar" os assentamentos de reforma agrária para se isentar de responsabilidades como políticas de crédito, de acompanhamento técnico e de implementação de infraestrutura, concordo com o posicionamento da Confederação das Cooperativas de Reforma Agrária

GESTÃO PÚBLICA DE ASSENTAMENTO
DE REFORMA AGRÁRIA COMO APRENDIZADO

O trabalho de campo no assentamento mencionado acompanhou uma movimentação de final de uma fase de união, depois uma grande desunião, para uma nova etapa de reuniões entre os assentados. A partir de 2001, houve uma grande desunião entre os moradores, em que muitos deles passaram a se isolar devido a um conflito que "rachou" (como eles disseram) o assentamento, envolvendo os resultados de uma decisão coletiva de dividir um crédito público referente à instalação. Não houve reuniões nem assembleias, que fizeram parte da vida daquelas pessoas ao longo de mais de dois anos de luta pela terra. No entanto, de 2002 para 2003, surgiram duas associações de produção agropecuária e grupos de trabalhos com estufas.

Houve a primeira tentativa de formar uma associação, que durou quatro meses e era onde se encontravam alguns ex-moradores de rua. Depois, com algumas variações reuniram-se para a formação de outra, em duas tentativas, até a formalização em 2003. Porém, em 2004, o grupo ficou enfraquecido. Essa associação formou-se em contraposição aos antigos coordenadores da fase de acampamento, que foram acusados de apropriação de dinheiro de outros assentados.

Relacionada à trajetória dessa associação, além da oposição aos ex-coordenadores do assentamento quando houve o "racha", há outro caso de conflito envolvendo o conjunto. Em setembro de 2003, um membro da associação enviou uma carta a um jornal local do município, que publicou uma matéria com supostas irregularidades. Ele pretendia vender as benfeitorias do lote onde mora. Os moradores conseguiram gerir coletivamente o conflito, enquanto aguardavam o Instituto Nacional de Colonização e Reforma Agrária (Incra). Uma parcela dos assentados reuniu-se e posicionou-se contrária à "venda" do lote e redigiu uma carta resposta ao jornal. Cabe ao Incra fiscalizar e controlar a tentativa de comercialização de benfeitorias, porém o órgão, notificado pelos moradores, simplesmente não compareceu naquele momento.

Outra associação iniciou em 2003 e se oficializou em 2004, começou com 12 famílias e, em 2004, entraram mais duas. Além desta, há os chamados grupos das estufas, compostos por três semicoletivos (forma de organização em que parte da produção é coletiva), que se formaram a partir de 2002. Essa segunda associação e os grupos das estufas são os moradores que apresentam melhores condições materiais no assentamento e unem-se compondo um grupo majoritário. Eles se destacam como pessoas que convocam assembleias para tentativas de gestão do assentamento. Em 2004, acirrou-se a separação entre essa maioria e os membros da associação com ex-moradores de rua. Houve, naquele ano, um terceiro caso de conflito social. Trata-se das complicações decorrentes da "venda" e abandono de um lote por um morador associado às pessoas que vieram das ruas. Uma comissão de moradores foi

---

do Brasil Ltda., órgão ligado ao MST, de negar tal emancipação. Porém, *há uma luta maior que é a população assentada se apropriar da fração de território e não ficar tutelada pelo Estado.*

formada como uma instância pública de gestão dos conflitos e/ou irregularidades do assentamento. Apesar de a comissão ser aberta a todos os grupos do assentamento, havia um grupo majoritário que estava contrário e cansado das acusações e brigas com as pessoas "da rua". É uma rede se contrapondo a outra, ou, na linguagem de Raffestin (1993), formando densidades mais fortes ou mais fracas de relações.

Até aquele momento, em 2004, as redes no assentamento apresentavam uma dinâmica que permitia conexões. Ou seja, havia uma intensa movimentação no assentamento, as redes juntavam e separavam as pessoas com rapidez. Famílias que, num momento, preferiram isolar-se, depois se uniram; outras que estavam unidas, separaram-se. Ocorreu a necessidade tanto de fortalecer o caráter camponês de voltar-se para a família quanto de buscar conexões com outras famílias de fora do assentamento. Porém, com o aumento dos conflitos internos no assentamento, a tendência foi a polarização entre a associação com ex-moradores de rua, de um lado, e a outra associação e os grupos das estufas, de outro.

Ao todo foram analisados três casos de conflitos sociais internos ao assentamento e suas respectivas formas de gestão: 1) desdobramentos na justiça em relação aos ex-coordenadores do assentamento (envolve a partilha do dinheiro de fomento); 2) denúncia pública de irregularidades e tentativa de venda de benfeitorias; 3) abandono de lote e venda de benfeitorias. No primeiro caso, houve a gestão do conflito baseada na arbitragem do Estado; no segundo, uma gestão pública e a omissão do Estado e, no último, houve o paralelo entre gestão pública e estatal.

Na experiência de acampamento antes da conquista do assentamento, os camponeses sem-terra aprendem, no dia a dia, a gerir aquele espaço público específico, formam distantes comissões para dividirem os trabalhos e realizam reuniões e assembleias regulares. Estas vivências continuam presentes no assentamento, mas com menor intensidade. Há também um forte circuito de intrigas, fofocas etc. que muitas vezes emperram a formação de grupos. Os assentados sabem e demonstram que a gestão dos conflitos não pode ficar refém dos interesses privados.

Entre as questões presentes no trabalho de campo, a razão de a sede da antiga fazenda não ser efetivamente apropriada como um local de uso comum dos moradores era algo particularmente inquietante. A sede foi (e é) muito utilizada para festas, reuniões, assembleias, etc. Chegou a abrigar uma confecção das bandeiras símbolo do MST. No entanto, sucessivamente ela era abandonada e novamente cuidada; os moradores chegaram a começar a cercá-la. O trabalho de Ramos (2009) trouxe novo elemento ao interpretar as histórias de assombrações que rondam o assentamento e do fantasma do dono da fazenda que aparece no interior da casa da sede. A desapropriação da fazenda não representou eliminar – literalmente – fantasmas da propriedade privada. Como é possível, então, efetivar uma gestão pública do bem comum? O local que pensei ser a referência comum (por isso, espaço público) representa no imaginário o espaço de lembrança da propriedade privada e da desunião dos assentados. É vivido e interpretado diferentemente pelos moradores, mostrando ambiguidades e contradições. Alguns veem no fantasma o "individualismo" e a negação do "coletivismo" de alguns e outros associam aquele às referências de moral familiar e identificam-se com ele. O autor destaca que os assentados conquistaram em conjunto as terras do fazendeiro, mas a desunião deles os colocou como incapazes de gerir algo de uso comum e, portanto, deixando aberto ao fantasma do morto. Ao falarem do fantasma, estão interpretando a si próprios, mostra o autor. Essa análise possibilita repensar a relação dos assentados com o espaço público e com as formas de gestão. Pode-se inferir que as histórias de assombração também são maneiras de gerir o uso do espaço coletivo da sede. A compreensão e o reconhecimento dos conhecimentos tradicionais são elementos fundamentais para ampliarmos os cânones dos direitos, da diferença e da emancipação social, como coloca Santos (2003), e pensarmos as Invenções Democráticas.

Invenções e limites da gestão pública e democrática

Quanto à primeira hipótese levantada, foi possível constatar que o MST é uma alternativa aos moradores de rua; porém, é preciso que essa união do Movimento com a população de rua possibilite a formação de redes para que esta não caia no isolamento. Quando estão nas ruas, os "sem teto" conseguem estar inseridos em redes, geralmente conectadas ao trabalho da pastoral católica. No assentamento, esse contato não perdura ou muda de caráter (voltando-se mais para financiamentos e menos para a articulação política). Com as pessoas morando e produzindo em seus próprios lotes, os ex-moradores de rua e os homens sozinhos, em geral, carecem de mão de obra familiar e a falta de família é, muitas vezes, vista como ausência de características camponesas. Os apoios da direção do MST, da Igreja e de outros militantes podem servir para que essas pessoas cheguem ao assentamento com o potencial de formar um grupo voltado para formas de economia solidária, de acordo com a concepção de Singer (2002a; 2002b).

Aqueles que vieram da rua não pertencem aos maiores grupos do assentamento estudado. As redes, para todos os assentados e – principalmente – para os ex-moradores de rua, são formas de ultrapassar o isolamento dos lotes e estar em comunicação com o mundo exterior ao assentamento para garantir algo além do que é produzido no sítio. O assentamento propiciou conquistas aos ex-moradores de rua: ter um pedaço de terra para morar, plantar e garantir parte da alimentação, formar ou reencontrar família, estar atado a redes e manifestar habilidades paralelas ao cultivo da terra. Porém, ainda não se consolidou entre eles uma alternativa socialista ao modo de produção capitalista.

Vejamos os elementos que se aproximam, ou não, da conceituação de economia solidária. A primeira associação tinha como intenção desenvolver projetos agropecuários em comum em alguns lotes, em paralelo ao roçado para a família; não possui trabalho assalariado; há reuniões para decidir sobre os projetos agrícolas em comum (cada sócio um voto); a organização é voltada para a produção e comercialização, e, há registro civil como associação (sem fins lucrativos). Em 2004, a associação perdeu sócios, eles não realizam projetos em conjunto e não houve sobras a serem distribuídas. Pode-se dizer que a economia solidária, definida pela autogestão da produção coletiva e pelas decisões democráticas, está em estágio embrionário.

Em termos comparativos, há os casos da outra associação e dos grupos das estufas. Os objetivos da associação são o incentivo à produção de leite e de produtos agrícolas, a comercialização e a compra de implementos e máquinas em comum. Os sócios realizam reuniões regulares sobre o andamento do grupo, o que produzir em comum e a comercialização (cada sócio um voto). Há um registro civil como associação (sem fins lucrativos). Os grupos das estufas têm como objetivos a compra de sementes e de insumos e a comercialização em comum. Realizam reuniões sobre as compras, as vendas e as épocas de plantio (para colher no mesmo período e ganhar volume na venda). Cada grupo divide entre seus membros o montante da venda, geralmente, de forma igualitária ou conforme as horas trabalhadas. O trabalho nas estufas é coletivo, no sentido em que todos os membros laboram conforme uma escala e na época de maior atividade, como na colheita, todos se unem. O grupo todo investe na construção de novas estufas. Não possuem registro civil. Tanto a associação quanto os grupos das estufas mostraram crescimento e melhorias nas condições materiais de seus membros. Em novo contato com o grupo, em 2009, a produção em estufas não está mais tão consolidada.

Com base nessas observações, podemos pensar a questão da formação do território camponês, via política de reforma agrária. Esse território possibilita que não haja relações de produção capitalista, mas não garante que se construa uma economia solidária no assentamento. Por definição, o modo de vida e de produção camponês baseado na mão de obra familiar não é capitalista. Porém, só o fato de haver terra para frutificar essa forma de produção, não quer dizer que ela se tornará uma economia solidária (socialista). É preciso que o assentamento esteja inserido na rede da economia solidária e que os grupos se voltem para a gestão pública e democrática da produção e dos conflitos sociais e para o reconhecimento do socialismo como algo vivido, desde já, nos interstícios do modo de produção capitalista. Pode-se dizer que, potencialmente, os grupos e as associações mais fortes podem atrair aqueles que estão num grupo mais fraco, desde que não se consolide uma polarização entre os grupos. O trabalho de campo revela que a mobilidade de união e desunião entre os assentados é maior do que a tendência à polarização entre grupos.

O paradigma teórico da reprodução do campesinato pela expansão do modo de produção capitalista permite que camponês seja um personagem moderno. Portanto, ele reivindica a tradição da família e do território e também a modernidade, no sentido da crítica e da possibilidade de superação daquele modo de produção. Ou seja, encontra-se no campesinato um repertório de *ethos* familiar e de luta por justiça social e por um modo de vida e de produção não capitalista (quiçá socialista).

GESTÃO PÚBLICA DE ASSENTAMENTO 97
DE REFORMA AGRÁRIA COMO APRENDIZADO

Quanto à segunda hipótese, a principal constatação é que as associações e os grupos tendem a ser os promotores da gestão pública dos conflitos internos no assentamento. No entanto, a gestão dos conflitos vive uma tensão entre depender do Estado e buscar autonomia, o que demonstra uma dificuldade de consolidação dessa gestão pública como algo que é de responsabilidade de toda a comunidade. O presidente de uma das associações, por exemplo, é um dos organizadores das reuniões no assentamento, desde 2003.

Vale ressaltar que é relativamente comum nos conflitos pessoais entre vizinhos (briga por causa de gado que derruba cerca, por exemplo) o recurso a formas judiciais de gestão. Porém, houve somente um caso de ação judicial envolvendo o assentamento como um todo. Num momento em que não havia associações registradas (2002) e havia poucas reuniões e assembleias a forma judicial apareceu como gestão de um conflito relativo ao coletivo.

A demanda por justiça estatal é relativamente recente na história do campesinato brasileiro, tendo como primeiras referências as Ligas Camponesas, por volta dos anos 1950 e início dos 60. Encontrou-se no assentamento a demanda por essa forma de justiça. No entanto, pela teoria de Black (1998) sobre gestão de conflitos, sabe-se que a aplicação da lei é uma forma entre outras de exercer controle social e ela se comporta no espaço social realizando discriminações. Então, a lei pode ser uma reivindicação legítima de alguns camponeses, mas ela não recairá da forma almejada por eles. É mais relevante o Estado como promotor de justiça social do que de justiça penal para os assentados. Estes aprendem a gerir os conflitos sociais internos ao assentamento. Pode-se concluir que quanto maior a organização participativa da produção agropecuária, menor a necessidade de se recorrer à justiça estatal para a gestão dos conflitos sociais.

Nos dois casos de conflito em que houve gestão pública, verificou-se a presença de instâncias democráticas, como assembleias, em que cada um tem direito a voz e voto. Portanto, a gestão pública tem potencial democrático. No segundo caso tratado, as partes chegaram a um acordo quanto à irregularidade da venda do lote. No terceiro caso, o acordo ocorreu com a mediação dos agentes do Incra. Mais uma vez, é a coexistência da justiça estatal com a não estatal como dinâmica da gestão de conflitos.

O assentamento é uma fração de território camponês plasmado pelo conflito, não há homogeneidade. As alianças, as controvérsias e os ataques são redes que configuram aquele local, expressam os micropoderes que constroem – e destroem – iniciativas de economia solidária. Há tanto o circuito pessoal de intrigas quanto a busca por espaço público de gestão dos conflitos. As redes são formadas internamente, em alguns momentos cristalizam-se em organizações e permitem a comunicação, a troca de informações e a obtenção de recursos externos. Na fração territorial que é o assentamento, os lotes são nós; assim, as movimentações de ataques e alianças entre os moradores formando grupos e associações são as redes que o atravessam e permitem o fluxo com o exterior: venda, compra, financiamento, informações, apoios, etc.

Uma das principais conclusões é que os moradores aprendem a lidar com os conflitos à medida que eles ocorrem e que eles se mobilizam para geri-los. Paralelamente à incipiente formação de um modo de produção solidário, os assentados aprendem a desenvolver formas públicas e potencialmente democráticas de gerir os conflitos. Trazendo novos dados para a reflexão, a pesquisa de Ramos (2009) trabalha o quanto o espaço da sede do assentamento é, na visão dos assentados, assombrado pelo fantasma do antigo dono da fazenda. Portanto, construir um espaço público é um processo lento, aprendido com idas e vindas e que depende de exorcizar a presença dominante da propriedade privada e acreditar que o espaço de uso coletivo pode ser gerido pelo público envolvido, de modo democrático.

Referências

BLACK, Donald. *The Social Structure of Right and Wrong*. San Diego: Academic Press, 1998 [versão revisada de original de 1993].

CHAUÍ, Marilena S. *Cultura e democracia*. São Paulo: Cortez, 1989.

JUSTO, Marcelo G. *Capim na fresta do asfalto: conflito agrário violento e justiça*. São Paulo: Humanitas/FAPESP, 2002.

JUSTO, Marcelo G. *A Fresta: ex-moradores de rua como camponeses num assentamento pelo MST*. São Paulo: Humanitas/FAPESP, 2008.

OLIVEIRA, Ariovaldo U. *A fronteira amazônica mato-grossense: grilagem, corrupção e violência*. São Paulo. Tese de Livre Docência apresentada ao Departamento de Geografia da Faculdade de Filosofia, Letras e Ciências Humanas da Universidade de São Paulo, 1997.

QUIJANO, Aníbal. Sistemas alternativos de produção? In: SANTOS, Boaventura S. [Org.]. *Produzir para Viver: os caminhos da produção não capitalista*. Rio de Janeiro: Civilização Brasileira, 2002, p. 473-514.

RAFFESTIN, Claude. *Por uma geografia do poder*. São Paulo: Ática, 1993.

RAMOS, Danilo P. *Nervos da terra: histórias de assombração e política entre os sem-terra de Itapetininga - SP*. São Paulo: Annablume/FAPESP, 2009.

SANTOS, Boaventura S.; NUNES, João A. Introdução: para ampliar o cânone do reconhecimento, da diferença e da igualdade. In: SANTOS, Boaventura S. [Org.]. *Reconhecer para Libertar: os caminhos do cosmopolitismo multicultural*. Rio de Janeiro: Civilização Brasileira, 2003, p. 25-66.

SINGER, Paul. A recente ressurreição da economia solidária no Brasil. In: SANTOS, Boaventura S. [Org.]. *Produzir para viver: os caminhos da produção não capitalista*. Rio de Janeiro: Civilização Brasileira, 2002a, p. 81-129.

SINGER, Paul. *Introdução à Economia Solidária*. São Paulo: Fund. Perseu Abramo, 2002b.

Parte IV

A educação democrática e a dimensão social da saúde

A educação democrática e a dimensão social da saúde

Lilian L'Abbate Kelian

A educação democrática é uma práxis, no sentido apresentado na Carta de Princípios do Nupsi-USP, um fazer no qual a autonomia dos educandos e educadores é princípio e potência.

Os educadores democráticos consideram Iasnaia Poliana, a escola criada por Tolstói, em 1852, o princípio da sua tradição. O movimento das escolas democráticas intensificou-se a partir das décadas de 1960 e 1970 inspirado por dois importantes críticos da educação convencional: Alexander Sutherland Neill (1888-1973) e Ivan Illich (1926-2002). São escolas formais e experiências de educação não formal que buscam a construção de uma comunidade de conhecimento a partir da autogestão administrativa e pedagógica por educadores, estudantes e, em muitos casos, pais.

Ao colocar o desejo de aprender e ensinar no centro de seu projeto, a educação democrática cria condições para o desenvolvimento integral de educandos e educadores. É assim que realiza um movimento de desalienação ao resgatar as dimensões corporal, afetiva, vivida e política dessa integralidade e restabelecer sua comunicação profunda com aquelas consagradas pela pedagogia convencional, respectivamente as dimensões: intelectual, racional, acadêmica e pedagógica.

A democracia é compreendida como invenção coletiva que institui seus próprios mecanismos, conceitos e valores e cuja finalidade é a construção cooperativa do conhecimento. Toda institucionalidade democrática, das suas criações mais visíveis (como o Projeto Pedagógico, a Assembleia, o Conselho e os diferentes fóruns de resolução de conflitos) às menos visíveis (como a cultura comunicativa das comunidades escolares, o papel mediador dos educadores, o envolvimento com as famílias), existe para estruturar, potencializar e conciliar os desejos singulares daqueles que formam sua comunidade.

Ao compreenderem a democracia como invenção coletiva e, portanto, dinâmica e aberta, tanto as escolas quanto o movimento que as reúne realizam um esforço político-pedagógico sistemático para não definir as formas da democracia. A autodefinição permanece como principal critério para a participação das experiências na rede de escolas democráticas.[1] Para além de uma postura ingenuamente tolerante, existe aqui uma aposta na possibilidade de que a convivência e cooperação de toda essa multiplicidade de comunidades, conceitos e práticas produzam excelência política e acadêmica.

Por todas essas ações comunicativas que a educação democrática põe em movimento, entre princípio e potência, entre desejos e entre as diferentes dimensões da nossa integralidade, essas experiências têm sido espaços que promovem a saúde em sua comunidade. E em alguns casos, para além de suas comunidades diretas.

Entretanto, os educadores democráticos permanecem com um dilema teórico superado apenas parcial e intuitivamente por suas práticas: como lidar com o sofrimento psíquico em suas comunidades? Uma parcela significativa das famílias que integram as comunidades dessas escolas experimentou configurações escolares, familiares e sociais limitadoras dos seus desejos ou mesmo violentas e encontram nas escolas democráticas acolhida e espaço para se desenvolver. Mas qual é o limite desse acolhimento quando alguém que sofre faz outros membros dessa comunidade sofrerem? Neill foi um dos educadores que mais refletiu sobre esse impasse, sem, no entanto, satisfazer-se com a solução encontrada. Ele inventou as "Lições Particulares", espécies de sessões de análise em que trabalhava com determinados estudantes aspectos de sua vida familiar e outros assuntos considerados privados. Em muitos momentos, os estudantes responsáveis pela organização da Assembleia consultavam Neill para certificar-se de que as "contravenções" de um ou outro estudante não seriam um caso de "Lição Particular". Entretanto, esse poder de definir quais assuntos seriam privados, no sentido de estar fora do espaço de pensamento e ação da institucionalidade democrática, não seria incoerente com a práxis das escolas?

Provavelmente o que impossibilitasse Neill de refletir mais livremente sobre a questão seja o fato de que ele, como outros educadores democráticos, estivesse

---

[1] Alternative Education Resource Organization <http://www.educationrevolution.org/>.

tão preocupado com a autonomia das crianças que não se interrogasse sobre sua posição em relação a elas. Seu principal livro *Summerhill: Liberdade sem medo* pode ser lido como uma tentativa de esconder a relevância dos adultos para dar centralidade à potência das crianças. Antes de tudo, um manifesto político contra toda a reação conservadora em torno de Summerhill.

O que nos leva a outra questão importante: as práticas pedagógicas democráticas problematizaram enfaticamente a passagem da infância para a vida adulta, abrindo espaço para pensá-la como um processo complexo, não linear, singular. Entretanto, ao perdermos um pouco de vista a assimetria irredutível da relação entre adultos e crianças, perdemos também a possibilidade de indagar-nos sobre a posição de poder que o educador ocupa em relação às crianças. Uma posição a ser desconstruída no movimento mesmo em que é instituída.

Para além de uma utópica simetria, talvez o aspecto mais importante da ética democrática seja a possibilidade de manter viva a interrogação sobre a passagem da infância ao universo adulto e sobre aquilo que está ou não sob a responsabilidade dos educadores, numa relação (não entre dois, mas entre muitas pessoas de diferentes idades e que estão em diferentes momentos de descoberta do seu próprio desejo) cujo horizonte é o do cuidado e o da desconstrução do desejo de impor-se ao outro.

Talvez a questão da saúde mental possa ser pensada de maneira análoga, se existe a possibilidade de compartilhar mais amplamente a compreensão sobre alguém que sofre e as decisões que o encaminham para ajuda necessária. Entre o pedagógico e o terapêutico existe um sentido que a educação democrática busca construir ao se apoiar reciprocamente na dimensão social da saúde.

Quando a educação é Invenção Democrática de pesquisa-ação[1]

Helena Singer

A prática educativa é um atributo da humanidade. A compreensão do fenômeno educativo e propostas orientadoras das práticas educativas fizeram surgir um saber específico que modernamente associa-se ao termo pedagogia. Assim, a indissociabilidade entre a prática educativa e a sua teorização constituiu um campo de saber-poder chamado pedagogia, que disputa com outros o atributo de cientificidade. Com esse caráter, o pedagogo passa a ser investido de uma função reflexiva, investigativa e, portanto, científica do processo educativo.

No entanto, a tensão entre teoria e prática permanece em um campo que luta pelo seu reconhecimento como ciência. Essa tensão aparece com maior intensidade na dissociação entre, de um lado, as expectativas dos estudantes – e também da mídia – de que as universidades formem "bons professores", com "boa didática para a sala de aula", e, de outro, os currículos dos cursos de pedagogia, que priorizam as reflexões teóricas como as relativas à compreensão das relações entre o fenômeno educativo e os processos sociais, as relações entre sistemas de governo e sistemas de ensino, relegando aos cursos de magistério as reflexões sobre as práticas educadoras e suas relações com os processos envolvidos no ato de conhecer e no desenvolvimento humano de forma geral. Essa tensão radica no fato de as universidades voltarem-se para a formação de pesquisadores da educação, não de professores. Mas é possível fazer pesquisa sem prática? É possível educar sem se envolver em um processo investigativo?

---

[1] Uma primeira versão deste texto foi apresentada à mesa "Pedagogia tornou-se mais prática de educar do que teoria?", durante a VII Semana de Educação da Faculdade de Educação da USP, em 11 de novembro de 2009.

Uma proposta metodológica forjada ainda nos anos, 1940 na Europa e nos Estados Unidos e que ganhou contornos definitivos na pesquisa educacional na América Latina nos anos 1970 responde negativamente às duas perguntas acima. Trata-se da pesquisa-ação. Assinalemos os processos que nos convidam a revisitar essa proposta no advento do novo milênio: 1. os avanços nas pesquisas das ciências da cognição em relação aos aspectos motivacionais do aprendizado; 2. as teorias do conhecimento que preconizam a superação do paradigma disciplinar científico por relações mais multifacetadas; 3. o desenvolvimento de novas tecnologias de comunicação que facilitam os processos de aprendizagem autônoma, a formação de comunidades e redes de colaboração virtual e a descentralização da produção cultural; 4. o crescimento dos movimentos de reinvenção da democracia nas suas várias dimensões – educação, justiça, comunicação, saúde, economia, ecologia...

Examinemos, então, um pouco mais de perto a pesquisa-ação seguindo essas quatro pistas.

A pesquisa-ação e o ato de conhecer

A pesquisa-ação é um processo coletivo, no qual sujeito e objeto do conhecimento não estão dissociados, que segue um ciclo no qual se planeja, desenvolve, descreve, avalia e analisa uma transformação social, aprendendo mais, no seu decorrer, a respeito tanto da prática quanto da teoria.

Neste sentido, a pesquisa-ação remete a uma característica do pensamento humano, qual seja a reflexão sobre a experiência a fim de aprimorá-la, segundo a definição do filósofo psicólogo americano John Dewey (1933): "Pensar é o *método de se aprender inteligentemente,* de se aprender aquilo que utiliza e recompensa o espírito. Nós falamos, com bastante propriedade, em métodos de pensar, mas o importante a termos em mente, a este respeito, é que o ato de pensar é por si mesmo um método, o método da experiência inteligente em seu curso" (grifos do autor). Dewey prossegue descrevendo os estágios do pensamento: 1. a experiência; 2. a necessidade de dados para suprir as condições indispensáveis à análise da dificuldade que se apresentou naquela situação; 3. sugestões, inferências, interpretações conjecturais, suposições, explicações, ideias; 4. novas experimentações com base nas novas ideias. "A conclusão pedagógica a se tirar disto é que *todo* ato de pensar é original quando faz surgir considerações que não tinham sido anteriormente apreendidas." Assim é que na própria definição do ato de pensar de John Dewey afirma-se a impossibilidade do projeto pedagógico autoritário de que uma ideia seja transferida de uma pessoa para outra.

A impossibilidade de transmissão unilateral e vertical de ideias e a indissociabilidade entre experiência e reflexão inspiram uma proposta de pesquisa que não localiza a reflexão na figura do pesquisador e no exercício da teoria nem a experiência na figura do pesquisado e no exercício da prática (seja ela do trabalhador, da criança ou do jovem).[2]

Baseada na construção coletiva de conhecimento e na relação contínua entre experiência e reflexão, a pesquisa-ação associa a aprendizagem ao processo de investigação, o que coincide com os resultados a que têm chegado as mais atuais pesquisas na área das ciências da cognição[3]: para conhecer, o indivíduo tem que se envolver com a informação, se mobilizar por ela, assumir uma atitude exploratória. A pesquisa-ação coloca os atores em situação de produzir, circular e utilizar informações e orientar ações tomando decisões com base em considerações estratégicas e táticas em uma atividade planejada – uma situação de aprendizagem, portanto.

O fim das certezas

A pesquisa-ação, como parece evidente, não se propõe a assumir o lugar da neutralidade científica. Ao contrário, ela assume que altera o que está sendo pesquisado. Interessante notar que essa proposta tenha se fortalecido no campo educacional nos anos 1970, mesma época em que o físico-químico belga Ilya Prigogine concluía que os sistemas têm tal complexidade que suas leis são caracterizadas por uma imprevisibilidade intrínseca. O grau de complexidade é engendrado pela dinâmica do sistema e, por isso, é impossível prever. Como o sistema não é idêntico à soma de suas partes, nas suas interdependências há informação que não pode ser controlada. Sendo a história de cada parte dependente das histórias das outras partes, torna-se impossível prever o futuro. O tempo é irreversível. Trata-se de uma virada fundamental – na visão clássica, a incerteza é uma questão metodológica, causada pela limitação da observação. Depois de Prigogine, a incerteza torna-se parte intrínseca do sistema. O futuro, embora não seja irrestrito, constitui-se de alternativas, nas quais há espaço para a inovação e a criatividade. É assim que as ciências se aproximam das humanidades e se tornam narrativas, históricas. É o 'Fim das certezas' e o aparecimento da pluralidade de futuros (PRIGOGINE, 1998, p. 194).

Nos mesmos anos 1970 em que Prigogine compreendia que o sistema não é igual à soma das partes, o educador filósofo brasileiro Paulo Freire afirmava que "a realidade concreta é algo mais que fatos ou dados tomados mais ou menos em si mesmos. Ela é todos estes fatos e todos esses dados e mais a percepção

---

[2] Antes de avançarmos neste aspecto, vale ressaltar a distinção entre pesquisa-ação e pesquisa participante. Na pesquisa participante, a preocupação participativa está mais concentrada no polo pesquisador, que se questiona sobre seu papel, problematiza sua relação com o pesquisado. Além disso, na pesquisa participante não se trata de mobilizar o grupo pesquisado para um objetivo específico, mas sim de observá-lo em suas atividades comuns, participando junto com ele (THIOLLENT, 1987).

[3] Por exemplo, CAVALLO, 2004; LÈVY, 1993; MANTOAN, 2005.

que deles esteja tendo a população neles envolvida. [...] [Se] a minha opção é libertadora, se a realidade se dá a mim não como algo parado, imobilizado, posto ai, mas na relação dinâmica entre objetividade e subjetividade, não posso reduzir os grupos populares a meros objetos de minha pesquisa. Simplesmente, não posso conhecer a realidade de que participam a não ser com eles como sujeitos também deste conhecimento" (FREIRE, 1981, p. 35).

Essas formulações de Freire e Prigogine inserem-se em um contexto geral de questionamentos do paradigma disciplinar científico que, segundo o sociólogo português Boaventura Sousa Santos (2003), criaram as condições teóricas que permitiram ver a fragilidade dos pilares sobre os quais se funda a modernidade. A modernidade, como bem disse Nietzsche, não conseguiu de fato superar o pensamento religioso, que separa o bem e o mal, o céu e o inferno, a virtude e o pecado. Continuando na busca de uma essência, algo que nos libertaria da falsidade das aparências, dos enganos da percepção e da ignorância, a ciência moderna manteve a perspectiva religiosa baseada em certezas, separação entre natureza e cultura, entre o sujeito que conhece e o objeto a ser conhecido, entre teoria e prática.

O reconhecimento da fragilidade do paradigma disciplinar científico deflagrou uma crise fértil. É na fertilidade dessa crise, que se retoma a pesquisa-ação como proposta metodológica que inova de forma sustentável, buscando sempre a continuidade dos processos. Trata-se de uma metodologia que se constrói sobre a participação colaborativa e deliberativa de todos os interessados na ação investigada; que se documenta na forma de portfólio pelo conjunto dos registros e produções do grupo; que projeta mudanças com base na problematização coletiva da situação; que se autoavalia continuamente; que, enfim, contextualiza os processos e os resultados entre a experiência e a generalização.

Na perspectiva de um processo de aprimoramento, a pesquisa-ação demanda o contínuo monitoramento e a posterior disseminação dos conhecimentos produzidos para além dos círculos acadêmicos. O monitoramento é exatamente o que permite distinguir a pesquisa-ação da prática de mudança ao sistematicamente indagar se o processo em curso está sendo conduzido por meio da análise e interpretação de dados adequados, válidos e confiáveis e se os objetivos de aprimoramento da prática e da teoria estão sendo igualmente perseguidos. Assim é que, sem abrir mão do rigor, a pesquisa-ação coloca-se a serviço de um novo paradigma.

A participação colaborativa e as novas tecnologias de comunicação

Na superação do paradigma disciplinar científico, a pesquisa-ação beneficia-se das novas tecnologias, que privilegiam uma relação descontínua, desordenada com o conhecimento. A multimídia interativa, graças à sua dimensão reticular ou não linear, favorece uma atitude exploratória, lúdica, com a informação. Trata-se, portanto, de um instrumento bem adaptado a uma pedagogia ativa. Nesse contexto, estabelece-se uma nova forma de relação com o saber marcada por aprendizagens permanentes e cooperativas, navegação, espaço flutuante, inteligência coletiva no interior de comunidades virtuais, desregulamentação de modos de reconhecimento dos saberes e gestão dinâmica das competências em tempo real. Nessa navegação, o indivíduo se torna sujeito de seu aprendizado. Deste modo, cria-se um ambiente científico-cultural flexível na organização dos tempos e dos espaços, que promove a ampliação do leque de opções e das atitudes criativas (LÉVY, 1993).

É nesse ambiente que as novas tecnologias favorecem o resgate de propostas como a pesquisa-ação. Essas tecnologias facilitam e potencializam os processos que levam os envolvidos a definir um objetivo comum, estabelecer um compromisso compartilhado para sua realização, participar ativamente na medida de seu interesse, partilhar o controle e as decisões sobre procedimentos investigativos, e se beneficiar dos resultados alcançados.

Especificamente no campo da comunicação, a pesquisa-ação trata da produção e da circulação da informação, produzindo aprendizagens significativas entre os participantes da investigação e disseminando sua produção pela comunidade.

Resgatando os sentidos da palavra comunicar, temos que tornar comuns as informações, possibilitar a todos os membros da comunidade a sua produção e garantir a sua ampla circulação também são objetivos da pesquisa-ação. Esses objetivos realizam-se na potencialização dos relacionamentos, das habilidades de expressão, do compartilhamento de ideias e das produções coletivas. A efetividade da comunicação é avaliada, sobretudo, pelo nível de participação e conhecimento da comunidade sobre a pesquisa-ação. Recentemente forjou-se um novo campo chamado de *educomunicação*, que, de um lado, retoma ideias de autores como Paulo Freire, segundo o qual a comunicação é um ato pedagógico e a educação é um ato comunicativo. De outro, retoma práticas de educadores como o francês Celéstin Freinet e o médico polonês Janusz Korczak que, muitas décadas antes do advento da internet, ressaltavam a importância pedagógica dos meios de comunicação feitos pelos estudantes, como jornal, mural e rádio. Essas ideias se atualizam no contexto das redes: educar-se significa envolver-se em múltiplos fluxos comunicativos, fluxos que serão tanto mais educativos quanto mais rica for a trama de interações comunicativas.

A pesquisa-ação a favor da democracia e da justiça

Com o compromisso ético pelos processos participativos colaborativos, a pesquisa-ação coloca-se a serviço da democracia e da justiça e, como tal, uma metodologia adequada ao paradigma que emerge. Na perspectiva da integração de teoria e prática, ciências naturais e sociais, ciências e humanidades, podemos dizer que o mundo é o texto, o palco, a autobiografia. A autorreflexão sobre essas intertextualidades pode levar à produção de projetos locais emancipatórios que visem conquistar o texto, o palco e a autobiografia de indivíduos e grupos que deles são alijados (Santos, 2003). É assim, pela aproximação entre reflexão e projetos emancipatórios, que teoria e prática se reencontram, fundem-se e se refundam na pesquisa-ação.

A experiência social mundial é ampla e variada, mas é desperdiçada pela ideia de progresso, que torna as experiências e saberes de camponeses, indígenas, crianças e tantos outros "resíduos" de um tempo passado ou, simplesmente, "ignorantes". Quando a pedagogia separa teoria e prática, atribui a si o lugar da teoria e a esses atores o lugar da prática, enaltece a primeira em detrimento da última, acaba desperdiçando o conhecimento com o qual não se identifica. Em sentido oposto, a pedagogia orientada pela pesquisa-ação inicia-se exatamente pelo reconhecimento desses saberes e experiências, resgatando identidades e mapeando potências para projetos emancipatórios.

A visão de tempo linear que contrai o presente em nome de um progresso torna o futuro infindável e, portanto, independente dos cuidados dos indivíduos. Quando as possibilidades e as expectativas são incluídas no real, amplia-se o presente e obriga-se à prudência. É a prudência que orienta os processos deliberativos que inevitavelmente surgem em uma pedagogia que opta pela pesquisa-ação. A pesquisa-ação é sempre deliberativa porque, quando se intervém na prática rotineira, aventura-se no desconhecido e a prudência é atributo indispensável à aventura.

O que emerge do encontro entre teoria e prática, entre saberes científicos e comunitários é um novo senso comum, um conhecimento prudente para uma vida decente (Santos, 2003), que supera a arrogância do especialista. Esse novo senso comum opera-se pela solidariedade, que se opõe à lógica produtivista criadora do improdutivo, e em seu lugar propõe os sistemas solidários. Na dimensão política, o senso comum prudente faz a opção pela participação, em oposição à lógica da classificação social criadora do inferior. Na dimensão estética, o novo senso comum busca o prazer, aquilo que até então era considerado residual. Busca ainda a criatividade, reconhecendo a diversidade de saberes e superando a produção dos ignorantes.

É na perspectiva da solidariedade, da participação, do prazer e da criatividade que se definem as premissas éticas da pesquisa-ação. A pedagogia orientada pela pesquisa-ação não busca fazer melhor alguma coisa que já é praticada, mas sim tornar um pedaço do mundo um lugar melhor, mais solidário, democrático, saudável, criativo e justo.

O debate no Brasil

O questionamento aos métodos de ensino forjados no velho paradigma – seriado, cumulativo, linear, com avaliações episódicas e quantitativas – não representa novidade nos debates na área da educação no Brasil. Parte dessas críticas já foi, inclusive, incorporada à legislação: a Lei de Diretrizes e Bases para a Educação (LDB) de 1996 é bastante flexível e abre várias possibilidades para formas novas de organização da vida escolar. Os Parâmetros Curriculares Nacionais (PCN) de 1997-1998, por sua vez, romperam com a rígida fragmentação do ensino por disciplinas e incentivam os estudos temáticos, o desenvolvimento das habilidades, o situar do estudante na realidade que o cerca, o ensino para a cidadania. Mais recentemente, programas federais e municipais têm articulado a escola com seu entorno, criando oportunidades educadoras que reconhecem os saberes da comunidade e estimulam a criação de um projeto pedagógico do lugar.[4] Todos esses instrumentos legais e políticas públicas, embora ambíguos em certos aspectos, concebem a escola como espaço flexível, aberto, democrático em relação com o mundo exterior pela integração com os pais, a comunidade, o meio ambiente, as novas tecnologias e os lugares de produção cultural.

Apesar dessas novas possibilidades e da reconhecida insatisfação de professores, estudantes e pais, as escolas, em geral, têm insistido em formas tradicionais de ensino, incorporando eventualmente modificações isoladas. Além da resistência a mudanças, prevista em instituições disciplinares como a escola, o conservadorismo predomina também pela ausência de instrumentos práticos que possibilitem a inovação. As recentes teorias sobre desenvolvimento humano, aprendizado e motivação não encontram espaço para aplicação prática no mundo escolar que, por seu lado, acaba perpetuando as antigas proposições sobre os objetivos da educação e a natureza do conhecimento. A incorporação de mudanças pontuais por vezes se volta para as reais possibilidades de superação dos limites do ensino tradicional, mas, em outras, produz efeito contrário, reforçando dispositivos tradicionais em decorrência das contradições aportadas pela parcialidade das inovações[5].

Já as instituições voltadas para a educação não escolar têm tido mais espaço para a inovação, adotando princípios organizacionais que estimulam a autonomia, a flexibilidade, a participação, a integração com a comunidade e o uso inteligente das novas tecnologias. No entanto, por não serem voltadas para a pesquisa e por serem identificadas mais como instituições de controle

---

[4] Por exemplo, Programa Mais Educação do MEC, de 2008, que veio fortalecer e multiplicar para 5 mil escolas programas municipais que já estavam em andamento em diversas partes do País: Bairro-escola em Nova Iguaçu (RJ), São Paulo e Barueri (SP), Bairro Educador no Rio de Janeiro (RJ), Escola Integrada em Belo Horizonte (MG), Cidade Educação em Apucarana (PR), Interação Família e Escola em Taboão da Serra, Educação Comunitária em Praia Grande e Cidade Saudável Cidade Educadora em Sorocaba (SP), entre outras.

[5] Para uma análise das dificuldades encontradas para a inovação nos ambientes escolares, ver CAVALLO, 2004; GHANEN, 2006; MANTOAN, 2005.

112 INVENÇÕES DEMOCRÁTICAS – A DIMENSÃO SOCIAL DA SAÚDE

social e/ou assistenciais do que educativas, elas têm pouca influência sobre a rede de ensino e a formulação de políticas públicas na área.

A dissonância entre teoria e prática e a ausência de instrumentos para a pesquisa em contextos organizados sobre novos princípios fazem com que sejam permanentemente reeditados os antigos instrumentos de diagnóstico, avaliação e monitoramento, fato patente nos diversos exames municipais, estaduais e nacionais que se espalham pelo País, atingindo todos os níveis de ensino, do infantil ao superior. Esses exames são a própria antítese de tudo o que há de inovador na LDB e nos PCN, uma vez que igualam conhecimento a um conjunto de conteúdos, que poderiam supostamente ser medidos por provas teste episódicas, formuladas e aplicadas de forma centralizada, padronizadora e exterior. Não por acaso boa parte dos recursos destinados a esses exames voltam-se para empresas de segurança. E também não por acaso o mais espetacular resultado desses exames é a confirmação da ignorância de grande parte da população estampada nas primeiras páginas dos jornais, alimentando a continuidade do desperdício de sua experiência. A agenda que se coloca, portanto, para a educação que se reinventa pela democracia é, na perspectiva da pesquisa-ação, desenvolver novos instrumentos para o diagnóstico, a avaliação e o monitoramento de suas práticas. Essa agenda adquire caráter de urgência quando se pensa em políticas públicas voltadas para a democratização e o desenvolvimento pleno dos indivíduos.

O caráter autoritário de políticas públicas como os exames municipais, estaduais e nacionais convida a uma reflexão sobre as qualificações de público e de democracia. Um debate tem sido motivado, de um lado, por uma concepção de democracia indissociada da escola pública, entendendo-se que, para ser democrática, a escola "deve ser acessível a todos e, nesse sentido, pode-se falar de democratização da escola enquanto atendimento da demanda por escolarização" (TEIXEIRA, 2000, p. 152) e, de outro, uma concepção crítica em relação ao poder estatal e promotora da democracia direta, com respeito pelas escolhas e singularidades de cada comunidade. O debate se acirra diante de propostas de privatização dos serviços públicos, levando alguns que se identificam com a primeira posição a considerar que o relato e o reconhecimento de experiências particulares como democráticas podem fortalecer uma posição privatista.

A concepção da educação democrática intrinsecamente articulada com a escola pública silencia sobre aspectos antidemocráticos de qualquer organização estatal como: a distância entre os formuladores da políticas públicas e a experiência de cada comunidade; a centralização dos processos decisórios em relação a orçamentos, gestão de pessoal, gestão de edifícios e vários outros; os critérios necessários para a gestão da demanda por vagas com base em local de residência ou em processos de seleção meritocráticos, como os que acontecem nas universidades públicas; os concursos para gestores e professores centralizados; a ausência de participação dos usuários dos serviços educacionais na seleção e avaliação de seus funcionários; as já mencionadas formas autoritárias de avaliação. O momento atual no Brasil, em que praticamente se conquistou a universalização do ensino fundamental, deixa claro o quanto o simples atendimento da demanda por escolarização é insuficiente para garantir processos de democratização educacional. As crianças estão todas lá nas escolas, mas é ali mesmo que elas são discriminadas, desrespeitadas, silenciadas – excluídas, enfim, de qualquer processo de conhecimento e cidadania.

No entanto – e talvez justamente por causa disso –, é preciso reconhecer e ressaltar importantes experiências de democratização de escolas públicas e de articulação dos potenciais comunitários em torno de um projeto educador comum que conseguem superar estas limitações e, certamente, têm um potencial maior para influir em políticas. Se está claro que o Brasil precisa estender a todos o direito que a classe média tem de escolher a linha pedagógica em que pretende educar seus filhos, também é evidente que a escola pública é aqui o mais universalizado serviço público entre crianças e jovens e, portanto, o lugar privilegiado para a realização de um projeto político que envolva esta população.

A questão não é, portanto, alimentar a cisão entre Invenções Democráticas em equipamentos estatais *versus* as que se dão em equipamentos privados. Trata-se bem mais de investigar e questionar, com os instrumentos da pesquisa-ação, os potenciais, limites e desafios de escolas que se propõem a ser inclusivas, abertas a todos, que se exercitam diariamente na cooperação, na fraternidade, na valorização das diferenças e na legitimação das diversas formas de conhecimento.

Praticar, teorizar e aprender

A pesquisa-ação é, em síntese, um instrumento para o aprendizado de como planejar as ações de modo mais deliberado e imaginativo, experimentar mais confiando menos em hábitos e verdades estabelecidos e agindo mais responsavelmente, obter mais e melhores dados de modo sistemático, qualificar a reflexão, questionando nossas próprias ideias, e usar o registro para esclarecer e disseminar nosso aprendizado. Nessa perspectiva, mostra-se um instrumento bem apropriado para uma nova forma de pensar, que busca a prudência diante de um futuro incontrolável. Tendo nascido ainda no século passado, atualiza-se com as novas tecnologias e os novos movimentos pela democracia.

Na medida de uma metodologia que não dissocia sujeito e objeto do conhecimento, ação e investigação, a pesquisa-ação pode contribuir para a necessária transformação das políticas públicas em educação. A pedagogia nunca dissociou prática e teoria para educadores pensadores como John Dewey, Janusz Korczak, Celestin Freinet e Paulo Freire. A novidade que anima educadores envolvidos com as Invenções Democráticas é a atualidade desse pensamento.

Referências

CAVALLO, David. Models of Growth: Towards Fundamental Change. In: Learning Environments, *British Telecom Technical Journal*, October, 2004.

DEWEY, John. O ato de pensar e a Educação. In: *Democracia e Educação – introdução à filosofia da educação*. São Paulo: Companhia Editora Nacional, s./d., p 209-224.

FREINET, Celestin. *A educação do trabalho*. São Paulo: Martins Fontes, 1998.

FREIRE, Paulo. Criando métodos de pesquisa alternativa: aprendendo a fazê-la melhor através da ação. In: BRANDÃO, Carlos Rodrigues (Org.). *Pesquisa Participante*. São Paulo: Brasiliense, p. 34-41, 1981. (texto original de 1971)

GHANEM, Elie. *Mudança Educacional: Inovação e Reforma*. Relatório científico 2, São Paulo. 2006.

KORCZAK, Janusz; DALLARI, Dalmo de Abreu. *O direito da criança ao respeito*. São Paulo: Summus Editorial, 1986. (original: *Prawo dziecka do szacunku*, 1924).

LÉVY, Pierre. *As tecnologias da inteligência: O futuro do pensamento na era da informática*. Rio de Janeiro: Editora 34, 1993. (Original: *Les technologies de l'intelligence: L'avenir de la pensée à l'ere informatique*, 1990).

MANTOAN, Maria Teresa. *Inclusão: o que é? Por quê? Para quê?* São Paulo: Moderna. 2005.

PRIGOGINE, Ylia. Pluralité de l'avenir et la fin des certitudes. *Dialogues du XXIe siècle*. Paris: UNESCO, 1998.

SANTOS, Boaventura S. (Org.). *Conhecimento prudente para uma vida decente: Um discurso sobre as ciências revisitado*. São Paulo: Cortez, 2003.

TEIXEIRA, Beatriz Basto. Por uma Escola Democrática: Colegiado, Currículo e Comunidade. Tese (Doutorado em Educação) – Faculdade de Educação da Universidade de São Paulo, 2000.

THIOLLENT, Michel. *Notas para o debate sobre pesquisa-ação*. In: BRANDÃO, Carlos Rodrigues. *Repensando a Pesquisa Participante*. São Paulo: Brasiliense, p. 82-103. 1987 (texto original de 1982).

TRIPP, David. Pesquisa-ação: uma introdução metodológica. *Educação e Pesquisa*. São Paulo, 31(3): 443-466, set-dez, 2005.

Parte V

A Justiça Restaurativa e a dimensão social da saúde

Justiça Restaurativa e a dimensão social da saúde

Egberto de Almeida Penido

A Justiça Restaurativa é um modelo complementar de resolução de conflitos, consubstanciada numa lógica distinta da punitiva. Embora seja um conceito ainda em construção,[1] não possuindo uma conceituação única e consensual, pode-se dizer que:

> [...] numa de suas dimensões, pauta-se pelo encontro da "vítima", "ofensor", seus suportes e membros da comunidade para, juntos, identificarem as possibilidades de resolução de conflitos a partir das necessidades dele decorrentes, notadamente a reparação de danos, o desenvolvimento de habilidades para evitar nova recaída na situação conflitiva e o atendimento, por suporte social, das necessidades desveladas (VAN NESS; STRONG, 1997).

Na Justiça Restaurativa, são construídos encontros embasados em processos dialógicos e inclusivos, fundados na autonomia da vontade e na participação das partes afetadas por um delito ou um conflito, onde, de modo coletivo, elas podem lidar com as causas e consequências do conflito, buscando atender as necessidades de todos envolvidos e suas implicações para o futuro.

Dessa referência do modelo restaurativo, podemos destacar as seguintes características: (a) o olhar é para o futuro; (b) por meio de um processo dialógico e inclusivo, se busca esclarecer as responsabilidades dos envolvidos, para daí

---

[1] Para Sica (2007, p. 10): "Mais que uma teoria ainda em formação, a Justiça Restaurativa é uma prática ou, mais precisamente, um conjunto de práticas em busca de uma teoria".

realizar planos de ação que possam evitar nova recaída na situação conflitiva; (c) a vítima (diretamente atingida) e aqueles que indiretamente foram também afetados são ouvidos em suas necessidades atuais; (d) busca-se refletir sobre a responsabilidade do ofensor e de todos diretamente atingidos, e cada qual se conscientiza de como foi afetado e de como sua ação afetou o outro; (e) a responsabilização se faz de modo ativo (através de dinâmicas ordenadas de comunicação), em que a reparação ou os planos de ações são escolhas feitas a partir do entendimento de toda a situação.

A opção pela Justiça Restaurativa constitui-se em uma opção calcada em experiência de vivência de valores, na qual a própria maneira de resolver o conflito ou a situação de violência transmite, em si, os valores que se busca alcançar. O meio é indissociável do fim almejado.

Os círculos restaurativos, como uma das formas de implementação da Justiça Restaurativa no âmbito da resolução de conflitos, se apresentam como eficazes instrumentos de transmissão de valores, que possibilitam a comunicação entre os envolvidos em um conflito e, consequentemente, possibilita a restauração – usada aqui no sentido dado por Afonso Konzen (2007, p. 83): "A restauratividade, pelo sentido estrito construído a partir do adjetivo restaurativa ao substantivo justiça, teria o propósito de dedicar-se em tentar instalar novamente o valor justiça nas relações violadas pelo delito."

É por esse viés que se percebe a dimensão social da saúde, aqui entendida como o grande desafio de aprender a resolver conflitos de modo cooperativo e não violento, baseado numa ética de diálogo, tendo como objetivo a responsabilização coletiva e participativa de todos os envolvidos. O ato de se fazer justiça por meio do diálogo que esclarece e conscientiza e não por meio do julgamento se apresenta "subversivo" em relação à ideologia historicamente enraizada que se baseia no "poder sobre o outro" e não no "poder com o outro". Uma ideologia em que "[...] a idéia de Justiça Criminal como equivalente de punição parece já assentada no senso comum, o que é o mesmo que reconhecer que ela se tornou Cultura" (ROLIM, 2004, p. 10).

Se assim é, desenvolver projetos de Justiça Restaurativa na área de saúde é de fundamental importância para que caminhemos rumo a uma sociedade restaurativa, pois o bem-estar social se constrói na medida em que são criadas condições para que o processo de resolução do conflito se torne fonte criadora de consciência para os indivíduos e para a comunidade, permitindo inclusive que o tecido social seja restabelecido e enriquecido com a experiência de conscientização e superação da lógica punitiva vivenciada pelos autores sociais. Essa experiência de autoria realiza a dimensão social da saúde.

Referências

ROLIM, Marcos. *Justiça Restaurativa – um caminho para os direitos humanos?* Porto Alegre: IAJ. 2004.

SICA, Leonardo. *Justiça Restaurativa e Mediação Penal – O novo modelo de Justiça Criminal e de Gestão do Crime.* Rio de Janeiro: Lúmen Júris. 2007.

VAN NESS, Daniel; STRONG, Karen H. *Restoring Justice.* Cinciannati: Anderson Publishing, 1997.

KONZEN, Afonso Armando. *Justiça Restaurativa e Ato Infracional – Desvelando sentidos no itinerário da alteridade.* Porto Alegre: Livraria do Advogado Editora, 2007.

A Justiça Restaurativa (JR) perante os princípios e as missões do Nupsi-USP

Maria Luci Buff Migliori

"A dimensão social da saúde apóia-se essencialmente na Justiça Restaurativa, na medida em que esta responde pelo direito ao reconhecimento social da própria história e ao acesso a reparações jurídicas centradas não na punição, e sim na compreensão e na superação das causas da violência obtidas no processo de recomposição de laços sociais em torno do ofensor e do ofendido. "

[...]

"Sendo a relação positiva com o semelhante essencial à gênese, à manutenção e ao desenvolvimento da vida plena e da coexistência humana – sendo também, portanto condição necessária do bem-comum que é norte da justiça –, a dimensão social da saúde porta consigo a dimensão vital do direito."

(Carta de Princípios do Nupsi-USP)

Tanto se fala em justiça, sua importância e significações na vida social, a ponto de nada mais se desejar que se faça adequadamente justiça. Há uma sede permanente de justiça. Alguns veem na sua realização o maior antídoto contra os males sociais e as situações de conflitos inerentes ao convívio das pessoas, ante as imperfeições e a fragilidade da vida humana. Apenas ela permitiria que se chegasse a estados de paz.

O Direito visa à harmonia social por meio da realização da justiça. "É a justiça o conceito base, o valor fundamental que dá ao Direito seu sentido e dignidade. O Direito não é a justiça. O Direito é um elemento do cálculo, e é justo que exista Direito, mas a justiça é incalculável", ensina o filósofo Jacques Derrida (2007, p. 30).

Quando se acrescenta o adjetivo *restaurativo* à palavra justiça (na verdade, já compreensivo na sua fecunda e abarcadora ideia), ou seja, *aquilo que pode restaurar*, a carga de seus sentidos se potencializa e vai além de todos os aspectos que a sua ideia já atravessa e congrega. E isso não só para o seu possível conceito, mas para a nossa vida, como valor supremo, em todas as suas dimensões. Um socorro ao verbete *restaurar* no dicionário, segundo seu contexto singular de uso na língua comum, diante da carência de semântica filosófica e jurídica próprias, nos leva a investigar a polissemia da palavra *restaurativo, aquilo que restaura*.

Restaurar aparece então com os seguintes significados: (1) obter de novo a posse ou domínio de (coisa perdida): recuperar, reaver, recobrar; (2) pôr em bom estado: reparar; (3) consertar, reparar, compor; (4) pôr de novo em vigor, restabelecer, restituir; (5) recuperar, reconstituir (força, vigor, energia); (6) reiniciar, recomeçar; (7) dar novo esplendor; (8) restituir (uma dinastia, um governo derrubado) ao poder; (9) satisfazer, pagar, indenizar; (10) recobrar as forças ou a saúde: recuperar-se, restabelecer-se, reanimar-se (FERREIRA, 1980).

Estariam esses significados todos presentes nas práticas restaurativas e nos seus pressupostos? É um exercício instigante tentar examinar o quanto há de *restaurativo* nas propostas da Justiça Restaurativa (JR) aproximando-as dos princípios e missões do Núcleo de Psicopatologia, Políticas Públicas de Saúde Mental e Ações Comunicativas em Saúde Pública (Nupsi-USP).

Para possibilitar a compreensão daquilo de que trata a JR, é comum a sua literatura expressar-se primeiro por exclusão, dizendo o que ela não é, para, depois, de forma didática, do confronto entre dois sistemas, os denominados sistema legal dito retributivo e o sistema restaurativo (as práticas restaurativas), focalizar as suas abordagens, seus objetos, seus métodos, seus resultados, suas finalidades, ou seja, as diferenças entre ambos. Esse procedimento tem a vantagem de tornar visíveis os alicerces de que parte a construção de sua proposta, com foco diferente do usual.

Dentre o que ela não é, destaca-se que não é promotora da impunidade e não faz a sua apologia. Sendo justiça, não poderia propor a impunidade, que importa em desigualdade no sistema democrático. Ao contrário, a JR busca uma responsabilidade mais efetiva no plano individual, e, no social, acorda os cidadãos para a responsabilidade comum que tem na edificação dessa justiça, enriquecendo e possibilitando uma justiça mais democrática.

A impunidade é contraditória com o princípio de igual dignidade. Do ponto de vista prático, a sua existência resulta na quebra da confiança dos cidadãos entre si e na autoridade, gerando dificuldades de cooperação social (ou ação coletiva) (LOPES, 2000, p. 77-78).

A impunidade significa um tratamento desigual e, conforme se justifique por determinadas desigualdades, resultará em desconsideração da igual dignidade de cada um.

A JUSTIÇA RESTAURATIVA (JR)
PERANTE OS PRINCÍPIOS E MISSÕES DO NUPSI

No processo didático de dizer o que a JR não é, figura que ela não é nova nem norte-americana. Os precursores e as raízes da Justiça Restaurativa são muito mais amplos e profundos do que as iniciativas dos menonitas[1] dos anos 1970 nos Estados Unidos. Na verdade, eles são tão antigos quanto a história da humanidade, presentes em potentes tradições religiosas e culturais, especialmente de povos nativos da América do Norte e da Nova Zelândia, como revelam sua história e experiências.

Comparando as diferentes visões da justiça criminal e da JR, o professor Howard Zeher, um dos autores mais proeminentes desta última, no *Pequeno livro da Justiça Restaurativa*, compara os pressupostos da justiça criminal e da JR. Para a primeira, o crime é uma violação da lei e do Estado, enquanto para a JR o crime é uma violação de pessoas e relacionamentos; as violações criam culpa, na justiça criminal comum, mas para a JR as violações criam obrigações; na primeira se requer que o Estado determine o culpado e imponha a pena (punição), enquanto na JR há necessidade de envolver vítimas, ofensores e membros da comunidade num esforço para terem a atitude correta. O foco central na justiça criminal é o de que os ofensores recebem o que merecem, enquanto na JR ele está nas necessidades das vítimas e na responsabilidade dos ofensores de reparar o dano (verbetes: 2- pôr em bom estado, reparar ; 3- consertar, reparar, compor; 9- satisfazer, pagar indenizar).

Diante da infração, há uma diferença de abordagens e de perguntas, ensina o referido autor. A justiça criminal indaga qual lei foi infringida, quem cometeu o crime, o que o ofensor merece. A JR parte de perguntas diferentes: quem foi afetado; quais são as suas necessidades; que obrigações foram geradas com a infração.

Tal apresentação da JR é justificável, pois a memória cristalizada que temos inscrita da justiça, em especial, a criminal, em que está em jogo o direito mais sensível da liberdade, está arraigada em seus ritos e processos, no medo de seus labirintos, onde os riscos e as agruras são muitos.

O processo penal aparece, então, como um território perigoso, muito especializado nas estratégias de convencer, dominadas por técnicos e operadores do direito. Nele a defesa, ao contrário da acusação, procura sustentar, de qualquer maneira, a inocência do réu ou de circunstâncias que o beneficiem. O réu não é obrigado a produzir prova contra si próprio, tem o direito de calar, goza da presunção de inocência até final julgamento.

A vítima nesse contexto é um meio de prova, ouvida na hierarquia do processo, juiz, acusação, defesa, réu, testemunhas, na solenidade quase religiosa das sessões de justiça. O sistema de justiça convencional não reconhece as

---

[1] Relativo a ou membro de uma seita e denominação protestante surgida no séc.XVI de uma corrente moderada de anabatistas holandeses e de outros grupos anabatistas, caracterizada pela rejeição de autoridade eclesiástica, separação do Estado, não resistência e pacifismo, e conhecida pelas comunidades fechadas e conservadoras fundadas por imigrantes na América do Norte. Antr. *Menno* Simons (1496-1561, teólogo e líder reformista frísio). *Dicionário Houaiss da Língua Portuguesa.*

necessidades das vítimas e não está organizado para atendê-las, o que importa que passem por um novo processo de vitimização, originando o descrédito delas nas instituições judiciárias. Com a absolvição ou a condenação do réu, grosso modo, a prestação jurisdicional chega ao seu desfecho no processo criminal e, na segunda hipótese, a execução da pena imposta se inicia. O condenado sofre a penalidade, de maneira passiva, sem maiores reflexões e entendimento dos efeitos do seu ato para a sua vida, a das vítimas e familiares e da comunidade.

O filósofo Paul Ricoeur, refletindo sobre a dimensão violenta da justiça ordinária (a produção de mais violência) e a aparente vitória da razão sobre a violência, ligada à exclusão da vingança da esfera do Direito, no que chama de "notas desenganadas", chama a atenção de que existe um convite permanente para examinar e refletir sobre o *significado moral da sanção*. Questões cruciais se apresentam. A reparação é muito mais devida à pessoa de carne e osso do que à lei abstrata? No que se distingue da vingança? Ela não acrescenta ao balanço cósmico dos bens e dos males, mais um sofrimento ao sofrimento? Punir não é fazer sofrer? É preciso lembrar o caso das punições que não são, de modo nenhum, reparações no sentido de restauração de um estado anterior, como é manifestamente o caso de homicídios de ofensas mais graves. A punição restabelece talvez a ordem, ela não dá a vida, diz o autor (RICOUER, 1997, p. 176).

Basta pensar na problemática da chamada justificativa da função reeducativa da pena e da dura e notória realidade de que o sistema prisional não proporciona essa reabilitação e não evita a reincidência, o que aumenta ainda mais a distância dos ofensores da sociedade, impossibilitando sua ressocialização. Ele amplifica os efeitos dos delitos, enfraquecendo de sentido o modelo punitivo convencional, tal como é praticado, em que pesem o andamento de projetos consistentes para modificar esse estado de coisas.[2]

A pena, que na sua justificação racional valeria o crime, mas não o apaga, não reconstitui o tecido social e não evita que os infratores voltem a descumprir a lei e cometer novos crimes.

A JR, por outro lado, *não é* nem uma panaceia, nem necessariamente um substituto para o sistema legal. Neste contexto, a JR se apresenta não como um modelo alternativo ao modelo de justiça vigente, mas *complementar*, que, não prescindindo da lei nem de todas garantias históricas conquistadas pelo Estado Democrático de Direito,[3] não abre mão da efetiva responsabilização dos ofensores,

---

[2] Dentre eles, os da Secretaria de Economia Solidária, em cooperação com o Ministério da Justiça, visando o trabalho autônomo e autogestionário de reclusos apenados.

[3] "[...] es importante subrayar que en el momento actual, la justicia restauradora, no puede plantearse, con una alternativa a los sistemas de justicia vigentes. Por el contrario, estos pueden ser considerados como una parte integrante de esta dimensión de la justicia. Porque, aunque pueda parecer obvio, la justicia restauradora, con el fin de ser restauradora, no puede dejar de ser justicia" (KERBER, 2004).

mas o faz de um modo diferente. Daí sua inventividade democrática, na medida que não tem um único modelo rígido, mas enseja variações, aplicações singulares, figuras vivenciais plurais, desde que respeitados os princípios e os valores que lhes são próprios, dos quais se destaca o respeito e a escuta. Representa um convite ao diálogo e à exploração das situações, nas fronteiras culturais de um contexto social, em que são avaliados as necessidades e os recursos de uma comunidade e aplicados os seus princípios à sua própria situação.

A JR parte da mesma ideia central do Nupsi-USP (II - Missão do Nupsi-USP) de que os cidadãos têm direito e potência para participar da construção de soluções de justiça. Neste sentido, afina-se com suas propostas de desencadear práticas geradoras constituídas de cuidado singular do singular voltados ao aumento da potência de autonomia e cooperação.

Esse difícil equilíbrio em que a potencialidade do novo se instala num sistema de justiça sedimentado e em notória e profunda crise, nos remete ao significado do dicionário de recomeçar, dar força, esplendor, energia à justiça (verbete 7).

A forma didática de apresentação das abordagens da JR aludida e as perspectivas que efetivamente emergem das condições de possibilidade de suas propostas, reabrem antigas promessas, o que ocasiona um encantamento (tem o poder do novo, do verbete 5).

Isto se nota hoje em todo local em que se fala dessa restauradora justiça, nos mais diversos auditórios, da área do Direito ou não, quando expostas as práticas restaurativas e sua história.

É um horizonte de esperança a que todos aspiram e que vem à oxigenar a vida social. Todos querem participar de alguma forma e parecem não saber por onde começar, tal a densidade e complexidade da problemática da justiça, que vai muito além dos graves problemas gerenciais ou de gestão.

A proposta restaurativa dá sentido à aspiração por justiça, na medida em que lida também com causas e consequências das infrações, numa visão holística. Ao mesmo tempo, provoca uma guinada que obriga a pensar, a participar, a não ver a justiça como um território alheio ao cidadão, distante, como um problema exclusivo de governo e dos órgãos repressores. Mas leva a compreender que a prontidão e a efetividade da justiça são parte da responsabilidade democrática.

As pessoas se sentem interpeladas. Vivendo numa sociedade de normas consumíveis, cada vez mais violenta, em especial nos grandes centros urbanos, onde vem se dando a autotutela de um lado, e a judicialização excessiva das relações interpessoais de outro; onde o aparelhamento do Estado é pesado e não dá respostas satisfatórias aos crimes.

É como se houvesse um descontrole e uma indiferença em relação à sorte não só das vítimas, como também dos apenados e familiares. Por outro lado, há um aumento do clamor furioso por penas mais severas, mais longas, aumentando o aparelho de repressão e encarceramento, com custos altíssimos, sempre insuficientes, ao lado do dilaceramento crescente do tecido social, que vai da justiça feita com as próprias mãos, do lado dos infratores e da repressão policial, que não merece esse nome de justiça, ao descrédito e à falta de confiança na lei e no sistema judicial. A JR propõe-se a refazer este tecido social e sua trama afetados pelas infrações (verbete 5- reconstituir; 2- pôr em bom estado). Possibilita que as pessoas sejam informadas de seus direitos e apresenta alternativas para que elas possam participar, diminuindo a sensação de impunidade.

Na JR, nos tornamos democráticos, ou seja, assumimos a responsabilidade de modo ativo, não só desejando que o infrator cumpra a pena, mas abraçando a responsabilidade coletiva e participativa, que não é só dos envolvidos diretamente na infração, percebendo concretamente o vínculo do bem hoje mais almejado – a segurança – com essas práticas que promovem a participação e a responsabilização de todos na construção da Justiça, fortalecem as redes comunitárias e podem influenciar na mudança de papéis governamentais.[4] Neste sentido a JR nos restitui os poderes e prerrogativas democráticas (verbete 4- pôr de novo em vigor; 5- reconstituir força, vigor).

A JR se desloca, portanto, do foco estrito e automático crime/pena. Ela dialoga, e suas práticas importam no reconhecimento das pessoas (categoria essencial na JR, pois é sabido que a modernidade sofre de um enorme *déficit* de reconhecimento); reconhecimento pelo ofensor da infração cometida, encontro, processos de diálogos inclusivos, participação das partes, resolução de conflitos de modo cooperativo e não violento,[5] horizonte do olhar para o futuro com a liberação de cargas do passado pela reparação e, num certo sentido, pode-se dizer reconciliação com esse mesmo passado.

Sua práxis comporta valores fundamentais, como o respeito e a transformação de conflitos e violências em aprendizagens em valores humanos. A JR surge então, como libertária, libertadora e humanizadora (de proteção e respeito aos direitos humanos), encurtando a distância entre os cidadãos e o Direito, atenuando, com essa proximidade, a pobreza emocional deste último, sua aplicação burocrática e morosa. Ela abre, enfim, uma clareira.

---

[4] Em julho de 1999, a ONU, por meio de seu Conselho Econômico e Social, passou a recomendar a adoção da Justiça Restaurativa a seus Estados membros, conceituando-a como um processo em que todas as partes envolvidas em um ato que causou ofensa reúnem-se para decidir coletivamente como lidar com as circunstâncias decorrentes desse ato e suas implicações para o futuro. O "modelo restaurativo", desde a década de 1980, vem ganhando corpo mundialmente, em especial após a Nova Zelândia ter reformulado todo o seu sistema de justiça na área da infância e da juventude (por meio da incorporação das tradições tribais maoris), com amplos resultados favoráveis, o que levou a realização de projetos similares na África do Sul, Inglaterra, Canadá e Argentina, a ponto de, na Declaração de Viena, extraída do 11°. Período de Sessões da Comissão de Prevenção do Crime e Justiça Penal, promovido pelas Nações Unidas, realizado em 2002 e que teve como tema principal a "Reforma do Sistema da Justiça Penal", ter sido deliberado recomendar a todos os países-membros o estabelecimento de diretrizes e critérios de aplicação de programas de Justiça Restaurativa pelos respectivos governos.

[5] Sobre a importância da comunicação não-violenta, um dos princípios da JR, vide: Rosenberg (2006).

Por outro lado, essa mesma JR que causa entusiasmo, importa riscos, resistências, comporta experimentações e invenções, com humildade, no sentido de aceitar o limite de nossas capacidades de atuação. Suas subversões, de caráter cirúrgico específico, se dão no próprio sistema convencional de justiça através de novos projetos e experiências, que no Brasil estão em fase inicial de experiência e ainda devem ser melhor desenvolvidos e avaliados. Eles são compreensivos de inúmeras e desafiantes tarefas de estruturação de modelo local, como as referentes à sua metodologia, às articulações, à montagem da natureza ordenada dos encontros, ou seja, o passo a passo da construção do círculo restaurativo, que não consiste apenas em colocar vítima e ofensor para conversar; às necessidades de ações paralelas que vão além do círculo restaurativo – capacitação para mudança institucional e construção de rede, convergindo, neste aspecto também, com o campo de operações clínico-políticas do Nupsi-USP e a incubação de ideias e projetos e suas formas de articulação em práticas sociais libertárias.

A capacitação dos operadores do sistema no Brasil, país de tanta diversidade, é uma das chaves da JR, diante da ausência de pessoas especialmente qualificadas para atuar na implementação das práticas restaurativas, o que pode ser feito em parceira com universidades e através, no caso da Faculdade de Saúde Pública, do Nupsi-USP , além de organizações não governamentais.

No Brasil se dão experiências concretas da JR, poucas ainda diante da potencialidade que é possível vislumbrar em suas propostas (e nesse sentido o Nupsi-USP pretende dar apoio às existentes e promover novas pesquisas, programas e projetos), no âmbito dos Juizados Especiais Criminais e nas Varas da Infância e Juventude, sendo que o Ministério da Justiça, por intermédio da Secretaria de Reforma do Judiciário, junto com o Programa das Nações Unidas para o Desenvolvimento (PNUD), dentro do projeto "Promovendo práticas restaurativas no sistema de justiça brasileiro" organiza três projetos pilotos de JR (Brasília, Porto Alegre e São Caetano) com Varas especializadas, "em parceria com a Magistratura, Ministério Público e a rede de assistência".[6]

O nascedouro de construção e aplicação da JR no âmbito nas Varas da Infância e Juventude não se dá por acaso. Justifica-se por ser área com acentuado caráter interdisciplinar e interinstitucional, pela natureza dos direitos amparados, dos ofensores (pessoas em desenvolvimento, em locais de alto índice de situação de vulnerabilidade) e, muitas vezes de ofendidos, na mesma situação, realidade contemplada no campo das operações clínico-políticas do Nupsi-USP. Pelo potencial de interromper as cadeias de reprodução de pequenas infrações

---

[6] O objetivo da ONU, através do PNUD, é fomentar a identificação e o compartilhamento de boas práticas de JR em todo o mundo, tendo a compreensão de que o apoio à sistematização e à disseminação das lições aprendidas na implantação das experiências, são importantes subsídios para a futura elaboração de políticas públicas na área de Justiça Restaurativa.

128 INVENÇÕES DEMOCRÁTICAS – A DIMENSÃO SOCIAL DA SAÚDE

e violência, prevenindo o delito e evitando a arregimentação de jovens pelo crime, a JR "representa um campo de ação estratégica na prevenção do alastramento da violência e da criminalidade" (BRANCHER, 2006). O objetivo é então prevenir, evitar que o jovem ingresse num caminho sem volta. Por outro lado, também reduzir o medo da vítima de se defrontar com o réu e possibilitar, no encontro, que este repare os efeitos de seu ato e não volte a delinquir.

O regime dos direitos assegurados pelo Estatuto da Criança e do Adolescente (ECA) – Lei 8.069, de 13/07/90 – apresenta-se como temática acentuadamente transversal, compreendendo grande gama de bens protegidos.

Assim, a criança e o adolescente

> [...] têm direito a proteção a vida e à saúde mediante a efetivação de políticas sociais públicas que permitam o nascimento e o desenvolvimento sadio e harmonioso, em condições dignas de existência (art. 7º) [...] tem direito à liberdade, ao respeito e à dignidade como pessoas humanas em processo de desenvolvimento e como sujeitos de direitos civis, humanos e sociais garantidos pela Constituição e pela lei (art. 15).

No caso específico dessa área da justiça, o próprio direito material vigente possibilita a implementação das novas práticas da JR. Neste sentido, o art 126 do ECA prevê o instituto da *remissão*, consoante a tendência de aliviar o Judiciário, ou seja, desjudicializar o atendimento de infrações com penas leves e médias preconizada pelo direito penal mínimo. A lei permite que o processo judicial seja excluído, suspenso ou extinto, caso ocorra a composição do conflito de forma amigável, ainda que importando que o jovem infrator assuma o compromisso de cumprir medida sócio-educativa (art. 112), desde que não privativa de liberdade.[7]

A justiça da infância e juventude (JIJ) é vista como um laboratório privilegiado das boas práticas pelas seguintes razões (BRANCHER, 2006): 1) constitui campo de atividade jurisdicional pioneiro em abrir-se para atuação interdisciplinar, seu traço histórico consagrado; 2) internamente, sua vocação é por natureza interdisciplinar e externamente é interinstitucional. Existe uma interdependência que decorre do caráter indissociável entre jurisdição e administração na efetivação dos direitos, compreendendo rede de atendimento integrada, tanto nas áreas relacionadas ao acesso à justiça (Polícia Militar, Polícia Civil, Ministério Público, Defensoria, Judiciário) quanto na efetivação dos direitos (principalmente os serviços relacionados às políticas de assistência social, saúde e educação); 3) destinadas à satisfação de necessidades de crianças e adolescentes as soluções são sempre prementes. Sendo a rede institucional multifacetada, complexa e fragmentada, imprime-se também uma elevada exigência em termos de eficácia gerencial para fazer operar as diferentes

---

[7] Trata-se de jovens primários, apresentados à justiça por prática de contravenções e ou crimes considerados leves como furtos, posse de drogas, lesões corporais e danos, ou médios, como porte de arma e roubo sem violência contra à pessoa. Na prática, representam 70% a 80% de casos atendidos pelos Juizados.

A JUSTIÇA RESTAURATIVA (JR) 129
PERANTE OS PRINCÍPIOS E MISSÕES DO NUPSI

modalidades de solução; 4) a JIJ enfrenta permanente exigência de flexibilidade na escolha e aplicação das normas historicamente sendo uma justiça orientada mais por princípios do que regras, visto que vocacionada para soluções *ad hoc*; 5) pela natureza dos interesses em causa a JIJ impõe um compromisso com efeitos concretos das suas decisões na vida das pessoas – crianças e jovens, famílias e outros cuidadores. Enquanto a jurisdição tradicional termina com a entrega da sentença às partes, na JIJ esse é o seu momento inicial, que não é a disposição da vontade da lei para o caso, mas a efetivação das condições para essa vontade seja cumprida. Manter o foco nas *consequências*, um dos principais achados da Justiça Restaurativa.

Nessa linha de atuação da JR, através de práticas com as pessoas em formação e desenvolvimento, existe o Projeto Justiça e Educação: Parceria para a Cidadania, em São Paulo, que tem por objetivo os desafios, aprendizagens e produção de conhecimento sobre a prática de JR e a implementação de Círculos Restaurativos em espaços escolares, na comunidade e nas Varas de Infância e Juventude. Vem sendo implantado nas escolas estaduais, nas 5ª a 8ª séries, em Guarulhos e no bairro de Heliópolis . Este projeto envolve gestores escolares, professores, educadores sociais, conselheiros de direitos e tutelares, defensores públicos, promotores de justiça e outros operadores das diversas áreas do Sistema de garantias dos Direitos da Infância e Juventude.

Cuida-se também de um Projeto Piloto que envolve parcerias entre a Secretaria do Estado da Educação/ Juízos da Infância e Juventude de Guarulhos e das Varas especiais da Infância e Juventude da Capital; ONG que atua nas áreas de educação e comunicação responsável pela capacitação das lideranças educacionais; Projeto de Comunicação Não Violenta (CNV) Brasil e Instituto Familiae, responsáveis pelas capacitações em facilitações de práticas restaurativas e de mediação transformativa.

As ações contempladas no projeto têm plena sincronia com a dimensão da educação democrática, quando esta última toma em consideração os educandos e educadores como agentes essenciais de decisão quanto aos temas e às regras de convivência relativas ao processo de aprendizagem (Carta de Princípios do Nupsi, item 4°).

Segundo a justificativa do projeto quanto aos círculos restaurativos, a resolução dos conflitos (no ambiente escolar, em geral causados pelo denominado *bullying*, por ofensas generalizadas praticadas contra um aluno, agressões, furto, a problemática de gangues, da evasão escolar) não focaliza as pessoas da vítima ou do agressor, mas sim *as causas* que provocaram os conflitos, envolvendo a comunidade na sua compreensão e superação. De outra parte, procura fortalecer a capacidade de as escolas funcionarem de maneira sistêmica em rede com outras organizações e instituições da comunidade, em especial o Fórum e o Conselho Tutelar, para garantir os direitos básicos das crianças, adolescentes e familiares.[8]

---

[8] Quando uma escola decide implementar círculos restaurativos, ganha em qualidade nas relações que se estabelecem, uma vez que possibilita a criação de outros padrões de relações, baseados na lógica do entendimento

No plano internacional, na esfera da justiça de transição para a democracia, após a ruptura de regimes totalitários, diante de situações de conflito e violência generalizados, a JR tem dado importante contribuição. Práticas restaurativas têm sido aplicadas nas denominadas Comissões de Verdade, dentre as quais se destaca a Comissão de Verdade e Reconciliação (CVR) da África do Sul (1995), constituída por ocasião da ruptura com o regime do *apartheid*. Dentre os objetivos da CVR figurava o de "fornecer às vítimas de violações graves dos direitos do homem um cenário público onde se exprimir a fim de que elas reencontrem a dignidade humana" (LAX, 2004, p. 282). Diante de uma herança de ódio, medo, de culpabilidade e de vingança, a nova Constituição sul-africana falava em compreensão, e não vingança, para os que reconheceram os crimes que praticaram. A reconstrução do país pautou-se, efetivamente, nas palavras da Constituição, sobre "a base de uma necessidade de compreensão e não de vingança, de uma necessidade de reparação e não de represálias, de uma necessidade de *ubuntu e* não de vitimização" (CASSIN; CAYLA; SALAZAR, 2004, p. 13-14). A anistia foi concedida para os atos, omissões e infrações ligadas aos objetivos políticos e cometidos durante os conflitos passados, desde que os ofensores revelassem os fatos e reconhecessem a autoria dos crimes (cf. Extrato do Epílogo da Constituição Provisória da África do Sul de 1993. In: CASSIN; CAYLA; SALAZAR, 2004, p. 13-14). As práticas restaurativas da CVR funcionaram de forma suplementar para os que atendiam aos requisitos citados e requereram a anistia, sendo que à justiça penal ordinária coube o julgamento dos autores dos delitos que não cumprissem as condições aludidas, verificando-se a articulação dos dois modelos (retributivo e restaurativo).

Segundo o arcebispo Desmond Tutu, que presidiu a CRV, a palavra *ubuntu* é muito difícil de traduzir numa língua ocidental. Ela exprime o fato de se mostrar humano. É uma maneira de dizer: "Minha humanidade está ligada inextrincavelmente à sua ou: nós pertencemos ao mesmo feixe de vidas. Nós temos um princípio. Um ser humano não existe senão em função de outros seres humanos. É diferente do eu penso, eu sou. Isto significa muito mais: eu sou humano porque eu faço parte, eu participo, eu divido" (TUTU, 1999, p. 31 e 196). O *ubuntu* traduz, então, valores que perpassam as práticas da JR.

Uma pessoa que porta o sentimento *ubuntu* é aberta e disponível, ela dá valor aos outros e não se sente ameaçada se eles são competentes e eficientes, na medida que possui uma confiança que se nutre do sentimento que tem de

---

e do acolhimento às diferenças, considerando, ainda, necessidades e sentimentos. Os alunos e as pessoas da comunidade podem solicitar a realização de um círculo, sempre que se envolverem em conflito e desejarem chegar a um acordo. A Direção ainda pode oferecer, a um aluno que seria advertido ou suspenso, a possibilidade de, como alternativa, participar de um círculo com a pessoa ou pessoas afetadas por seu comportamento.

pertencer a um conjunto, e ela se sente rebaixada quando os outros são rebaixados, humilhados, torturados, oprimidos ou tratados como menos que nada. A harmonia, a convivência, o sentido da comunidade são bens preciosos. Para eles, diz Tutu, a harmonia social é o *summum bonum*, o bem soberano. Tudo o que é suscetível de comprometer essa harmonia deve ser evitado como a peste. A cólera, o ressentimento, o desejo de vingança e mesmo o sucesso obtido ao preço de um afrontamento agressivo têm o poder de corroer esta harmonia.

Esse conceito tradicional africano significa, então, entre outras coisas, que o indivíduo encontra sua expressão e sua identidade por meio de sua comunidade. Essa visão do mundo tradicional permitiu facilitar a reconciliação no seio das comunidades divididas, porque *a comunidade é capaz de curar*, quando seus membros reconhecem suas diferenças.

É preciso lembrar, neste ponto, os dizeres do grafite de rua que tanto encantaram e desafiaram Tutu e a CVR: *como transformar erros humanos em direitos humanos?*

À medida que vivencia as práticas e valores expostos[9], a JR se afina com a proposta do Nupsi-USP , a partir do momento em que esta última encontra "*fundamento ético* na noção de práxis, entendida como um modo de agir inter-humano em que o agente se reconhece no processo e nos resultados de sua ação e em que o outro é visto como agente essencial de sua própria autonomia. A práxis encontra sua finalidade no próprio ato que a constitui."

"A práxis acompanha o predomínio das forças integrativas do respeito, do amor e da confiança no entreconhecimento e no agir inter-humano", como assinala a Carta de Princípios do Nupsi-USP .

A JR procura restabelecer a capacidade dos sujeitos envolvidos na infração, desde vítimas, ofensores e familiares (verbete 9). Visa torná-los novamente sujeitos capazes, com autonomia e objeto da estima de si. O que é estimável numa pessoa é sua capacidade de se designar como locutor, de se identificar como personagem de um relato de vida, de se imputar a responsabilidade de seus próprios atos e procurar repará-los. Enfim, a capacidade de agir, se reconhecer, de falar, de narrar (RICOUER, 1990, p. 18) desse sujeito que se constitui e se decifra na variação do

---

[9] BRANCHER (2006) destaca o caráter vivencial da JR. Só quem participa do processo pode dar a exata dimensão da experiência que viveu. Como no caso do jovem que, após ter cumprido dois anos e meio pelo latrocínio de um taxista, ouviu ao lado da mãe a gravação de uma mensagem remetida pela viúva da vítima, contando o estraçalhamento de suas vidas pela perda do marido e do pai de sua filha. Como disse o advogado do rapaz: "Foi como um tratamento de choque. Parece que o cara acorda e mostra o seu eu". Escondido como o eu fica a responsabilidade que se recusa no sistema acusatório e que se disponibiliza quando a abordagem restaurativa se oferece de forma eficaz. Outro exemplo dado pelo mesmo juiz, do processo de responsabilização: adolescente de 17 anos, partícipe de latrocínio e internado há mais de dois anos, que aguardava a oportunidade de saídas temporárias da internação para fazer doações de sangue. Por quê? "Ouvi dizer na TV que doar sangue é um modo de salvar vidas. Não posso mudar o que eu fiz, mas quero me sentir responsável por salvar vidas", explicou ao juiz, por quem foi considerado suficientemente responsável para poder sair.

mundo. Os princípios e práticas restaurativas conduzem os envolvidos a recobrar essa potência de si afetada pelo delito e que permite a inclusão social. Incrementam a autonomia e a cooperação entre cidadãos (Carta de Princípios do Nupsi-USP).

A JR tem o condão de produzir convergência de pensamento, ação e uma transformação espiritual de sentimentos; enfim, como anota o Prof. Zeher (2008), é um modo de vida. No plano do pensar, impõe uma reflexão passo a passo, uma provocação para pensar sempre mais e de modo diferente sobre a justiça e a tarefa primordial do Direito na sociedade; no plano do agir, representa uma resposta prática no combate à injustiça e na reabilitação dos ofensores e ofendidos, retomando sua capacidade, que fortalece os laços sociais; no plano do sentir produz a resposta emocional que diz respeito às transformações pelas quais os sentimentos que alimentam a vingança, a queixa, o desespero podem se metabolizar, sob efeito da sabedoria enriquecida pelas práticas restaurativas. A retomada da capacidade de agir dos sujeitos possibilita um novo começo (verbete 6- reiniciar, recomeçar; 10- recuperar as forças ou a saúde, restabelecer-se), que importa liberdade e liberação da carga produzida pela infração do passado. O homem tem essa capacidade de começar como é ele mesmo esse começo (ARENDT, 1993, p. 39). No processo interminável da compreensão, necessário para se reconciliar consigo e com os outros para habitar o mundo, se aprende a lidar com o que irrevogavelmente se passou e reconciliar-se com o que inevitavelmente existe (ARENDT, 1992, p. 218).

Referências

ARENDT, H. *A dignidade da política: ensaios e conferências.* 2. ed. Trad. Helena Martins e outros. Rio de Janeiro: Relume Dumará, 1993.

ARENDT, H. *Entre o passado e o futuro.* São Paulo: Perspectiva, 1992.

BRANCHER, N. Leoberto. Justiça, responsabilidade e coesão social: reflexões sobre a implementação da Justiça Restaurativa na Justiça da Infância e da Juventude em Porto Alegre. In: SLAKMON, Catherine; MACHADO, Maira R.; BOTTINI, Pierpaolo Cruz (Orgs.). *Novas direções na governança da justiça e da segurança.* Brasília, DF: Ministério da Justiça, 2006.

CASSIN, B.; CAYLA, O.; SALAZAR, P. J. (Orgs). Vérité, réconciliation, réparation. *Revue Semestrielle Le Genre Humaine.* Paris: Le Seuil, v. 43, nov. 2004.

DERRIDA , Jacques. *Força de Lei: o fundamento místico da autoridade.* Trad. Leyla Perrone-Moisés. São Paulo: Martins Fontes, 2007.

FERREIRA, Aurélio Buarque de Holanda. *Médio dicionário.* Rio de Janeiro: Nova Fronteira, 1980.

HOUAISS, Antonio; VILLAR, Antonio S. *Dicionário Houaiss da língua portuguesa.* Rio de Janeiro: Objetiva, 2001.

KERBER, Guilherme. *Los dilemas de la Justicia Restauradora en algunas expressiones del Derecho Internacional: el caso de la Corte Penal Internacional y las Comisiones de Verdad y Reconciliación* – palestra Ministrada na Escola Superior da Magistratura, em novembro de 2004.

LAX, I. Le témoigne d'un comissaire. In: CASSIN, B.; CAYLA, O.; SALAZAR, P. J. (Orgs). Vérité, réconciliation, réparation. *Revue Semestrielle Le Genre Humaine*. Paris: Le Seuil, v. 43, nov. 2004

LOPES, José Reinaldo de Lima. Direitos Humanos e tratamento igualitário: questões de impunidade, dignidade e liberdade. Dossiê desigualdade. *Revista Brasileira de Ciências Sociais*, S. Paulo: Ed. Ver. dos Tribunais, v. 15, n. 42, fev. 2000.

RICOEUR, Paul. *Soi-même comme un autre*. Paris: Le Seuil. 1990 p. 18

RICOEUR, Paul. *O justo ou a essência da justiça*. Trad. Vasco Casimiro. Lisboa: Instituto Piaget, 1997. (Col. Pensamento e Filosofia).

ROSENBERG, Marshall B. *Comunicação não-violenta: técnicas para aprimorar relacionamentos pessoais e profissionais*. São Paulo: Agora, 2006.

TUTU, Desmond. *No Future Without Forgiveness*. New York: Doubleday, 1999.

ZEHER, Howard, *Trocando as lentes: um novo foco sobre o crime e a justiça*. Trad. Tônia Van Acker. São Paulo: Palas Athena, 2008.

Parte VI

Invenções em reflexão

Laurent Bove e as Invenções Democráticas

David Calderoni

Neste ensaio, desdobrando e prosseguindo a apresentação que elaborei para o livro de Laurent Bove *Espinosa e a psicologia social. Ensaios de ontologia política e antropogênese* (2010), publicação inaugural da Coleção Invenções Democráticas, articularei três movimentos: de cara, buscarei promover a reflexão recíproca entre as ideias de Bove e as orientações próprias das Invenções Democráticas que conceituei na Carta de Princípios (sendo certo que, além dessas que eu conceituei, outras invenções existem); de coroa, procurarei ponderar as significações práticas desse rebatimento reflexivo, a partir de material produzido por intervenções clínico-políticas democráticas (pautadas pelo cuidado singular do singular voltado ao aumento da potência de autonomia e cooperação); por fim, me empenharei em sintetizar os resultados auferidos numa proposta programática, colocando-a em circulação como uma nova moeda, lastreada no Valor Liberdade.

Para introduzir o debate crítico e a relação reflexiva entre as Invenções Democráticas, levantemos então um problema de base: se o desejo de não ser dominado e a alegria gerada na igualdade perpassam constitutivamente toda vida social, como afirma Bove apoiado em Espinosa, por que a democracia seria historicamente tão árdua e enfrentaria tantas resistências?

Na perspectiva espinosana de Bove, tal como a vejo, o que dificultaria a democracia, desde o seu fundamento afetivo, seria o fato de que o desejo libertário de não ser dominado pelo bel-prazer de um igual-semelhante convive com outro desejo, que também seria congênito ao indivíduo e incidiria na sociedade: o *desejo de dominar*, originado da ambição espontânea de que tudo e todos só nos tragam contentamento. Esse desejo de dominar se traveste de legitimidade e alcança hegemonia quando algum ou alguns homens aparecem como superiores aos olhos dos demais, destacando-se e impondo-se à comunidade dos iguais-semelhantes como um poder transcendente, cujos meandros e estratagemas Espinosa se propôs a deslindar em seu atualíssimo *Tratado Teológico-Político*, ao qual voltaremos.

Com isso se coloca uma defasagem entre o ponto de vista expresso por Paul Singer acerca da felicidade autogestionária ("as pessoas se sentem mais felizes em não ter em quem mandar nem quem mande nelas"[1]) e a perspectiva espinosana que Bove desenvolve ao postular o caráter social fundamental da *Hilaritas* (contentamento que afeta por igual as partes do corpo) como alegria democrática: ambos convergem quanto à pulsão emancipatória encontrar apoio essencial no desejo de não ser dominado, mas não convergem – a princípio – quanto ao desejo de dominar (tendência originária da natureza humana, para Bove e Espinosa) ou de não dominar (que Paul Singer formula como constitutivo da autogestão).

Longe de se reduzir a um ponto inconciliável, penso que essa defasagem demarca diferentes momentos de um tempo processual, apontando um problema real e um desafio prático concernente à necessidade libertária de construir os meios de efetivar a passagem do desejo de dominar ao desejo de não dominar – questão formativa essencial não apenas para a filosofia espinosana e para a economia solidária, mas também para a Justiça Restaurativa, para a educação democrática, para o movimento da psicopatologia rumo à saúde pública e para toda possível invenção democrática.

Ao longo dos ensaios de seu mencionado livro, Laurent Bove nos oferece ao menos três modos de se contrapor formativamente ao desejo de dominar, os quais designarei da seguinte forma: o inter-ditar da autoridade emancipadora, a reversão do poder teológico-político pelo exercício da potência interpretante dos vínculos singulares e a política democrática dos contrapoderes republicanos.[2]

Apresentado no ensaio "Como dizer não às crianças", o inter-ditar da autoridade emancipadora tem como ponto de partida a assimetria entre pais e filhos que, segundo Bove, necessariamente implica, num primeiro momento, uma relação de dominação, cuja superação constitui o próprio objetivo-em-ato do processo educativo. Para a consecução dessa finalidade intrínseca à formação de homens livres, Bove preceitua que os pais realizem sua *auctoritas*

---

[1] Cf. *Intervista Paul Singer* [Entrevista com Paul Singer]. Disponível em: <http://www.youtube.com/watch?v=FbSMSeosqaI>.

[2] "o inter-ditar da autoridade emancipadora", "a reversão do poder teológico-político pelo exercício da potência interpretante dos vínculos singulares" e "a política democrática dos contrapoderes republicanos" são expressões categoriais criadas por minha interpretação, DC.

(termo latino que remete à potência de quem faz brotar) "dizendo um não para dizer sim", o que a meu ver implica interpor entre certos desejos e seus alvos a necessidade de um trabalho compartilhado de interpretação quanto ao sentido ético desta relação desejante, de modo a reconhecer o direito a desejar em sua dignidade própria e singular e, simultaneamente, encaminhar esse desejar a uma circulação exogâmica – o que se traduz em encontrar vias de escoamento e satisfação dos próprios desejos que reconheçam e respeitem os desejos dos outros, de modo que o reconhecimento do direito ao desejo singular abra para o reconhecimento do direito universal de desejar e, portanto, para a necessidade de criar modos consentidos de entrelaçamento dos desejos.

Ao elogiar os procedimentos da Justiça Restaurativa no encontro inaugural do Grupo Invenções Democráticas, Laurent Bove conferiu grande relevo ético-político ao inter-ditar:

> A *Multitudo* – a grande diversidade que há nos povos e nas nações – está de certo modo sempre por construir e por enriquecer. Abordar a questão da justiça num nível anterior e mais fundamental que o do Estado e de sua repressão é abordar a questão do *entre*: isso quer dizer tomar as coisas pelo entremeio, isto é, apreender as coisas no interior do processo mesmo da vida; se trata, a saber, de reparar o tecido social [...] com a dinâmica de um inter-ditar que não seja um contra-dizer, onde o que você diz e faz, eu os reprimo, mas sim um inter-ditar que, em face dos atos agressivos que engendram problemas na e para a socialidade, signifique encontrar um dizer-entre, um *inter-dicere* [em latim]. Formar *Multitudos* é de certo modo tomar as coisas pelo entremeio, apreendendo as coisas pelo processo real que faz com que não se diga não senão para se dizer um sim continuado. Quando um Estado diz não para dizer não, isso equivale a cuspir para fora de si, conforme a lógica da expulsão própria da negação primitiva de que fala Freud. Adotando outro objetivo, dentro de uma posição biopolítica, quer dizer, clínica, trata-se de reparar, sem nada de moralismo, nem de compaixão no sentido de Nietzsche; ao contrário, se falamos em *com-paixão*, é no sentido assaz positivo de *ser-com* visando à dinâmica da vida humana em comum que nos reúne aqui nesse nosso encontro [das Invenções Democráticas].

O magistrado Egberto de Almeida Penido, um dos quatro juízes que implementam atualmente no Brasil a prática de justiça referida por Bove, a esclarece:

> A Justiça Restaurativa é um modelo complementar de resolução de conflitos, consubstanciada numa lógica distinta da punitiva. Embora seja um conceito ainda em construção,[3] não possuindo uma conceituação única e consensual,

---

[3] Para Sica (2007): "Mais que uma teoria ainda em formação, a Justiça Restaurativa é uma prática ou, mais precisamente, um conjunto de práticas em busca de uma teoria" – in *Justiça Restaurativa e Mediação Penal – O novo modelo de Justiça Criminal e de Gestão do Crime*. Editora Lúmen Júris, 2007.

pode-se dizer que: *"numa de suas dimensões, pauta-se pelo encontro da 'vítima', 'ofensor', seus suportes e membros da comunidade para, juntos, identificarem as possibilidades de resolução de conflitos a partir das necessidades dele decorrentes, notadamente a reparação de danos, o desenvolvimento de habilidades para evitar nova recaída na situação conflitiva e o atendimento, por suporte social, das necessidades desveladas"* (Van Ness; Strong, 1997; Almeida Penido, 2009, p. 106).

A seguir, trata-se agora de especificar os fundamentos que Bove estabelece com relação a esse modo de se contrapor formativamente ao desejo de dominar que consiste na reversão do poder teológico-político pelo exercício da potência interpretante dos vínculos singulares. Para tanto, convém narrar a história de como as concepções clínicas biopolíticas de Bove foram sendo metabolizadas no processo de constituição do movimento da psicopatologia para a saúde pública, particularmente no que concerne à proposta das Oficinas do Medo e dos Sonhos, estratégia metodológica que foi gestada com praticantes da educação democrática e comunitária que trabalham segundo os conceitos de educação integral e de Bairro-Escola na organização não governamental Cidade Escola Aprendiz, onde, no contexto do Plano de Autoformação Local de Pinheiros, propus e debati a relação entre medo e sonho por referência às ideias de Laurent Bove acerca da *animalização* (compreendida como efeito do terror que inviabiliza a solidariedade diante da dor do semelhante) e da *antropogênese* (compreendida como o trabalho do desejo de comunicação e de comunidade).[4]

Na conceituação de uma psicopatologia para a saúde pública, "considerando como colaboradoras todas as disciplinas para as quais a interpretação dos conflitos psíquicos é fundamental para a construção da história individual e coletiva", (Calderoni, D., 2010, p. 25) entendi que "é tarefa de uma psicopatologia libertária engendrar estratégias metodológicas em que a interpretação dos conflitos psíquicos dê campo ao desenvolvimento da autonomia e da resistência à opressão individual e coletiva" (p. 24).

Concebendo a Oficina do Medo e dos Sonhos como uma das referidas estratégias metodológicas, intencionei por seu intermédio associar a expressão e a elaboração psíquica do medo e dos sonhos a um objetivo de *"construção da história individual e coletiva"*. Assim, em meu esforço clínico-político democrático, esses fenômenos psíquicos em que consistem o medo e os sonhos foram enfocados em seu trânsito entre o individual e o social e entre a consciência e o inconsciente. Donde a necessidade de enfrentar uma questão epistemológica crucial: qual seria a validade metapsicológica e política de assimilar o sonho

---

[4] Assinalo também a participação de Gilberto Dimenstein, Paulo Rogério Gallo e Helena Singer no partejamento do nome. As Oficinas do Medo e dos Sonhos foram articuladas às propostas de Diagnóstico Psicossocial Participativo e de Praticáveis de Direitos Psíquicos, conformando as estratégias metodológicas da psicopatologia para a saúde pública.

sonhado de noite (que vem do inconsciente) ao sonho sonhado de dia (devaneio consciente) e ao sonho no sentido de projeto ou utopia?

De fato, há autores que afirmam que, em sua natureza e funcionamento, as fantasias inconscientes (que se pautam pelo princípio do prazer e não se detém pelo princípio da não contradição) diferem totalmente das imaginações conscientes (que envolvem o princípio de identidade e o princípio de realidade). Essa é a notória posição – que fez escola – da psicanalista kleiniana inglesa Susan Isaacs (1978, p. 63-72). Um dos frequentes efeitos práticos desse tipo de atitude teórica consiste em figurar o psicanalista como o especialista do inconsciente ao qual caberia o legítimo e autorizado monopólio da interpretação dos sonhos que se sonham de noite. Já os psicanalistas freudianos franceses Jean Laplanche e Jean-Bertrand Pontalis (1988, p. 79-135) dão a ver que os pensamentos e as fantasias conscientes e inconscientes se imbricam intimamente, haja vista a presença dos restos diurnos nos pensamentos oníricos latentes de que fala Freud. Assim, as condensações, os deslocamentos e as transfigurações inconscientes dos afetos-representações fantasísticos, em sua liberdade associativa onírica, mobilizam e são mobilizados desde dentro pelas intenções do homem desperto, cujas emoções, ideias e devaneios transitam entre o admissível e o desejado, podendo permeabilizar barreiras de censura e repressão mediante uma relação de simbolização interna. Isso implica afirmar que os processos interpretantes que estabelecem a comunicação entre o inconsciente e a consciência deitam raízes em potências, modos e critérios de ressignificação singulares e intransferíveis, cabendo ao sonhador decidir quais interpretações traduzem verdadeiramente os seus sonhos. E aí as interpretações são como os projetos.

Referindo-se à exegese da Bíblia, obra cujo teor onírico e mitopoético tem desencadeado, ao longo de sangrentas histórias, intrincados pensamentos que juram traduzir a sua verdade literal, a *teoria política da potência interpretante* de Bove toca em cheio a relação entre interpretação e poder implicada em separar totalmente o sonhar inconsciente e o sonhar consciente:

> Nesse caso, [...] o discurso visível pretende exprimir um *outro* discurso, invisível, aquele de uma Verdade providencial inefável envolvida em um jogo misterioso de significações originais, a decifrar indefinidamente (COMTE-SPONVILLE, 1989, p. 245-264). *É a pretensão do interpretante teólogo a matriz da dimensão tirânica do discurso.* A linguagem é, por natureza, uma violência feita ao mundo no processo sobredeterminado da constituição imaginária do real. Com o teólogo, essa violência sobre as coisas é, imediatamente, uma violência sobre os corpos e sobre os espíritos. No processo da perseverança, a violência do discurso contribuía para a constituição do corpo comum; com o *interpretante teólogo*, essa violência retorna contra a dinâmica mesma dessa ligação constituinte.

142 INVENÇÕES DEMOCRÁTICAS – A DIMENSÃO SOCIAL DA SAÚDE

De modo impressionantemente afim às análises de Bove sobre a vida humana tornada canina pelo reiterado emparedamento cotidiano do "tempo antropogênico que abre a um porvir", minhas primeiras experiências urbanas na coordenação, em parceria com Maria Lúcia Calderoni, das Oficinas do Medo e dos Sonhos junto a lideranças de organizações sociais evidenciaram, no núcleo bloqueador do sonho e do projeto, uma intensa e reiterada preocupação em não perder tempo *no* encontro e *com* o encontro, sendo necessário um árduo processo de interpretação coletiva para que essa preocupação fosse revelando a extensão da ansiedade perante um cotidiano cujas urgências massacrantes trituram o tempo social da utopia, requerendo um angustioso trabalho de todos para que a imaginação coletiva pudesse encontrar atmosfera mais sorridente no segundo encontro, conforme se pode acompanhar nos seguintes registros:

Extrato polifônico da *Oficina do medo e dos sonhos* junto ao Grupo Gestor do Plano de Autoformação Local de Pinheiros – 1º encontro – 29/10/2009

> Eu estou com dor, sinto aflições, penso que não estou sendo compreendido. Uma oficina dessas demanda um tempo que não está na ordem do intelecto, mas das emoções. Para a gente pensar enquanto grupo: é a segunda vez que a gente chega no espaço e as pessoas do espaço não estão lá para acolher. É pouco tempo que tem e é um espaço muito rico. Esse espaço/tempo precisa ser mais bem cuidado pelo grupo. A gente não conseguiu aprofundar porque perdeu tempo por causa da forma da reunião. Se eu tivesse colocado tudo o que penso, não daria tempo. O medo que a gente tem com relação ao tempo – nosso vício? Hoje o meu medo mais evidente se concentra na questão do tempo: tempo pessoal e em relação ao serviço e em relação à contemporaneidade. A minha aflição com este encontro de hoje me deu ideia da minha aflição em relação à Autoformação: falta de foco. Quero sistematizar: foco, tempo e organização – senão, isso pode se extinguir. Medo de não ter tempo e perder o foco: o meu sonho é criar um espaço sem urgências e sem aflições em relação ao foco e ao tempo. *O tempo na reunião de hoje aparece como um fulcro de aflições e a reunião de hoje tem a ver com o hoje em dia da nossa contemporaneidade. Um dos grandes fulcros das aflições de hoje, que é homogêneo ao fulcro da aflição quanto ao tempo, é a aflição quanto ao foco comum articulatório dos tempos heterogêneos das diversas frentes de trabalho aqui reunidas.*

Extrato polifônico da *Oficina do medo e dos sonhos* junto ao Grupo Gestor do Plano de Autoformação Local de Pinheiros – 2º encontro – 12/11/2009

> Meu medo é que os obstáculos minem o sonhar conjunto por não conseguir visualizar como poderíamos nos articular. Meu sonho é superar coletivamente o medo do tempo. Ver o mundo através do olhar do outro: generosidade é o princípio fundamental. Estamos concretizando uma articulação conjunta que me permite superar medos na realização do projeto. Sonho com o foco

subjetivo compartilhado de um sonho comum. Confiança anda junto do reconhecimento e do compartilhamento. É sem fim o andar e o construir. Fomos falando e não estou mais bravo. As coisas estão começando a acontecer. O primeiro encontro produziu! E este também. A gente agüenta e a gente confia. Dar as mãos é um objetivo que se sustenta no fazer conjunto dos projetos. Gosto que estas oficinas sejam praticadas pelos presentes em seus espaços próprios. Desejo ajudar a cuidar de quem cuida.

No referido ensaio sobre Linguagem e Poder, apoiado em Peirce e Espinosa, Bove concebe o interpretante como a função que leva a determinar o objeto que é suposto como causa de um determinado afeto. Assim, nessas oficinas, é uma operação coletiva interpretante que realiza a passagem da percepção de que a perda de tempo é causa da ansiedade para a percepção de que é a qualidade do tempo que causa uma sensação de perda e de ansiedade. E este interpretar é livre porque, longe de ser propriedade privada de um interpretante-teólogo, circula como propriedade comum de uma mente coletiva (Massenpsyche), metabolizando no processo circulatório o dizer de Bove sobre "um interpretante que se trata de dispor potentemente e de tornar disponível para a prática da democracia."

Incidem aqui as ideias tecidas por Paul Singer em sua contribuição aos fundamentos do Nupsi-USP:

A economia solidária é um modo de organizar atividades de produção, distribuição e consumo, de poupança e empréstimo e outras relacionadas à satisfação de necessidades de toda ordem. [...] O livre mercado é a instituição básica do capitalismo, se não na realidade pelo menos no plano ideológico. Ele é a justificativa básica da meritocracia, ou seja, de que as enormes diferenças econômicas entre pessoas, classes, nações etc. se devem ao mérito dos que têm mais ou ao demérito dos que têm menos. [...] o capitalismo tornou corrente (e oficial) a tese liberal de que a livre competição é a principal virtude de qualquer sistema econômico. [...] O que reforça o mito da meritocracia: a humanidade seria constituída pelos bons, fortes e dedicados e pelos demais, destituídos em diferentes graus destas qualidades. [...] A economia solidária surge como reação a este mundo produzido pelo capitalismo. Sua visão de mundo se baseia na idéia de que a principal virtude de qualquer sistema econômico é promover a cooperação entre as pessoas, famílias, comunidades, países etc. E na idéia de que a humanidade se compõe efetivamente de pessoas diferentes, mas que estas diferenças não resultam da concentração de qualidades em alguns e de sua ausência em muitos outros. Antes pelo contrário, todos são dotados de qualidades e defeitos. Cada pessoa é uma combinação específica – provavelmente única – de características que, conforme as circunstâncias, podem ser consideradas boas ou más. O progresso da sociedade resulta da combinação destas múltiplas qualidades e defeitos de vários indivíduos, quando estes se associam e cooperam entre si (SINGER, 2009).[5]

Dentre as circunstâncias de que depende o fenômeno econômico-político, referido por Singer, que consiste em apreciar como defeitos ou qualidades as características de uma pessoa, adotando (de modo capitalista) ou não (de modo econômico-solidário) tal apreciação como critério de subordinação e exclusão social, encontram-se os processos de idealização e de sublimação do próprio apreciador. Freud diz que idealizamos uma pessoa quando exaltamos a sua perfeição, ao passo que sublimamos a libido investida nessa pessoa quando a envolvemos num alvo afastado da nossa satisfação sexual direta e imediata. Nesse segundo caso, a perfeição passa a se referir ao modo como envolvemos a nós e aos outros num processo que intermedeie a satisfação de todos. Considero que tal processo foi referido por Bove como amor sem objeto e foi referido por Espinosa como amor intelectual de Deus.

Esclareço.

Iluminando o corolário e o escólio final da proposição 10 da *Ética* II ("*À essência do homem não pertence o ser da substância, ou seja, a substância não constitui a forma do homem.*"), em seu curso sobre a Ética V ministrado no primeiro semestre de 2009, Marilena Chauí observou que

> A distinção entre pertencer e constituir é a chave desse corolário e de seu escólio. Deus *constitui* imanentemente a essência do homem, mas a essência de Deus não *pertence* à essência do homem. Há diferença ontológica ou distinção real entre substância e modo e por isso a substância, como causa, deve ser tomada como distinta de seu efeito. No nível dos afetos, essa distinção é o que permite falar em amor a Deus, ou seja, tomá-lo como causa externa.

Isso corresponde a meu ver a uma articulação essencial ao movimento da psicopatologia para a saúde pública (ou à psicopatologia pública): conceituado por Maria Lúcia Calderoni em sua contribuição autoral singular aos fundamentos do Nupsi-USP, na perspectiva da dimensão social da saúde, trata-se do processo por ela designado como *intercâmbio solidário* (concernente a identificações enriquecedoras envolvidas na multiplicação de potências individuais no amor

---

[5] Em linhas gerais, foi debatida no encontro fundador do Grupo Invenções Democráticas a ideia de uma sede universitária interdisciplinar e interinstitucional para entrelaçar Invenções Democráticas em pesquisações comunitárias articuladas em torno da dimensão social da saúde. Contando com as contribuições de Paul Singer, Laurent Bove, Maria Lúcia Calderoni, Maria Luci Buff Migliori, Lilian L'Abbate Kelian, Nelson da Silva Junior e David Calderoni, presentes naquele encontro, às quais viriam se somar as contribuições de Marilena Chauí, Paulo Rogério Gallo, Egberto de Almeida Penido, Alberto Olavo Advíncula Reis, Cristiano Novaes de Rezende e Helena Singer, esse sonhado lugar viria a se materializar no Núcleo de Psicopatologia, Políticas Públicas em Saúde Mental e Ações Comunicativas em Saúde Pública da Universidade de São Paulo (Nupsi-USP), instituído oficialmente em 19 de dezembro de 2009.

e no trabalho) (CALDERONI, M. L., 2009, p. 109-113), o qual, considerado em conjunto com as referidas reflexões de Singer, Chauí e Bove, compreende, no meu entender, a passagem do desejo de dominar ao desejo de não dominar, na medida em que o objeto deste último é impassível de predeterminação, pois pertence ao movimento infinito do real que nos constitui e do qual a pré-ciência de nenhum homem singular pode isoladamente se apropriar, mas, ao contrário, cada um e todos os homens singulares cooperantes podem, sim, comparticipar.

Os arautos do realismo soem reiterar a máxima maquiaveliana que condiciona a prudência política à observância de *la verità efetualle della cosa*, tornando a citação tão frequente que obnubila a formulação de outras perspectivas do mesmo autor, menos aptas à guarida de visadas conservadoras – as quais tem sempre razão no tempo *a posteriori*. De minha parte, lembrando que o ativo florentino concebia a matéria política como *cose a fare*, costumo combinar àquele brocardo a atenção que a ciência de Maquiavel tributava a *la qualità di tempi*, donde eu haver adotado como diretriz do meu impulso de construir futuro a auscultação de *la verità efetualle delle cose a fare*. Foi assim que, no ano 2000, inteiramente convicto de que o objetivo comum de recuperar saúdes mentais exigia a interação teórico-prática de uma diversidade de disciplinas clínicas, cuja amplidão ética e científica poderia e deveria ultrapassar as clausuras epistemológicas aprioristicas aparelhadas em dogmáticos e sovinas corporativismos, concebi o curso de psicopatologia dentro do objetivo de fundamentar e estabelecer um campo de diálogo entre as ricas e numerosas vertentes da psicanálise, da psiquiatria e das pesquisas em psicofarmacologia, às quais vieram se juntar a fonoaudiologia, o acompanhamento terapêutico, a psicobiologia e a filosofia espinosana, robustecendo a larga trilha do movimento da psicopatologia para a saúde pública, que senti no tempo presente ser o momento de conceituar. Venho sempre procurando nutrir e me nutrir de uma conjunção de orientações científicas, artísticas e emancipatórias. Provém e se encaminha pelo mesmo sentido participativo, pluralista e dialógico a promoção da visita e das atividades político-culturais de Bove no Brasil, na esteira de cujos liames instituintes defluem o promissor acordo de cooperação USP-Amiens, assim como a formação do Grupo e da Coleção Invenções Democráticas e a criação do Núcleo de Cultura e Extensão Universitária Nupsi-USP. Como coordenador do projeto que deu origem ao Nupsi-USP, tendo palmilhado especialmente junto com Cristiano Novaes de Rezende e Maria Lúcia Calderoni o percurso arregimentador de inventores democráticos que promoveu em 2008 e 2009 grandes colóquios tais como A Estratégia das Redes e dos Diálogos em Saúde Coletiva, O Direito e a Psicopatologia para a Saúde Pública e Dominação ou Liberdade? Os Múltiplos Sentidos da Clínica Psicopatológica em Saúde Pública (os quais darão material para publicações da coleção ora inaugurada), antevejo, na esteira de acordos internacionais tais como o da cooperação entre USP e Amiens, outros tantos projetos e cursos de Pesquisa-Ação em Invenções Democráticas, destinados a estudiosos e construtores da liberdade e centrados na instrumentação para o levantamento, a catalisação e o fortalecimento dos vínculos comunitários, a partir de modos criativos e solidários de desenvolver autonomia e cooperação e de lidar pacificamente com conflitos e necessidades.

No prolongamento dessas construtivas transgressões disciplinares, a reflexão entre as práticas das Invenções Democráticas e as concepções biopolíticas de Bove, voltadas à reparação do tecido social, mobiliza as práxis clínico-políticas da psicopatologia para a saúde pública, motivando, nos quadros de uma ética do aperfeiçoamento infinito e de uma ciência do singular, um rico diálogo acerca do campo da experiência como espaço histórico-político de uma livre educação para a liberdade.

Parece-me útil e necessário informar tal diálogo com o percurso de construção da psicopatologia para a saúde pública, de modo a evidenciar os elementos constituintes da sua afinidade genética em relação ao pensamento espinosano habitado por Bove, tendo em conta, ademais, que o próprio Bove participou com dois diferentes textos da composição do documento de proposição do Nupsi-USP.

No meu entender, a experiência se coloca como o campo indefinido em que intervenções singulares sobre laços singulares propiciam a definição do singular, isto é, o fazer, o imaginar, o sentir, o pensar e o comunicar realizando a infinitude de nossa potência afetiva e cognitiva única enquanto força produtiva e expressiva intrinsecamente indestrutível.

Essa tomada de posição quanto à experiência conflui com toda a segunda parte do livro de Bove (2010, p. 110, grifos do autor), consagrada à diferença antropológica:

> [...] Espinosa *não pode definir o limiar* a partir do qual um corpo é realmente capaz de encadear suas afecções em uma ordem válida para o intelecto que, simultaneamente, se afirmaria assim segundo sua potência dedutiva autônoma. Ora, este limiar desconhecido de nós define precisamente o ponto de mutação na "relação de movimento e repouso"[6] de um corpo especificamente "animal" em um corpo especificamente "humano", cuja alma é então capaz de razão.

A sequência do livro de Bove dá a pensar que não é uma característica afetiva e sim cognitiva a que melhor permite reconhecer a linha de corte entre o regime de clausura mental da servidão – voluntária e alegre nos antigos hebreus, involuntária e triste nos antigos turcos – e o regime de livre razão da liberdade, definido pela aptidão para a interrogação e pelo seu efetivo exercício ético e político. Ora, isso implica a recusa de assenhorear-se de certezas para, às expensas da alteridade, confiscar o movimento do real, no que Bove converge com as contribuições ao Nupsi-USP da educadora democrática Lilian L'Abatte Kelian (2010, p. 102) e de Paulo Rogério

---

[6] Lema 5 da definição que se segue à proposição 13 da *Ética* II.

Gallo (2010, p. 37), médico devotado à ação comunicativa em saúde e primeiro coordenador acadêmico do Nupsi-USP, transcritas respectivamente a seguir:

> Ao compreenderem a democracia como invenção coletiva e, portanto, dinâmica e aberta, tanto as escolas como o movimento que as reúne realizam um esforço político-pedagógico sistemático para não definir as formas da democracia. A autodefinição permanece como principal critério para a participação das experiências na rede de escolas democráticas (Alternative Education Resource Organization, <www.educationrevolution.org>). Para além de uma postura ingenuamente tolerante, existe aqui uma aposta na possibilidade de que a convivência e cooperação de toda essa multiplicidade de comunidades, conceitos e práticas produzam excelência política e acadêmica.
>
> [...]
>
> A saúde pública, de maneira geral, procura criar ou favorecer situações que apontem para a ampliação da autonomia e, ao lado deste esforço, fortalecer a percepção sobre cidadania. Trata-se, portanto, de constituir um núcleo de estudos e pesquisas que reconheça que *"saberemos cada vez menos do que é um ser humano"*.

O primado da experiência histórico-política, implicado no desdobramento do tema da (in)definição do humano, permeia toda a segunda parte do livro de Bove (2010, p. 109), consagrada à diferença antropológica:

> Espinosa põe explicitamente, com efeito, um critério de reconhecimento da humanidade dos corpos, a saber, a imaginação do semelhante e a imitação de seus afetos. Porque imaginamos uma coisa ser semelhante a nós, experimentamos o que imaginamos que ela experimenta em um processo de identificação que conduz espontaneamente a desejar "livrar de sua miséria o objeto que nos inspira comiseração" (*E* III, 27 cor. 3 dem.). E é por isso que Espinosa pode afirmar, no escólio da proposição 50 da *Ética* IV, que "aquele que não é movido nem pela Razão nem pela Comiseração a ser prestativo aos outros, nomeia-se justamente inumano, pois (prop. 27 da Parte III) não parece assemelhar-se a um homem".

No espaço aberto entre o corpo-mente do animal e o corpo-mente do homem situa-se a experiência de entreconhecimento e de transformação recíproca em que encontra lugar a aposta clínico-política democrática – que ocorre quando, longe de submeter ou submeter-se ao dessemelhante, o desafio é identificar-se a ele e ajudá-lo, com o que sentimos crescer nossa humanidade.

Em sua singular contribuição autoral à fundamentação do Nupsi-USP no que tange às relações intrínsecas entre as Invenções Democráticas e a dimensão social da saúde, o filósofo Cristiano Novaes de Rezende (2010, p. 69) demonstrou a pregnância de ideias e ideais próprios à saúde pública nas obras de Espinosa:

> Todo o *Tratado Teológico-Político*, como confirma seu subtítulo, se destina a mostrar como a liberdade não destrói, mas, ao contrário, promove a paz e a piedade no Estado, e como, ao contrário, um regime calcado no medo tem por efeito o

adoecimento (*insanire*) do homem e a proliferação da superstição. No *Tratado Político*, Espinosa, por um lado, critica a paz — na família ou no Estado — que seja a mera supressão dos conflitos internos ao corpo e à mente do grupo em questão (VI, 4), designando como doença (I, 5) o amor ao próximo que decorra de um enfraquecimento das paixões. Por outro lado, também evidencia que, por experiência e não por uma ilusão utópica, sabemos ser possível possuir um corpo e uma mente sãos (II, 6), e que só na cidade pode o indivíduo superar as doenças do corpo e da mente e defender-se da opressão (III, 11).

Em sua confluente participação no documento de proposição do Nupsi-USP (p. 3), Alberto Olavo Advíncula Reis, psicólogo e psicanalista dedicado à saúde mental coletiva e que desde 2006 vem coordenando o curso de Psicopatologia e Saúde Pública na Faculdade de Saúde Pública da USP, evidenciou a função epistemológica pela qual a saúde mental enfeixa e agencia as vertentes constitutivas da saúde pública:

> [...] a Saúde Mental, tal como contemplada no âmbito da Saúde Pública, define-se por meio de seu aspecto coletivo, multidisciplinar, positivo, centra-se na saúde e em sua promoção, visa grupos populacionais [...]. No âmbito das diversas temáticas da saúde – saúde da criança e do adolescente, saúde do trabalhador, saúde ambiental, condutas de alimentação, saúde da mulher – a saúde mental apresenta-se, suplementarmente, como uma temática transversal [...].

Contexturando essas contribuições, Maria Lúcia Calderoni evidenciou a legitimidade da proposição do Nupsi-USP enquanto lócus da convergência acadêmica da psicopatologia e da saúde mental pública, no mesmo passo em que relacionou intrinsecamente a universidade à democracia, mediante os seguintes argumentos:

> [...] a existência de um núcleo especificamente ligado à Psicopatologia e à Saúde Pública justifica-se também pelo caráter essencialmente interdisciplinar que caracteriza tanto a Psicopatologia como a Saúde Pública e que se articula com a própria razão de ser de um Núcleo na Universidade de São Paulo, que tem como vocação primeira constituir lugar de entrecruzamento de saberes e experiências que não podem ser reduzidos a nenhuma área específica da ciência.
>
> A Psicopatologia deita raízes na tradição médico-científica e na tradição humanista (filosofia, literatura, artes e psicanálise), relacionando-se com as mais variadas expressões do conhecimento humano e sendo irredutível à psiquiatria, à neurologia, à psicologia, à filosofia ou à psicanálise. Uma de suas principais características é a multiplicidade de abordagens e referenciais teóricos, que ela tem incorporado nos últimos 200 anos. Para Dalgalarrondo (2008, p. XIII), "a psicopatologia, campo dos mais complexos, exige uma atitude aberta, despreconceituosa e multidisciplinar".
>
> Em consonância com essas ideias, consideramos que vale a pena recusar alternativas exclusivas de abordagem, sejam elas psicanalíticas, fenomenológicas, biológicas, cognitivo-comportamentais ou socioculturais. Ao contrário, vale

tomar conhecimento do que há de útil e esclarecedor em cada uma delas e colocar os seus saberes em diálogo. (p. 2-3)

Por tudo isso, seria equivocado reduzir o movimento da psicopatologia para a saúde pública ao âmbito das contribuições da psicanálise. Isso se demonstra pelos aportes da psicopatologia fenômeno-estrutural na compreensão da experiência psíquica do tempo, vivência cuja envergadura psicossocial é tão larga como a história da humanidade. Assim como não vemos a profundidade que, não obstante, é condição de possibilidade da própria visão, assim também, na perspectiva da psicopatologia fenômeno-estrutural, o tempo constitui o arcabouço inconsciente primordial do sentido da movimentação da consciência segundo os eixos da retenção do passado, da apresentação do presente e da prospecção (ou protenção) do futuro. Conforme um exemplo desse ponto de vista, a temporalidade inconsciente estruturante da melancolia paralisa, suspende e esvazia a experiência construtiva do presente ao reter a prospecção do futuro nas queixas e lamentações do passado. Médico partícipe do Nupsi-USP que vem arregimentando esforços teóricos, clínicos e educacionais para integrar a psicopatologia fenômeno-estrutural à formação de psiquiatras atuantes na saúde mental pública, Guilherme Peres Messas (2006, p. 60) conceitua de modo lapidar esta linha de pensamento e de intervenção investigativa:

> Esta corrente entende o fato psicopatológico como composto por duas dimensões em ação simultânea. Uma delas, a dimensão fenomenológica, corresponde a toda a experiência vivenciada conscientemente pelo paciente em seu adoecimento mental. A outra dimensão, estrutural, corresponde às condições de possibilidade da experiência vivida, seu arcabouço têmporo-espacial que, a despeito de não poder ser vivenciado pela consciência, é sua parte integrante, sua fôrma essencial atuante em cada ato consciente.

Os textos do livro *Espinosa e a psicologia social: ensaios de ontologia política e antropogênese* (BOVE, 2010) compartem a perspectiva com que Bove enfoca a filosofia política de Espinosa, salientando que a política republicana de um Estado democrático digno desse qualificativo deve ter como finalidade a promoção de uma vida humana livre. A coextensividade deste ponto de vista com relação ao direito universal à vida e à saúde permite situar o conjunto das Invenções Democráticas reunidas no Nupsi-USP da seguinte maneira:

1. na medida em que as dimensões social e individual de uma vida humana livre e sã apoiam-se essencialmente no intercâmbio solidário de acolhimento, escuta, curiosidade, compreensão, intenção reparatória, generosidade, ajuda mútua, prazer, alegria, encantamento e reflexão, o movimento da

psicopatologia para a saúde pública consiste no esforço contínuo de investigação e cura do que se contrapõe ao desenvolvimento da trama psicossocial do cuidado de si e do semelhante;

2. a dimensão social de uma vida humana livre e sã apoia-se essencialmente na *Justiça Restaurativa*, na medida em que esta responde pelo direito ao reconhecimento social da própria história e ao acesso a reparações jurídicas centradas não na punição e sim na compreensão e na superação das causas da violência obtidas no processo de recomposição de laços sociais em torno do ofensor e do ofendido;

3. a dimensão social de uma vida humana livre e sã apoia-se essencialmente na economia solidária, na medida em que esta responde pelo direito ao trabalho autônomo associado e autogestionário, não subordinado e não alienado;

4. a dimensão social de uma vida humana livre e sã apóia-se essencialmente na *educação democrática*, na medida em que esta responde pelo direito à instrução e à formação centradas no estímulo e no exercício do desejo de conhecer e ensinar e na consideração de educandos e educadores como agentes essenciais de decisão quanto aos temas e às regras de convivência relativas ao processo de aprendizagem;

5. as dimensões social e individual de uma vida humana livre e sã encontram recurso precioso na *filosofia espinosana*, na medida em que esta oferece fundamento ontológico, lógico, ético e político único para a interpretação conjunta das relações solidárias entre corpo e mente, afeto e razão, homem e natureza, indivíduo e comunidade, direito e poder, necessidade e liberdade, nos quadros de uma ciência do singular.

Em sua relação inclusiva e extensiva das *Invenções Democráticas*, o movimento do Nupsi-USP em prol de uma vida humana livre e sã visa a contribuir:

- para a mobilização conjunta do direito à curiosidade, ao encantamento e à reflexão, em consonância à *educação democrática* e em contraposição às práticas que identificam em cadeia a educação à escola e a escola ao disciplinamento coativo de corpos e mentes;

- para o equilíbrio do cuidado de si e do semelhante, propiciando empreendimentos de *economia solidária* contrapostos à competição selvagem, à alienação e à subordinação no trabalho;

- para a comunicação e compreensão de conflitos e diferenças sem exclusão social, em consonância à *Justiça Restaurativa* e em contraposição à lógica que reduz a justiça à punição;

- para a interpretação conjunta das relações solidárias entre mente e corpo, afeto e razão, em consonância à *filosofia espinosana*, segundo a qual: mente e corpo são modificações de uma mesma substância (Deus, ou seja, a Natureza); afeto e razão aumentam ou diminuem sua potência de agir de modo correlativo e conjunto; é possível compreendê-los numa ciência do singular que considere cada ser pelos atos, afetos e ideias que apenas esse mesmo ser pode unicamente realizar. Tais concepções contrastam: com a tradição aristotélica, para a qual só é possível uma ciência do universal onde o que cada ser tem de único é considerado um acidente não científico; com a tradição cartesiana, para a qual, sendo a mente e o corpo duas substâncias distintas, quando o afeto é ativo, a razão é passiva e, quando a razão é ativa, o afeto é passivo.

Estes últimos princípios de interpretação das relações solidárias entre mente e corpo, afeto e razão estão a meu ver compreendidos na posição assumida por Bove, durante o encontro fundador do Grupo Invenções Democráticas, perante uma afirmação de Nelson da Silva Júnior, segundo o qual, do ponto de vista do último Freud, a agressividade e a destrutividade constituiriam a presença irredutível (e em última instância incontornável) da negatividade no próprio ser do Homem. Em resposta, Bove afiançou que, para Espinosa, os conflitos passionais são também considerados constitutivos da realidade humana, tornando-se daí decisivos para o encaminhamento democrático desses conflitos os modos de arranjo dos regimes afetivos, pelos quais penso que designava as modalidades de relação afetiva que se dão entre os polos do medo da morte e do desejo de vida.

Em seu subsequente elogio da Justiça Restaurativa, vimos que a perspectiva biopolítica de Bove salienta como foco de operações clínicas a reparação do tecido social, tarefa para cuja consecução prática e elucidação filosófica muito contribui a sua teoria política da potência interpretante, tal como acionada e demonstrada a propósito do *modus operandi* e dos resultados das Oficinas do Medo e dos Sonhos. Foi assinalado também que, enquanto modo de se contrapor formativamente ao desejo de dominar, o exercício da potência interpretante incidia sobre os vínculos singulares. Permitindo agora especificar o objeto da experiência clínico-política libertária enquanto encontro afetivamente modulado pela singularização de vínculos singularizantes, destaca-se uma grata observação metodológica de Laurent Bove, oferecida como parte de seus comentários referentes ao primeiro ano da pesquisa de meu pós-doutorado, observação metodológica a qual introjetei como guia em meu espírito de investigação:

LAURENT BOVE: Bem, estávamos nas passagens prévias dos dois casos de David, "Gaspar" e "Hermes".[7] O que é extremamente importante, é que você [David] vai por em relevo o evento de um encontro.

---

[7] Bove refere-se aos nomes fictícios de crianças que protagonizaram dois casos clínicos apresentados a propósito da reversão clínica da implicação recíproca entre culpa, castigo, dominação e perda de potência simbólica.

É claro que falamos agora sobre a noção de encontro, porque falamos de casos reais; até há pouco estávamos num plano teórico, conceitual; até agora falou-se dos vínculos, e do processo constituinte, mas quando finalmente abordamos casos concretos, temos indivíduos que se encontram efetivamente, e o fato de que você [David] acentue isso, quando você escreve: "[...] o encontro constitui o fundamental, já que ele é fundante", é essencial, já que você diz que as direções do tempo derivam deste encontro, e voltamos a encontrar as reflexões da primeira parte sobre o tempo que se gera a partir de seus laços, produzindo o singular e o comum. Então, com a noção de encontro, em casos particulares, atingimos a conexão entre o plano teórico e o plano prático, já que, no encontro, como psicanalista, você pode modificar, pelo vínculo, o funcionamento dos singulares.

Como mostraram os relatos da Oficina do Medo e dos Sonhos, o acento no vínculo singular como meio e alvo da modificação clínica ultrapassa a escala da relação bipessoal, o que se coaduna ao modo com que, ao final do livro, Bove (2010, p. 167) situa a multiplicação e a pluralização dos laços singulares na abertura histórica da liberdade:

> Dinâmica da reivindicação, na cooperação, que é dinâmica ético-política da complexificação dos corpos que, segundo a pluralização das maneiras de afetar e ser afetado de que são capazes, como nas maneiras de estar junto, multiplicam indefinidamente as aberturas singulares da liberdade a novos pensamentos capazes da verdade, de novas práticas, de novas potências do fazer, de novos direitos. É a dinâmica da *multitudinis potentia*, constituinte do "direito natural que é próprio ao gênero humano".[8] Esta potência de resistência (que é aquela, múltipla, que se dá na e pela singularidade dos laços), se exerce assim como potência social da diferença, na qual e pela qual, sem cessar, deslocam-se e se reconstituem as figuras da humanidade do homem e, simultaneamente, suas clausuras "animalizantes" e os pontos de passagem pelos quais essas figuras e esses limites estão sempre-já, secretamente, na própria reivindicação, em vias de ser transgredidos.

Após a abordagem seqüencial do inter-ditar da autoridade emancipadora e da reversão do poder teológico-político pelo exercício da potência interpretante dos vínculos singulares, o exame da política democrática dos contrapoderes republicanos como terceiro modo de se contrapor formativamente ao desejo de dominar recomenda, devido ao seu âmbito macropolítico, o exame de outro tema-chave que merece reflexão, a saber, a atitude política dos inventores democráticos perante os governos, os Estados e suas instituições. Comecemos por algumas passagens que exprimem com eloquência as posições de Bove (2010, p. 97) nesse domínio:

> Em todas as nossas ações, em todos os nossos pensamentos, é preciso defender, ainda e sempre, a sociedade... defender a carne, "salvar os corpos",[9]

---

[8] SPINOZA, B. *TP*, cap. II, art. 15 *apud* BOVE, 2010, p. 167.

[9] CAMUS, A. Ni victimes ni bourreaux, *OC* t. II, p. 438, *apud* BOVE, 2010, p. 97.

"descongestionar o mundo do terror que nele reina e que o impede de pensar".[10] O chamado solene e incansavelmente repetido pela supressão universal da pena de morte se inscreve fortemente nesta perspectiva. E também a crítica radical da política moderna que quer reger todos os atos de nossas vidas e que evoca, para nós na Europa do século XXI, a ascensão obscura, assassina e xenófoba do Estado autoritário hobbesiano, sob a aparência de democracia...

A referência à xenofobia como prática política contemporânea entre a Comunidade de Estados Europeus que deu lugar à União Europeia remete à epígrafe com que Bove dá o tom do seu ensaio "A adolescência indefinida do mundo" (p. 41):

> Em memória de Yaguine Koita (14 anos) e Fodé Tounkara (15 anos), portadores de uma mensagem aos "responsáveis da Europa". Mortos de frio no trem de pouso do voo Conakry-Bamako-Bruxelles, em 2 de agosto de 1999.

Para explicitar a tragédia a que Bove se refere, traduzi um excerto da contundente epístola encontrada nos corpos congelados dos dois adolescentes guineenses:

> [...] Senhores membros e responsáveis da Europa, é à vossa solidariedade e à vossa gentileza que chamamos ao socorro da África. Ajudai, sofremos imensamente na África, temos problemas e algumas carências de direitos da criança. No nível dos problemas, temos a guerra, a doença, o alimento etc. Quanto aos direitos da criança, na África, e sobretudo na Guiné, temos escolas, mas uma grande falta de educação e de ensino. Exceto nas escolas privadas, em que se pode ter uma boa educação e um bom ensino, mas é necessário uma forte soma de dinheiro, e os nossos pais são pobres. [...] Por conseguinte, neste caso, nós, os Africanos, e sobretudo as crianças e jovens Africanos, vos demandamos fazer uma grande e eficaz organização para que a África progrida. Por conseguinte, vede que se nos sacrificamos e expomos a nossa vida, é porque se sofre demasiado na África e tem-se necessidade de vós para lutar contra a pobreza e pôr termo à guerra na África. No entanto, queremos estudar e vos demandamos ajudar-nos a estudar para sermos como vós na África. Por último, vos suplicamos desculpar-nos muitíssimo e muito extremamente por ousar escrever esta carta a vós, os grandes personagens a que muito devemos respeito. E não esqueçam que é a vós que devemos nos queixar da fraqueza da nossa força na África.

Numa livre interpretação, é como se dissessem:

> [...] vamos para a morte; no entanto, queremos estudar, sendo tal nosso direito – e esse desejo de efetivar (o direito de efetivar) o desejo de conhecer se efetiva na devoção que deseja estender a efetivação (desse desejo e) desse direito a todos os jovens e crianças africanos, nossos iguais-semelhantes – devoção que consiste, portanto, em expormos nossas vidas ao sacrificá-las, no empenho para suprimir a injustiça que separa nosso desejo-direito de sua efetivação.

---

[10] La crise de l'homme, *OC* t. II, p. 744.

Que força de alma afirma um desejo de direito e um direito de desejo no próprio ato do autossacrifício? Essa coragem diante da morte provem de um desejo de vida não egoísta, exprimindo uma Fortitudo que se nutre da Mutitudinis Potentia no seio do sentimento de pertença a uma comunidade de origem e destino.

Resolver os problemas da paz, alimentação e saúde para que a África progrida em seu direito à educação: na partição sequencial dos problemas e do direito, na ordem de razões dessa reivindicação, a pulsão de desenvolvimento inerente ao desejo-direito é dirigida a um Estado sobre cujas relações com a educação Bove (2010, p. 133) não deixou de se pronunciar:

> Espinosa põe seus leitores de sobreaviso. A formação de um cidadão por excelência, como deseja Hobbes, ensinando-lhe, nas Academias do Estado, a ciência política (ou seja a racionalidade do Leviatã[11]), contribui para construir, ao contrário, como nos hebreus, perfeitos "autômatos"... e uma nova "barbárie". Pois a utopia política racionalista moderna reencontra curiosamente a perfeição da clausura identitária da barbárie teocrática.
>
> Donde a necessidade, em uma livre república, com o conjunto dos contrapoderes, de uma educação totalmente independente do aparelho de Estado[12], que deve permitir a cada um poder romper a clausura da identidade na qual o encerra a ideologia do Estado racional e/ou aquela, intimamente misturada, do Estado nacional.

Assim, vemos que a denúncia do xenofobismo estatal europeu pressupõe e põe o internacionalismo de Bove, encaminhando-o à crítica da clausura identitária operada pela educação autoritária do Estado-Nação no bojo de seus dispositivos de dominação racional, cuja convergência com a automação da vida humana infligida pela barbárie teocrática é extensamente destrinchada na seguinte passagem:

> Os hebreus vivem no contentamento da fixidez, da particularidade e da uniformidade de suas disposições, encontrando satisfação e repouso em um tipo de oblação integral de sua existência comum a um Deus tomado como seu Rei. Na ausência "de causas podendo fazer que [sua] imaginação seja flutuante",[13] a dúvida é neles disposicionalmente (corporal e mentalmente) tornada impossível. E certamente de maneira bem mais eficaz do que nos turcos. Em uma total insegurança material e mental, os turcos não duvidam por desesperança (E III, AD 15). Os hebreus não duvidam por uma confiança estrutural e estruturante que atravessa dinamicamente e de maneira equilibrada (como *Hilaritas*) o conjunto do corpo comum [...]. E é por isso que nos hebreus uma tal forma de "obediência não devia mais parecer servidão, mas liberdade", o que tinha ainda como consequência "que ninguém desejaria o

---

[11] Cf. HOBBES, *De Cive*, cap. XIII, art. 9.

[12] SPINOZA, B. *TP*, cap. VIII, art. 49.

[13] SPINOZA, B. *E* II, 42 esc.; cf. também *E* III, *AD* 4, exp.

que fosse interdito mas [somente] o que fosse comandado". No Estado hebreu perfeito haveria, então, um controle absoluto da socialização, isto é, pelo funcionamento sistemático das instituições teocráticas, uma comunicação do movimento entre as partes do corpo coletivo que se faz sempre, necessária e indefinidamente, segundo os mesmos afetos recíprocos. Inversamente ao aleatório no primeiro exemplo da servidão nos turcos, o Estado hebreu perfeito é um projeto político de reabsorção integral do acaso que faz passar toda a potência da complexidade do corpo comum pelo molde de uma autoplanificação. Contudo, essa solução de controle total do futuro liquida integralmente a liberdade e a criatividade da potência da multidão (que foi uma vez por todas atualizada na e pela imaginação de Moisés, o legislador deste Estado). Neste ponto onde o comando do soberano é identificado à necessidade da vida ou do desejo do súdito, sem possibilidade de variação nem de crítica, a automação dos indivíduos é então perfeita. E essa perfeição se diz em um *"contentamento"* (uma *acquiescentia*) e uma *philautia*, um amor de si ou da pátria que, no caso dos hebreus, é o gozo mesmo de sua plenitude no universo das significações e dos valores que constitui sua identidade nacional como clausura [clôture] (*apud* Bove, 2010, p. 131-132).

Vislumbramos aqui a gigantesca extensão psicológica, política e trans-histórica atribuída por Bove à clausura identitária operada pelos dispositivos de dominação dos Estados-Nações: emparedando a potência imaginativa e intelectual da multidão "no universo das significações e dos valores que constitui sua identidade nacional", a identificação à nação, levada às últimas conseqüências, opera um fechamento territorial, corporal e mental a qualquer interrogação propriamente democrática, a qual requereria a presença de causas que instabilizassem a homogeneidade e a constância das significações e valores constitutivos da esperança e da confiança da multidão, mobilizando sua imaginação e dando margem à sua meditação dubitativa. Essas causas que funcionariam como potências sociopolíticas de heterogeneidade, virtualmente suprimidas na terrorizada e desesperançada multidão do Estado Turco e praticamente neutralizadas pelos dispositivos ideológicos e institucionais do Estado hobbesiano (e dos seus avatares europeus contemporâneos), estão contraexemplarmente presentes no Estado aragonês do séc. XI – que inspirou marcantemente Espinosa em seu *Tratado Político*, assim como Bove, na segunda parte de seu livro, consagrada à diferença antropológica. Isso porque o Estado aragonês organizou-se internamente formando o "conjunto de contrapoderes de uma livre república" a que vimos Bove condicionar a abertura democrática da educação em sua independência do Estado:

> É sintomático que os Aragoneses, destaca Espinosa, chamarão de "Justiça" (Justitia)[14] não aquele que encarna o exercício do poder soberano (a saber, o rei), mas aquele que irá encarnar, no Direito comum, o exercício do contrapoder da soberania popular através de uma assembléia suprema que deverá "servir de

---

[14] *TP*, cap. VII, art. 30, linha 21: "Justiça" era o presidente do Conselho constituído pelos aragoneses.

contrapeso ao poder do rei (como os Éforos na Lacedemônia) e dirimir com um direito absoluto os litígios que se levantassem entre o rei e os cidadãos". Assim, prossegue Espinosa, é o Justiça e a Assembleia que ele preside, que "têm o direito absoluto de revogar e cassar todas as sentenças proferidas contra um cidadão, [...] e mesmo pelo rei, de tal modo que qualquer cidadão teria o direito de citar o próprio rei perante este tribunal".[15]

O nome Justiça irá então, segundo a dinâmica de uma paz verdadeira, encarnar no e pelo exercício de contra-poderes soberanos o direito de guerra ou o direito de resistência inalienáveis do povo aragonês, que este povo, segundo uma potência constituinte sempre operante, mantém vivo no coração mesmo de suas instituições. Esta Assembleia, presidida pela Justiça, tinha, com efeito, "o direito de escolher o rei assim como o direito de destituí-lo" (Bove, 2010, p. 162).

É central na atualidade do pensamento filosófico-político de Bove uma analogia que ele estabelece entre a função de Deus no regime de automação humana imprimido pela Teocracia Hebraica e a função da mercadoria na dominação racional exercida sobre o desejo humano coagido ao consumo pelo Estado-Leviatã contemporâneo:

> [...] os objetos do capitalismo mercantil, longe de oferecer vias simbólicas estruturantes, fortes e diferenciadas, não se ocupam massivamente senão com o direcionamento do desejo indefinido ao consumo das mercadorias. O Leviatã contemporâneo é a atitude da lógica mercantil que abraça, avalia e comercializa todo o real, mesmo em suas linhas mais divergentes. O capitalismo moderno já transbordou há muito o mundo específico da economia para ocupar de maneira tendencialmente totalitária todos os atos da vida humana, desenraizando o campo simbólico vivo de todo sentido e de todo valor em proveito apenas do dispositivo in-significante e imbecilizado da razão desejante (e delirante) ao mesmo tempo satisfeita e frustrada do animal-consumidor. O *hyper*-mercado [...] é o sintoma e o paradigma deste aumento patológico da taxa de mercadorias na circulação psíquica de uma vida humana. (p. 45)

No desenrolar da leitura das posições de Bove, vemos que o melhor dos Estados é aquele cujo sistema interno de contrapoderes conta com um povo forte e vigilante para impedir o abuso dos governantes:

> O que significa fazer um uso pernicioso da autoridade? É transformar o exercício de uma função que é de gestão ou de "*administração*" da coisa pública, no exercício de uma "*dominação*"[16]. Ora, esse deslocamento, segundo Espinosa, deve ser visto como a passagem de um regime de paz verdadeira sob vigilância do direito de resistência ao regime efetivo de guerra levado pelo soberano contra

---

[15] SPINOZA, B. *TP*, cap. VII, art. 30 *apud* BOVE, 2010, p. 162.

[16] A distinção administratores-*dominatores imperii* encontra-se no *TTP* XVII, §4 *apud* BOVE, 2010, p. 163.

seu próprio povo, seja esta guerra implícita ou explícita. No regime de guerra, é então o Estado, enquanto administração da coisa comum ou enquanto república, que tende a ser destruído pelo exercício do próprio poder soberano... Daí a positividade ético-política da resistência que, contra a lógica de guerra, é este esforço de vigilância ou de reorganização de um mundo comum. (p. 163)

Tomando em conta o conjunto das posições de Bove, podemos então compreender que a sua condenação da organização estatal europeia significa, em suma, um diagnóstico de:

1. inoperância do sistema de contrapoderes consubstancial a uma livre república;

2. clausura identitária nacional determinando a escalada da xenofobia nas populações nativas e nas políticas de governo;

3. triunfo ou hegemonia de dispositivos de dominação racional cerceando a potência pensante da multidão, confinando a liberdade do cidadão ao seu papel de consumidor e soldando o seu desejo ao objeto-mercadoria;

4. e, deduz-se, inefetividade dos movimentos sociais que poderiam tornar real uma democracia apenas aparente.

Diante dessas posições, como se colocam as Invenções Democráticas aqui no Brasil?

Todas elas têm relação importante com o aparelho de Estado: a economia solidária dá nome a uma secretaria ministerial vinculada ao poder executivo federal, realizando-se também por meio de incubadoras de cooperativas ligadas a universidades públicas; a Justiça Restaurativa empreende ações oficiais vinculadas ao Poder Judiciário e ao Ministério Público; a educação democrática "opera pela ação militante de pessoas e organizações que atuam muitas vezes em escolas estatais, tentando torná-las efetivamente públicas" e, por exemplo, através da organização não governamental Cidade Escola Aprendiz, mantém convênios e parcerias com o poder executivo em nível municipal, estadual e federal, tendo-se aliado a este último na construção de uma política de educação integral e acompanhado a sua prática em dez escolas municipais cariocas; a filosofia espinosana e a psicopatologia para a saúde pública, que iniciam ações clínico-políticas conjuntas em comunidades de remanescentes de escravos e em comunidades urbanas ligadas ao Plano de Autoformação Local de Pinheiros, são exercidas desde a universidade pública e se nutrem de agências de fomento também públicas (estaduais e federais).[17]

De que maneira esses vínculos das Invenções Democráticas com o Estado brasileiro se relacionam ético-politicamente ao espaço democrático da república

---

[17] Este parágrafo contou em seu todo com a relevante colaboração de Helena Singer, autora da frase sobre a educação democrática que contém a preciosa distinção entre o estatal e o público.

e da nação, aos movimentos sociais e à racionalidade operante na esfera pública? A meu ver, a resposta é simples: todas elas vêm ampliando participativamente o espaço democrático republicano e nacional.

Com relação às inserções estatais da Justiça Restaurativa (JR) no Brasil, Maria Luci Buff Migliori (2010, p. 127) traça um quadro esclarecedor:

> No Brasil se dão experiências concretas da JR, poucas ainda diante da potencialidade que é possível vislumbrar em suas propostas (e neste sentido o Nupsi-USP pretende dar apoio às existentes e promover novas pesquisas, programas e projetos), no âmbito dos Juizados Especiais Criminais e nas Varas da Infância e Juventude, sendo que o Ministério da Justiça, por intermédio da Secretaria de Reforma do Judiciário, junto com o Programa das Nações Unidas para o Desenvolvimento (PNUD), dentro do projeto "Promovendo práticas restaurativas no sistema de justiça brasileiro" organiza três projetos pilotos de JR (Brasília, Porto Alegre e São Caetano) com Varas especializadas, "em parceria com a Magistratura, Ministério Público e a rede de assistência".[18]
>
> Nesta linha de atuação da JR, através de práticas com as pessoas em formação e desenvolvimento, existe o Projeto Justiça e Educação: Parceria para a Cidadania, em São Paulo, que tem por objetivo os desafios, aprendizagens e produção de conhecimento sobre a prática de JR e a implementação de Círculos Restaurativos em espaços escolares, na comunidade e nas Varas de Infância e Juventude. Vem sendo implantado nas escolas estaduais, nas 5ª a 8ª séries, em Guarulhos e no bairro de Heliópolis. Este projeto envolve gestores escolares, professores, educadores sociais, conselheiros de direitos e tutelares, defensores públicos, promotores de justiça e outros operadores das diversas áreas do Sistema de garantias dos Direitos da Infância e Juventude.
>
> Cuida-se também de um Projeto Piloto que envolve parcerias entre a Secretaria do Estado da Educação/Juízos da Infância e Juventude de Guarulhos e das Varas especiais da Infância e Juventude da Capital; ONG que atua nas áreas de educação e comunicação responsável pela capacitação das lideranças educacionais; Projeto de Comunicação Não Violenta (CNV) Brasil e Instituto Familiae, responsáveis pelas capacitações em facilitações de práticas restaurativas e de mediação transformativa.

Diante de panorama tão promissor, cabe perguntar: como levar em conta, nesse balanço, as violências e as injustiças no Brasil, não só na sociedade, mas também na letra, no espírito e na execução das próprias políticas públicas estatais?

Meu argumento é que, em sua incidência em diferentes territórios sociais, a complexa dinâmica interna e externa das estruturas políticas estatais comporta

---

[18] "O objetivo da ONU, através do PNUD, é fomentar a identificação e o compartilhamento de boas práticas de JR em todo o mundo, tendo a compreensão de que o apoio à sistematização e à disseminação das lições aprendidas na implantação das experiências são importantes subsídios para a futura elaboração de políticas públicas na área de Justiça Restaurativa" (MIGLIORI, 2009).

tendências heterogêneas, de cuja interação resultam espaços de ação democratizante. Por minha própria conta e risco, apoio essa visão da práxis em uma história de ideias e lutas, ilusões e desenganos, lições e aprendizagens cujos eventos foram retomados por quem se manteve lúcido e constante em sua combatividade crítica e autocrítica. Refiro-me a Paul Singer, cujo depoimento (no filme *Trama Justa*) sintetiza o percurso de uma atitude política firme e antidogmática na qual eu creio que todas as Invenções Democráticas podem se reconhecer:

DAVID CALDERONI: Eu queria falar a respeito de uma inovação conceitual – introduzida por Paul Singer em seu livro de 1999 *Uma utopia militante. Repensando o socialismo* – que toca em cheio a questão da revisão das ideias de esquerda, naquilo em que elas se centravam na oposição entre uma classe dominante e as demais. Trata-se da distinção entre Revolução Social e Revolução Política, que considero absolutamente fundamental para poder pensar o que é ser progressista – no sentido de lutar por um mundo melhor e mais justo para todos – hoje em dia. Se você puder falar uma palavrinha sobre essa distinção que você foi levado a fazer, as razões que levaram a fazê-la e o que ela significa, por favor...

PAUL SINGER: Bem, tudo começa com o fato de que, a partir do *Manifesto comunista*, Marx e Engels ganham ascendência no movimento operário do mundo inteiro. Isso levou 50 anos, não foi de um momento para o outro – ainda na época da *Comuna de Paris*, a maior parte dos *communards* (foi uma revolução linda) eram *proudhonistas* e *blanquistas*, o próprio Marx reconhece isso, mas logo depois o marxismo domina por mais de 100 anos a esquerda mundial; não domina por inteiro, mas era realmente hegemônico.

E uma das coisas que distinguia o marxismo das outras correntes de esquerda era exatamente *a concentração na ideia da tomada do poder*. Por que tomar o poder? Porque o Estado – o Estado Capitalista herdado, conquistado pelos trabalhadores – é o grande instrumento da expropriação dos expropriadores. É o Estado que vai tirar a propriedade da classe dominante e entregá-la à nação através da apropriação dele, Estado, de modo que a nacionalização de tudo – da terra, da indústria e assim por diante – representa simultaneamente o socialismo. Essa ideia, como tantas ideias generosas, deu numa monstruosidade: a experiência concreta, no século XX, de tentar levar isso adiante – e tentou-se, eu diria, em tantos países e por tanta gente que não adianta você criar a figura do paranoico, do louco (Stálin, por exemplo; e agora estão descobrindo que Mao era pior ainda do que Stálin); não se trata dessas pessoas, criou-se um sistema que hoje, eu vejo – e não sou eu apenas –, leva todas as características do capitalismo monopolista às últimas consequências: mais destrutivo em relação à natureza, muito mais autoritário... etc.

Então, não é esse o socialismo que nós queremos. Daí a necessidade que eu senti de distinguir o que nós realmente queremos – que é a mudança social, a abolição das classes, a mudança das relações – do que é o meio, que seria a Revolução Política. Eu não nego que a Revolução Política é uma coisa importante no processo, sobretudo na conquista dos direitos democráticos: isso foi revolucionário e foram revoluções políticas... o sufrágio universal é um processo político, é uma conquista política; ainda hoje, no Brasil, estamos tentando aperfeiçoar esses instrumentos...

Quer dizer: a Revolução Política – no sentido de influir no poder, fazer partido político, disputar eleições, procurar estar no governo – tem uma relativa importância. O que, digamos, eu tentei mostrar (eu continuo tentando fazer isso dentro do governo) é que o papel do Estado não é protagônico; pelo contrário, ele é auxiliar. E a minha experiência na Secretaria Nacional de Economia Solidária é realmente essa: o que nós fazemos vem do Fórum de Economia Solidária, vem dos empreendimentos, das Univens[19] da vida, vem dos grandes movimentos sociais que apoiam a *Economia Solidária* hoje. Eles é que colocam a problemática e muitas vezes também a "solucionática" [risos] – e o que nós podemos fazer é dar dinheiro, dar apoio político, nos envolver – evidentemente, nós não fazemos isso de fora meramente, nós somos militantes do movimento. Essa ideia da Revolução Social *versus* Revolução Política se manifesta concretamente quando você tem um governo que procura amparar e promover a Revolução Social. Mas, obviamente, essa Revolução Social não parte do Estado e se partir do Estado não é Revolução Social.

DAVID CALDERONI: Porque furaria a autogestão?

PAUL SINGER [referindo-se a mim e a Cris Andrada, que também o entrevistava]: Ainda bem que estamos aqui com psicólogos [risos]. A meu ver, ou a Economia Solidária é uma coisa que as pessoas querem realmente, ou não é Economia Solidária. Se você construir cooperativas para pessoas que não tem emprego, que não tem onde cair morto, porque eles vão ter uma vantagem material, tudo bem, eu diria que é uma coisa não ruim em si; mas você não

---

[19] Paul Singer refere-se à Cooperativa de Costureiras Unidas Venceremos – Univens, que lidera a Justa Trama, cadeia produtiva que vai do plantio do algodão até o seu uso na manufatura de roupas, bolsas e adereços, passando por colheita, tingimento, fiação e tecelagem, envolvendo o trabalho ecológico de cerca de mil cooperantes de norte a sul do Brasil. Disponível em: <http://www.justatrama.com.br/>.

constrói uma nova sociedade só à base disso, porque você não tem a transformação ou o engajamento subjetivo indispensável; as pessoas aceitarão as regras porque essas são as regras e vão procurar merecer o que eles vão ganhar. Mas isso efetivamente não é bem o que está acontecendo de fato.

São múltiplos e paradigmáticos os esclarecimentos de Paul Singer, dentre os quais:

1. o fato de ele ocupar uma estratégica posição intraministerial na estrutura do Estado e, desde o interior deste, exercer explicitamente a sua concepção favorável ao protagonismo dos movimentos sociais, tendo apoiado a opção de mais de dois milhões de cidadãos brasileiros pelo trabalho autônomo associado e autogestionário, não subordinado e não alienado, atesta que, ainda que não seja tendência única, encontra lugar nas políticas desse Estado uma perspectiva não estatista de apoio à revolução social, demonstrando a presença de contrapoderes no próprio poder executivo federal, estadual e municipal da República brasileira – haja vista, conforme dados de outubro de 2008, dois terços dos ministérios federais, 14 governos estaduais e muitas prefeituras celebrarem parcerias com a economia solidária;

2. o modo como conduz sua crítica aos resultados extremamente autoritários, monopolísticos e predatórios da teoria marxista da luta de classes e da tomada do poder (que atribuiu ao Estado revolucionário a função de expropriador dos expropriadores sob a égide da ditadura do proletariado) deixa entrever que seu cooperativismo subentende uma concepção não dualista acerca da interação dos modos de produção, uma concepção de democracia que não a entende como essencialmente burguesa, mas sim como um processo de conquistas de direitos para todos – do qual o sufrágio universal é emblemático –, assim como uma concepção não economicista acerca da essencialidade do engajamento subjetivo para a transformação social;

3. tal concepção não economicista atesta-se quando Singer compreende a sua prática política como uma utopia militante, conferindo à imaginação utópica uma função essencial no referido engajamento subjetivo sociorrevolucionário.

Numa entrevista com Alexandre Matheron, decano mestre espinosano e ex-membro do Partido Comunista Francês, podemos acompanhar o modo com que Laurent Bove, Pierre-François Moreau e o próprio Alexandre Matheron convergem com a não redução do motor da história à luta de classes, desta feita no contexto do racionalismo positivo e imanentista espinosano que determina a recusa da noção hegelo-marxista de *negação* (ou *contradição*) *interna* e o afastamento da concepção evolucionista, finalista ou teleológica da história:

> LAURENT BOVE: [...] Esta reflexão permite-nos passar à questão das relações de forças entre exploradores e explorados. Em *Spinoza et le Pouvoir*, publicado em *La Nouvelle Critique*, o senhor cita Poulantzas a propósito da "condensação material de relações de forças" que é um Estado, dizendo: "Espinosa teria podido falar isso"; mas logo acrescenta que, de fato, para Espinosa, as relações de forças entre exploradores e explorados não desempenham senão o papel de pano de fundo. Sua frase é categórica: "os servidores estando, por definição, impedidos de avançar, a luta das classes não constitui o motor da História".

> ALEXANDRE MATHERON: Sim, isso é um fato para Espinosa. Sem dúvida, hoje ele não diria mais que os servidores estão sempre impedidos de avançar, mas ele manteria que a luta das classes não é o motor da História, porque esta ideia recorre a uma teleologia fundada na noção de contradição interna. Para ele, pelo contrário, toda contradição é sempre externa, mesmo quando parece interna.

> PIERRE-FRANÇOIS MOREAU: Em um curso, o senhor disse que há muitas coisas que podem aproximar espinosismo e marxismo, mas o problema da contradição é, em última instância, o que realmente os separa.

> ALEXANDRE MATHERON: Sim. Para Espinosa, a contradição pode ser interna, mas apenas topicamente. Há contradições *na* sociedade, no sentido trivial de que lá são localizadas, mas são sempre externas *em relação à essência da sociedade*. Para Espinosa, isso é um *a priori*: não pode haver contradição *na propria essência das coisas* (e a afirmação contrária também é inteiramente apriorística). O que é verdadeiro é que pode haver contradições no que Espinosa denomina "a essência atual" de uma coisa, quer dizer, na essência como chega a atualizar-se com o concurso das causas externas – concurso que é indispensável no caso de todos os modos finitos [tais como o homem], mas que pode também produzir efeitos contrários a essa atualização. Uma sociedade política, por exemplo, é um indivíduo composto de indivíduos que *jamais* são completamente integrados a essa sociedade: eles têm relações com o ambiente externo, e isso produz neles certas paixões; têm entre si relações interindividuais (também passionais) mais ou menos independentes do funcionamento global da sociedade; eles formam entre si grupos mais restritos que são também indivíduos, que também não são integrados completamente ao todo e que, portanto,

também possuem os seus sistemas passionais próprios. E todas essas paixões mais ou menos contraditórias repercutem até sobre o sistema institucional do Estado: depreende-se daí que há um certo consenso sobre o que deve ser o Estado, sobre o que é portanto a sua essência, mas as instituições de fato não concordam senão parcialmente com esta essência; e aí há sempre os que são tendencialmente incompatíveis com essa sociedade e que, portanto, são como corpos estranhos no interior da própria sociedade. Isso faz com que todas as constituições políticas sejam sempre algo de híbrido.[20]

De modo afim, desenvolvendo uma perspectiva aberta por Rosa Luxemburg, Paul Singer considera que a formação social capitalista também é "algo de híbrido":

> Quando falamos de "capitalismo", estamos nos referindo simultaneamente a um modo de produção e a uma formação social. Essa última contém vários modos de produção, dos quais o capitalista sói ser o maior e o hegemônico. Por isso, a formação social que vem se espalhando pelo mundo, nos últimos 200 anos, também é chamada de "capitalismo".
>
> Convém esclarecer desde logo esta ambiguidade, de que nem todos estão ao par. Um modo de produção é uma forma específica de organizar a atividade produtiva e de repartir o resultado entre os participantes. O *capitalismo* organiza a produção em empresas, que são propriedade privada. Os seus detentores comandam a produção, visando maximizar o lucro. Para tanto, empregam trabalhadores, aos quais pagam salários por tempo de trabalho e /ou quantidade produzida. As características da empresa capitalista vêm se modificando ao longo da história, e são essas mudanças – como ainda veremos – que marcam as transformações do modo de produção.
>
> Na formação social capitalista há diversos outros modos de produção. Podemos enumerar os mais importantes. A *produção simples de mercadorias* é realizada por produtores independentes, que possuem os próprios meios de produção. Normalmente os proprietários não empregam trabalhadores assalariados, mas membros da família. Excepcionalmente, haverá empregados, quase só em funções

---

[20] *Autour de Spinoza*. Entretien avec Alexandre Matheron. [*Em torno de Espinosa*. Entrevista com Alexandre Matheron.] Questões de P.F. Moreau e L. Bove, *Multitudes*, n° 2/2000. Reedição em *Anthologie Multitudes*. Editora Amsterdam, Paris, 2007. [Versão livre do trecho citado e colchetes explicativos: David Calderoni. (Entendo por versão livre o trabalho tradutivo que privilegia antes a intelegibilização que a literalidade.)] O fato de que, conforme aponta Matheron, tanto a dialética hegelo-marxista quanto o racionalismo positivo imanentista de Espinosa se apoiarem em pressupostos apriorísticos e o fato de que, quando a essência se torna existência atual o campo teórico se abre à prática, mostram que as consequências efetivas das ideias no plano das ações sociopolíticas fazem desse plano instância de efetuação do sentido das premissas e critério do seu valor ético. Por isso, assinalo e comemoro a parceria, nas ações clínico-políticas que desenvolvo na Comunidade de Remanescentes de Escravos do Quilombo da Fazenda Picinguaba (no litoral norte de São Paulo), do filósofo político André Menezes Rocha, estudioso da democracia em Espinosa e um dos tradutores de Bove.

auxiliares. A *produção pública*, estatal ou privada, emprega assalariados e oferece bens ou serviços gratuitamente. Ex.: ensino público, segurança pública, saúde pública etc. A *produção doméstica* se caracteriza pelo autoconsumo. Ela abarca as atividades produtivas no seio da família, para o consumo de seus membros. A *produção cooperativa* é constituída por empresas de propriedade de seus trabalhadores. Ela produz ou distribui mercadorias, como a produção simples, mas difere desta porque abrange empresas não só pequenas mas de porte médio e grande.

Os modos de produção funcionam lado a lado, intercambiando produtos e competindo entre si. O modo capitalista emprega trabalhadores, cujo sustento depende, em maior ou menor medida, da produção doméstica. O principal "produto vendável" desta é a força de trabalho. As crianças nascidas e criadas nas famílias serão os futuros trabalhadores, sem os quais o modo capitalista não poderia existir. O modo capitalista depende portanto da produção doméstica e, também, da produção pública (educação, saúde etc.) para obter a mão de obra, que lhe é imprescindível.

O modo capitalista de produção compete e transaciona com os outros modos de produção de mercadorias, o simples e o cooperativo. A competição se dá nos mercados, entre firmas pertencentes a estes diversos modos de produção. O intercâmbio ocorre na mesma medida, pois firmas capitalistas de produtores autônomos e cooperativas, compram e vendem umas às outras. Nos últimos tempos, firmas capitalistas, para não desembolsar encargos trabalhistas, tratam de contratar trabalhadores não mais como assalariados mas como produtores simples de mercadorias ou cooperativas de trabalho. Esta transformação das relações de produção ilustra a importância do relacionamento entre modos de produção como elemento da dinâmica social e econômica da formação social (SINGER, 1998, p. 137-138).

Assim, em vez de a luta entre duas classes sociais aparecer como o motor da história, Singer afirma as relações de intercâmbio, de competição e de dependência recíproca "entre modos de produção como elemento da dinâmica social e econômica da formação social".

Como antecipamos, a perspectiva dessas colocações de Paul Singer radica na crítica ao dualismo econômico-político marxista realizada por Rosa Luxemburg (1970, p. 282-283) em sua obra *A acumulação do capital*, da qual temos a aprender relevantes elementos para nossa reflexão sobre e entre as Invenções Democráticas:

> [...] Marx trata de expor o processo de acumulação do capital total numa sociedade composta unicamente de capitalistas e operários. As passagens que se referem a isso se encontram em todos os volumes de *O Capital*:
>
> "Para conservar o objeto da investigação em sua pureza, livre de circunstâncias secundárias que o perturbem, temos que considerar e pressupor aqui o mundo total comercial como uma nação; temos que admitir que a produção capitalista se estabeleceu em todas as partes e se assenhoreou de todos os

ramos industriais". [...] "Assim sendo, só existem dois pontos de partida: o capitalista e o operário. Todas as demais categorias de pessoas, ou recebem dinheiro por seus serviços, dessas duas classes, ou então, são co-proprietários da mais-valia em forma de rendas, juros etc. Por conseguinte, a classe capitalista é o único ponto de partida da circulação do dinheiro" (MARX *apud* LUXEMBURGO, 1970, p. 282-283).

[...] O esquema marxista da reprodução ampliada não pode, por conseguinte, explicar-nos o processo da acumulação tal como se verifica na realidade histórica. Por quê? Tão simplesmente por causa das próprias hipóteses do esquema. Esse esquema pretende expor o processo de acumulação, sob a suposição de que capitalistas e o operários são os únicos consumidores (LUXEMBURGO, 1970, p. 298).

Também contrastando com o dualismo de Marx, Laurent Bove (2002, p. 87-88, tradução nossa) alarga nossas categorias sociodinâmicas ao destacar um fenômeno plural que questiona a própria essência definidora do Estado Democrático:

Espinosa morreu deixando incompletos o seu *Tratado Político* e o capítulo XI, que desejava consagrar à democracia. Mas sobre a democracia sabemos o essencial. No início do capítulo XI, Espinosa escreve que esse terceiro tipo de Estado é "*inteiramente absoluto*", e no fim do artigo 3 do capítulo VIII ele já havia indicado que a soberania efetivamente absoluta podia ser apenas "*aquela que a multidão inteira possui*". [...] O Estado democrático, por outro lado, põe também limitações. E é sobre essas limitações que se finaliza o *Tratado Político*. Embora inteiramente absoluto, um Estado democrático pode também excluir da cidadania uma grande parte da população da *civitas*... Que significa então o *omnino absolutum* [inteiramente absoluto] de uma democracia restrita a algumas famílias, quando as mulheres, os homens jovens, os estrangeiros e a massa dos trabalhadores assalariados, que constituem a maior parte da cidade, são excluídos?

Contando com esta última contribuição de Bove, podemos sintetizar o diálogo alicerçado entre a economia solidária e a filosofia espinosana na ideia de que a realidade social é internamente constituída e externamente composta pelo jogo entre diversos modos de produção e circulação de afetos e riquezas, no contexto de relações dinâmicas de exclusão, de intercâmbio, de competição, de cooperação, de dependência (recíproca ou unidirecional) e também de impermeabilidade ou não afetação (tendo em conta os corpos passionais estranhos ao corpo social, de que fala Matheron).

É certo que, em sua produção e circulação, afetos e riquezas se relacionam. Mas, qual modo de relação entre afetos e riquezas seria clinicamente capitalizável?

Participando de um colóquio sobre os sonhos no curso de Psicopatologia em 2004, Paul Singer estabeleceu com grande proficuidade uma relação entre afetos e riquezas que viria a inspirar a Oficina do Medo e dos Sonhos. Singer argumentou que o sistema financeiro capitalista é um intermediador que capta dinheiro dos que têm pesadelo e medo e, mediante uma taxa, o empresta aos que sonham e tem projetos. Mediante uma taxa... – e mediante garantias reais. A taxa, ou melhor, os juros são uma remuneração do crédito ("acredito", em latim). Quanto menor a confiança na adimplência, maiores os juros (parte dos quais funcionam como um seguro contra os riscos de inadimplência). Quem não tem garantias reais (habitações e terrenos, em geral) não merece confiança e fica sem crédito na praça.

O microcrédito e as cooperativas de crédito, as mútuas, os fundos e bancos comunitários articulados ou não a moedas locais, em suma, as finanças solidárias, gratificando-se com o desenvolvimento econômico e social e, eventualmente, com o retorno do capital investido sem objetivo de lucrar via juros, emprestam dinheiro aos despossuídos de bens que todavia possuem um capital de confiança comunitária. Mas é preciso que tenham sonhos e projetos para que desenvolvam com autonomia suas riquezas, alavancados no entrelaçamento de seus próprios desejos de comunicação e de comunidade que fazem com que os sonhos individuais virem projetos comuns. Não há projeto comum que não se abebere no sonho individual, como observou Paul Singer. Ocorre que, à medida que o medo se extremiza em terror, o homem vai se animalizando, entravando sua solidariedade e paralisando a capacidade de entrelaçar os sonhos em projetos conjuntos. Vai daí a ideia da Oficina do Medo e dos Sonhos, destinada a que a expressão e a elaboração grupal do medo vá liberando o capital afetivo do sonho.

De que modo se elaboram os medos nessa Oficina? Esquematicamente, existe a via da alegria compartida e a da tristeza compartida – isso, a propósito do *modo* de elaboração dos medos. Compartir afetos é identificar-se com outrem em dores e sofrimentos ou prazeres e contentamentos ou em todos os afetos mistos e intermediários. O que é elaborar? É ligar – o que Freud denominava *Bindung*. Ligar o quê? Afetos a representações, representações a representações e afetos a afetos. Em verdade, elaborar é ligar de modo diferente – e, portanto, é desligar antigas ligações e realizar novas. Isso remete à produtividade do estranhamento e da desassimilação, movimentos inversos ao da identificação. Ora, essa religação ou reunião em que consiste o elaborar tem tudo a ver com a palavra grega *symbolon*, que designava uma peça que era partida e que permitia aos que ficavam com cada parte reconhecerem-se como pertencentes a uma mesma comunidade de origem juntando as partes e reconstituindo o *symbolon* ao se reencontrarem. Sendo o medo uma tristeza, a elaboração dos medos sempre implica compartir afetos tristes. Em verdade, identificação e desidentificação fazem parte do processo em que encontro *com* outros e me encontro *em* outros que comigo formam uma comunidade de nós-outros, todos iguais-semelhantes. E diferentes, porque a semelhança é identidade em parte e em parte não identidade. Entre os iguais-semelhantes se encontra desde dentro a ponte para a individuação ou autodiferenciação, de modo que elaborar é também o ligar-se, o desligar-se e o religar-se às formas de vincular nossas próprias partes e aos modos de vincularmo-nos aos outros no próprio ato de elaborar o medo, isto é, de comunicar-se sobre o que impede a comunicação. Nesse movimento, ocorre uma expansão transindividual que é própria da alegria e é a própria alegria gerando uma simbolização. Essa simbolização ou é a matéria-prima do sonho, ou já é o próprio primado do sonho. Ao advento dessa alegria que marca a passagem do medo ao sonho eu chamei de *encantamento simbolígeno*.

Para elucidar a prática do *encantamento simbolígeno* (que guarda profunda relação com a felicidade autogestionária e com a Hilaritas democrática), abro janela para entrevista com Laura, líder da comunidade de remanescentes de escravos do Quilombo da Fazenda Picinguaba:

LAURA: [...] E a gente conheceu também você, e você trouxe assim uma esperança. Eu costumo dizer que foi uma esperança porque nós conseguimos assim eu vi que existe esse trabalho, de economia solidária, de invenções democráticas. E isso aí eu começo a perceber que é uma coisa muito importante. É uma coisa que abre uma janela. Abriu-se uma janela para a comunidade e a gente tá vendo que, através dessa janela, a gente pode estar buscando um objetivo bem maior, porque isso vem de encontro com a gente, com os nossos objetivos. Então essa janela, ela traz o encontro com os nossos objetivos, de tudo aquilo que nós estamos querendo. Não tínhamos a ferramenta[21] pra essa janela se abrir. Agora a gente tem. E agora através dessas ferramentas, que você colocou nas minhas mãos, essa janela está aberta. Se eu quiser hoje escrever o projeto e encaminhar para Paul Singer, o instrumento tá aí. A janela tá aberta e isso foi uma coisa maravilhosa. Eu comentei com a Grazi e comentei com as pessoas da comunidade.[22] [...] Sei que você já conhece nosso projeto porque já conversei com você. Sei que você já passou para outras pessoas. Já até recebi e-mails e o nosso projeto é, está se caminhando. E eu havia falado pra você do restaurante que nós tínhamos essa ideia, esse sonho de ter um restaurante, uma pousada. Você nos deu a ideia da cozinha, é, tem um nome que nós demos para ela. Agora me fugiu da memória...

DAVID: Resgate das culinárias tradicionais?

LAURA: Isso. Exatamente que é uma coisa maravilhosa. É tudo que a gente quer. A gente só não conseguia dar o nome pra ela e você veio e deu o nome. Então é tudo que a gente quer é exatamente isso. Até

---

[21] Laura refere-se ao notebook apto à internet adquirido com verba da reserva técnica da Fundação de Amparo à Pesquisa do Estado de São Paulo (FAPESP) e repassado por mim, em empréstimo, à comunidade.

[22] Pondo em jogo a antropogênese como trabalho do desejo de comunicação e de comunidade, além do notebook apto à internet, outras ferramentas demandadas foram também adquiridas com verba da reserva técnica da FAPESP e repassadas por mim, em empréstimo, ao quilombo: 25 instrumentos de percussão, uma filmadora, um projetor e uma impressora multifuncional.

das plantas medicinais, também que nós conhecemos várias plantas medicinais. Então, de repente, essa é uma porta que a gente pode estar abrindo também. E a boa parte disso é que já temos a liberação já a Fundação Florestal já liberou fazer o restaurante, já liberou fazermos a pousada. Então, agora, só nos resta mesmo correr atrás de algumas verbas. Porque na verdade tá liberado, mas a comunidade não tem fundo. Então a gente, mas eu sei que existem vários projetos de fundos perdidos. De tantos nomes assim que a gente pode estar buscando e aí a gente vai percorrer esta maquininha aí que ela abre muitas portas também e a gente descobre muita coisa e vamos tá realizando nosso sonho.

Observações – Ainda que possam envolver conversas a dois, o primado da interação afetiva que dá lugar às Oficinas do Medo e dos Sonhos tem o foco aberto aos projetos de toda a comunidade, de modo a propiciar que a enunciação dos desejos e das intenções individuais contracene, em articulação instituinte, com uma multiplicidade de sonhos plurais. No leque de um tal horizonte, a minha prévia emissão da expressão "culinárias tradicionais" intencionava, em nível de consciência, conotar a acepção de antiguidade atribuível ao adjetivo "tradicionais". No contexto interlocutório que intermediou as novas emissões (agora também pela entrevistada) da expressão "culinárias tradicionais", o adjetivo "tradicionais" foi ganhando um novo sentido a partir da frequente referência feita por Laura ao Fórum das Comunidades Tradicionais, nome do movimento em que se articulam quilombolas, caiçaras e indígenas avizinhados em rede. Dir-se-ia que o novo e o velho são ideias que se misturam no receituário gestado no cadinho cultural comunitário. Destarte, referindo movimento presente, atuante e vivo, a acepção de antiguidade atribuível ao adjetivo "tradicionais" foi dando lugar à conotação de *comunidade em ato, comunidade dos povos tradicionais*, de modo que, em seu percurso entre a minha enunciação inicial e o seu resgate pelo pedido de rememoração e, finalmente, pela apropriação e utilização efetiva por parte de Laura, a expressão "Resgate das Culinárias Tradicionais", agenciando um discurso que é encantamento simbolígeno em ato, encaminhou o trabalho de um sonho que convoca e enlaça uma multiplicidade de anelos expressos na continuidade da fala de Laura:

> O sonho é ter um restaurante, ter essa cozinha maravilhosa "Resgate das Culinárias Tradicionais". E a gente, a pousada. É o Parque também, já eles têm um acordo com a gente de que assim que a gente for reconhecido tá passando a lanchonete da praia e estacionamento pra gente. E aí vamos ter uns seis estabelecimentos. Capacitar a comunidade para estar dirigindo isso. E todo mundo vai ter sua renda que é o meu sonho, é ver todos. Olha, hoje eu posso dizer que tenho uma renda que eu posso contar com a renda. Se eu for na cidade abrir um crediário para tirar meu fogão, eu tenho uma renda certa no final do mês. Esse é meu sonho. Porque são poucos, muitas pessoas desempregadas, que não têm nenhuma renda.

Prosseguindo por seu turno a memoriosa trama da polissemia, o trabalho do sonho desencadeia no psicanalista o resgate de uma passagem (há muito lida e doravante ressignificada) em que o antropólogo político Pierre Clastres fala de "descendentes envelhecidos" e de "'povos novinhos' de outrora":

> O que será então das sociedades não divididas, das sociedades sem tiranos, das sociedades primitivas? Deixando desenrolar-se seu ser-para-a-liberdade, elas justamente só podem sobreviver no livre exercício de relações francas entre iguais. Toda relação de outra natureza é, por essência, impossível porque mortal para a sociedade. A igualdade só quer a amizade, a amizade só se experimenta na igualdade. Tivesse sido dado ao jovem La Boétie ouvir o que dizem em seus cânticos mais sagrados os índios Guarani de agora, descendentes envelhecidos, mas intratáveis, dos "povos novinhos" de outrora! Seu grande deus Namandu surge das trevas e inventa o mundo. Faz com que primeiro advenha a Fala, substância comum aos divinos e aos humanos. Confere à humanidade o destino de acolher a fala, de existir nela e de ser seu abrigo. Protetores da Fala e protegidos por ela: tais são os humanos, todos igualmente eleitos pelos divinos. A sociedade é o gozo do bem comum que é a Fala. Instituída *igual* por decisão divina – por natureza! – a sociedade reúne-se em um todo um, isto é, indiviso: então, nele só pode morar *mborayu*, vida da tribo e sua vontade de viver, a solidariedade tribal dos iguais, *mborayu*: a amizade *é uma como* a sociedade que ela funda, como os homens dessa sociedade são *todos uns* (CLASTRES, 1987, p. 123).

Se onde há fala amiga entre iguais, há potência democratizante, como encarar o desafio representado pelas exclusões da isegoria que, com Bove, vimos questionar a própria essência definidora do Estado Democrático?

Para o desenvolvimento dessa interrogação, gostaria de esclarecer os seus termos. Embasando a isonomia, igualdade de todos perante a lei, a isegoria designa o direito igual à fala na assembleia que produz essa mesma lei. Donde a pergunta: por mais que algum inventor democrático se invente, desde as brechas paradoxais do Estado, qual espaço democratizante poderia ser inventado em uma ação estatal com os radicalmente alijados de expressão e de escuta?

Comecemos por investigar historicamente qual seria a essência definidora do Estado democrático questionada pelas exclusões da cidadania. A partir de 510 a.C., a reforma de Clístenes inaugurou o espaço político da democracia ateniense, promovendo a disjunção entre as relações de vizinhança (que favoreciam a concentração do poder familiar oligárquico e aristocrático) e a unidade política de base (que passou a ser formada por trítias com integrantes do litoral, do interior e da cidade). Nisso podemos apoiar a ideia de que a essência definidora do Estado democrático consiste na dignificação dos particulares mediante arranjos geométricos (ou proporcionais) de suas potências que promovam a sua compartição equânime no bem-comum. Assim, uma ação democratizante em meio aos radicalmente alijados de expressão e de escuta requer a desmontagem dos poderes alijantes mediante a recomposição geométrica do critério de sua afinidade de interesses. Como fazê-lo concretamente?

– Não sei, vamos pensar juntos.

Nessas cinco palavras que proferi como psicólogo a serviço do Estado, reside a meu ver a essência definidora (ou a causa histórico-genética) da ação clínica democratizante que deu lugar ao processo conjunto:

1) de reversão da exclusão de Hermes (5 anos) da creche municipal cuja diretora cogitava enviá-lo a instituição para deficientes,

2) de transformação do modo negativo pelo qual sua mãe e os funcionários da creche inicialmente o percebiam (débil mental e surdo) e

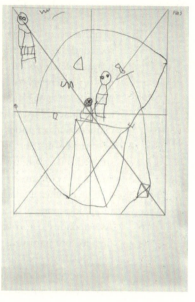

3) do encaminhamento de um saber positivo sobre o seu psiquismo (capaz de constelar a si e a seu mundo circundante no movimento de um desenho multifigural, em cuja complexa estrutura geométrica e gravitacional, a exemplo do pessoal da creche, eu e meus colegas e alunos não cessamos, desde 1986, de descobrir aspectos significativos e surpreendentes).

Em curto, penso que aquilo que, como mandatário da delegacia regional de serviço social, comuniquei às agentes da creche, aflitas por não saber (e ter de saber) o que fazer com Hermes, propiciou-lhes, na suspensão da ameaça de julgamento condenatório e na oferta de parceria reflexiva, que o medo da morte (ou da demissão) cedesse lugar ao desejo de vida (ou de pensar juntos), irmanando-as ao psicólogo-supervisor como um tio entre tias. Assim, quando surgiu entre nós a ideia de procurar obter o desenho da figura humana de Hermes, as tias – de maneira fraterna, mas bastante assertiva – me dissuadiram de fazê-lo no recinto fechado e isolado onde haviam acabado de demonstrar que Hermes não reagia aos estímulos verbais e corporais com que tentavam fazer que reproduzisse os traços simples de um modelo. E foi acatando a sugestão delas que, em ambiente aberto, festivo e coletivo (onde, na véspera, haviam fabricado pipas, introjetadas na imagem acima), propus o desenho conjuntamente a Hermes e a seus colegas, à vista de cujas produções pajens e professoras se sentiram espontaneamente convidadas a repensar a ideia de que ele seria débil mental, tendo em conta a comparação de desempenhos ensejada pela situação experimental, cuja montagem elas mesmas haviam coproduzido. (Eis, p. ex., o desenho de um colega de Hermes, de 9 anos, considerado normal e saudável:)

Na transformação descrita, Hermes, eu e suas tias passamos a tomar parte, como elos imprescindíveis, de um novo modo de relação que pode ser compreendido conforme um pensamento neo-ontológico (em que se acrescenta à interrogação "o que é isto?" a pergunta "para quem é assim?", reconhecendo-se na perspectiva de cada nova singularidade o poder ontogenético de refundamentalizar o mundo comum[23]).

Para aquilatar o alcance neo-ontológico da transformação ensejada, o texto de Bove (2006, p. 50, grifo nosso) sobre a *Hilaritas* oferece um grande achado:

> [...] quando o Corpo humano, como ocorre na Hilaridade, é afetado por causas exteriores, mas igualmente em todas as suas numerosas partes, isso significa também que *ele se afeta a si mesmo* porque é também afetado por algo que é comum a todas as suas partes e/ou algo que é também comum a todos os outros corpos. Sua passividade extrínseca é, portanto, imediatamente correlativa a uma atividade real que, em última instância, é a da razão.

Em Espinosa, uma causa é dita interna com relação a efeitos que podem ser inteiramente explicados apenas pela natureza dela. Na passagem em exame, uma causa interna é produzida a partir de uma afecção isônoma, isto é, de uma modificação que seja a mesma tanto no que concerne à relação entre as partes

---

[23] Cf. CHAUÍ, 1994, p. 242. Na referida obra, mencionando Heidegger e Merleau-Ponty a propósito do tematizaddo movimento interrogativo, Chauí fala em "nova ontologia". Já a opção pelo qualificativo "neo-ontológico" é de minha inteira responsabilidade [DC]. Visa a assinalar a relação necessária e intrínseca entre o reconhecimento de uma alteridade singular e a refundamentalização do mundo comum.

do corpo humano, quanto no que concerne à relação que essas mesmas partes mantêm com a totalidade do corpo. Considero que esse achado de Bove é preciosíssimo para uma filosofia da liberdade, na medida em que, abrangendo a passagem da passividade extrínseca do corpo e da mente do indivíduo humano à atividade interna do corpo e da mente comum, se fundamenta:

1) na ocorrência real de uma transformação que efetua uma relação proporcional (ou racional) entre partes e destas com o todo;

2) em que essa transformação produz, ao mesmo tempo, um modo de existência racional-real destas partes e deste todo;

3) em que esse processo engendra um regime de autonomia quanto ao agir, ao sentir, ao imaginar e ao pensar.

Iluminando-se assim as condições imanentes da passagem do *ser afetado* ao *afetar-se*, surge a ideia de que *a constituição de um corpo comum é um fenômeno afetivo que funda um campo transindividual de autorreflexão.* Enquanto afetivo, esse fenômeno abre para o campo do inconsciente; porque inaugural de uma comum-unidade, esse fenômeno abre para a origem e fundamento da sociedade e da política; porque anterior à interpretação e contemporâneo à urdidura de semelhanças e identificações, esse fenômeno abre para o primado da interação afetiva na constituição do campo clínico; porque posição de um novo ser irredutível aos indivíduos dele componentes, esse fenômeno abre para um pensamento neo-ontológico e para uma prática ontogenética, sendo que a ideia-guia daí resultante pode ser sintetizada no lema de que *as condições de interação afetiva determinam o grau de autonomia das comunidades constituídas por essa mesma interação afetiva.*

Esse *campo transindividual de autorreflexão* corresponde ao que, no Caso Hermes, eu designei como *engenho instituinte*, propondo-o como o objeto próprio de uma psicologia política. No exemplo real narrado, longe da Hilaritas dos antigos hebreus que solda o seu sentimento igualitário na servidão *inquestionável* a Deus e no ódio sagrado aos gentios e infiéis, observe-se entre mim, Hermes e as agentes da creche o advento de uma inteligência coletiva propiciada justamente pelo compartir de uma interrogação que introjeta a autoridade imaginária estatal (atribuída de início ao psicólogo-supervisor), destituindo-a de seu poder exterior (*Potestas*) em proveito da potência (*Potentia*) autossimbólica do corpo comum adveniente. Parece-me assim que o caráter verdadeiramente democrático deste evento instituinte revela-se quando uma alegria bem proporcionada (*Hilaritas*) tem como determinantes de seu movimento equilibrado o desejo de não dominar próprio da felicidade autogestionária e a intuição amorosa transindividual própria do encantamento simbolígeno.

A propósito do modo de contraposição formativa ao desejo de dominar em que consiste uma política democrática de contrapoderes republicanos, mantendo em mente o material clínico-político até aqui exposto, voltemo-nos agora à compreensão da extensão da exclusão da cidadania relacionada por Bove aos limites que mesmo um Estado democrático impõe à potência da Multidão: quais seriam os pontos de incidência e as modalidades da referida exclusão política? Com relação à extensão da exclusão daí compreendida, em que medida e por quais agenciamentos se poderia opor-lhe contrapoderes? E de que natureza seriam então esses contrapoderes?

Proponho introjetar essas questões em quatro patamares de análise psicopolítica: o patamar republicano, o patamar social, o patamar transindividual e o patamar intrapsíquico.

No primeiro desses patamares, investiguemos através da obra de Kowarick (2009) a semiose histórico-geográfica da categoria da exclusão utilizada por Laurent Bove:

> [...] exclusão [é] uma "palavra-chave" da *retórica republicana francesa*. Não só ela se origina na França, mas também está ancorada na interpretação da *história republicana revolucionária francesa e do pensamento republicano*. Deste ponto de vista, a exclusão não é concebida como um simples fenômeno econômico ou político, mas como uma falta de "nacionalidade", *um esgarçamento do tecido social* (HILARY *apud* KOWARICK, 2009, p. 62-63, grifos de Kowarick).

> Essa problemática está presente no discurso político oficial faz algumas décadas. Contudo, o termo exclusão, no sentido forte de garantir a coesão social, só aparece no âmago do aparelho de Estado em 1991. É quando o Commissariat Général du Plan assume a responsabilidade de promover a inclusão dos segmentos em situação de vulnerabilidade [...] (KOWARICK, 2009, p 62).

> Desde então o debate penetra no coração dos embates políticos, despontando como a prioridade nacional que articula as plataformas eleitorais e políticas das várias instâncias de governo: a "fracture sociale" está no centro da campanha de 1995, quando a direita, com Jacques Chirac, ganha as eleições, assim como dois anos depois, ocasião em que os socialistas, liderados por Lionel Jospin, conseguem a vitória eleitoral: aquele aposta na dinamização da atividade econômica e este, sem disto esquecer, prescreve a diminuição da jornada de trabalho para 35 horas semanais. Na extrema-direita, Jean-Marie Le Pen, no seu "Appel aux Français", impregnado de racismo e xenofobia, também prioriza o combate à pobreza e à desigualdade, vociferando contra a presença de estrangeiros em solo pátrio: o neofascista fala em extirpar a França dos males alienígenas que a contaminam e devolvê-la aos verdadeiros franceses. É também o assunto central da grande imprensa, que o aborda em termos indignados, pois considera o massivo alijamento social e econômico verdadeira "vergonha nacional". Um exemplo: "uma sociedade desenvolvida não pode viver com semelhante fratura e tolerar que uma parte importante de sua população arruíne sua coesão social" (LE MONDE, 1994 *apud* KOWARICK, 2009, p. 62-63).

Se a exclusão tem como resultado uma fratura, decerto o elemento excluído era condição de possibilidade de uma estrutura. Para investigar essa estrutura e este seu elemento constituinte excluído, sigamos o fio da extensão da exclusão.

Acompanhando Robert Castel (1991, p. 153), Lúcio Kowarick (2009, p. 59) repassa um inventário das significações envolvidas na categoria da exclusão, que se podem aqui resumir em termos de *cercear, separar, confinar, restringir o acesso, não admitir, repelir, mandar embora, exonerar, expulsar, banir, expatriar, exilar, exterminar, destituir* e submeter à perda do *direito a ter direitos*, conforme a expressão de Hanna Arendt. Penso que cabe também explicitar terminologicamente os subentendidos e intersectos sentidos de *restringir* e *discriminar.*

Acompanhando ainda Robert Castel, Lúcio Kowarick traça uma diferença que penso marcar, na problemática da exclusão tal como circunscrita no tematizado questionamento de Laurent Bove (2002, p. 87-88) acerca da essência definidora do Estado Democrático,[24] a passagem do patamar republicano para o patamar social: enquanto os termos supracitados podem ser abrangidos no campo jurídico-político, comportando um ato legal na esfera pública, há outro fenômeno conexo que concerne especificamente à fragilização de laços socioeconômicos: trata-se do fenômeno da *desfiliação* que abarca não somente a perda de trabalho, "mas também a perda das raízes forjadas no cotidiano do trabalho, do bairro ou da vida associativa" (p. 58).

Tendo em conta que a vida associativa desenvolve raízes que envolvem o cotidiano, o trabalho e o bairro, avanço a hipótese de que o constituinte estrutural interrogado corresponde às relações de *confiança convivencial* pelas quais a vida associativa das raízes habita e desenvolve de modo orgânico, acompassado, laborioso e reflexionante as raízes da vida associativa. Se assim for, de que maneiras esse comportamento teórico das raízes se concretizaria nas histórias reais das pessoas? E o que tais histórias revelariam quanto à natureza dessas raízes?

Das raízes que resistem à desfiliação, Laura tratou em relato autobiográfico, quando a entrevistei no processo de construção da Oficina do Medo e dos Sonhos:

> DAVID: Você falou que às vezes há pessoas jovens que se desgarram. Que vão pra cá, que vão pra lá. Você vê pessoas na comunidade, algumas que estão com mais tendência de se isolarem às vezes em alguma tristeza, alguma coisa assim, alguma depressão que elas tenham?
>
> LAURA: Eu vejo. Até, até assim mesmo dentro da minha própria casa, David. Eu assim sou muito preocupada com meu filho. Porque é muito quieto, muito isolado. [...] Porque os médicos costumam dizer que a criança sente aquilo que a mãe sente. [...] Eu não fui pra cidade. Eu tive ele em casa. Eu levei três dias para ele nascer. [...] Eu estava grávida dele de cinco meses. Eu tive a minha casa demolida com cinco crianças pequenas, desempregada e estava grávida dele.
>
> [...]

---

[24] "Que significa então o *omnino absolutum* [inteiramente absoluto] de uma democracia restrita a algumas famílias, quando as mulheres, os homens jovens, os estrangeiros e a massa dos trabalhadores assalariados, que constituem a maior parte da cidade, são excluídos?"

DAVID: [...] eu fico pensando assim: de quem foi a culpa? Eu estou estudando a culpa. De quem foi a culpa de a Laura viver essa situação, de demolição de casa e, em consequência disso, o sofrimento durante a gravidez já próxima ao parto e de o parto ser assim desse jeito? E agora as preocupações que fazem com que ela volte a pensar nesse momento e se perguntar se o filho não estava sentindo tudo isso, não é?

[...]

LAURA: Olha, David, eu acho que a culpa seria do próprio governo. Quando ele implantou um parque dentro de uma comunidade já existente de 400, 300 anos. [...] Então eu acho que a culpa foi do parque, do governo que implantou um parque dentro de uma comunidade onde existe. Tanto que a nossa raiz é tão forte, David, que eles não conseguiram nos tirar até agora. Porque se nós não tivéssemos direito, eles teriam já nos tirado, mas não conseguiram até agora. Isso está com 23 anos e não conseguiram porque, certamente, nós temos raiz aqui dentro. Entendeu? A raiz é muito forte. Eles demoliram casa, cortaram minha plantação todinha, minha roça picaram de facão. Voltaram na minha porta e falaram que se eu voltasse a plantar eu ia ser presa. Quer dizer, naquele momento, uma pessoa que então trabalhou, suava, virou bandido? Porque eles me ameaçavam de levar pra cadeia por plantar, por fazer minha roça. Então eu acho que o único culpado foram eles. Não tem outro culpado. Foram essas pessoas.

DAVID: Bom. Muito obrigado, Laura.

LAURA: De nada.

[...]

LAURA : Eu queria fazer uma perguntinha antes de concluir. [...] Nessa questão das pessoas fechadas, que a gente sente ter uma certa tristeza guardada e que às vezes ela não solta. Essa oficina do medo e da paz, ela tá dentro desse contexto?

DAVID: Essa pergunta que você tá fazendo é uma pergunta que eu vou levar para os nossos companheiros que estão montando junto comigo esse projeto.

LAURA: Certo.

DAVID: Nós estamos construindo isso juntos.

LAURA: Tá.

DAVID: A sua pergunta nos ajuda a construir.

Onde ter raiz é ter direito, a raiz é nossa e é tão forte: na resistência contra o atentado de desenraizamento intentado por mandatários do Estado, os liames interpessoais se enlaçam e concretizam a comunidade como solo de uma potência que se afirma como direito, num contrapoder que, como uma árvore crescente, atravessa e enfeixa o transindividual, o social e o republicano de baixo para cima. As raízes dessa afirmação de direitos de raiz sofrem, todavia, um trauma intergeracional em sua matriz temporal interna, o desespero da mãe-gestante violentada brotando na tristeza que o filho guarda e que o guarda no isolamento.

É grave a vulnerabilização, pois no Infantil se encontra em estado nascente a presença estruturante e palpitante de um futuro em ato. Mais esse futuro se ausenta, mais o homem se animaliza, terrorizado pela difusa presença de um fantasma infantífago que devora o tempo do Infantil. Foi encarnando a sua lei mortífera que, em nome do Estado e da Natureza, seguranças terceirizados invadiram a cultura de subsistência do Quilombo da Fazenda (cujos habitantes vivem do cultivo e do cuidado centenários do meio ambiente entre a serra e o mar), puseram abaixo a casa de Laura erguida no terreno arenoso em mutirão, criminalizaram e ceifaram o roçado do seu quintal, a ameaçaram com prisão em caso de replantio ou reconstrução e, segundo ela detalhou, ante a pergunta de aonde ir, sugeriram que, gestante de cinco meses, se retirasse com os cinco filhos "pra baixo da ponte", desacreditando o trabalho do diálogo e da concórdia e fazendo a paz democrática parecer uma quimera ou um engodo (mas, apesar disso, as palavras e ações da resistência comunitária − afinal vitoriosa − se pautariam pela lógica da não violência). Enquanto isso, sobretudo no meio urbano, o fantasma infantífago dá o ar de sua desgraça na perversão do tempo com que o capitalismo adoece a vida humana:

> A carga mental e psíquica do trabalho não cessa de aumentar à medida que as exigências se multiplicam: pressão do cliente, supervisão pelo computador, redução de prazos, ordens contraditórias [...] Aos riscos tradicionais do trabalho [...] se somam agora aflições mentais – o sentimento de urgência permanente, o temor de cometer erros, a frustração de não poder fazer seu trabalho como se desejaria... A perda de sentido do trabalho, o sentimento de ser um joguete de forças incontroláveis, a incerteza do amanhã: são outros tantos fatores que agravam o sentimento de angústia nas empresas. Daí o aumento espetacular das patologias psíquicas, que a imprensa chama de sofrimento no trabalho, o estresse e o esgotamento profissional (*burnout*)... os trabalhadores enrascados nestas situações desenvolvem muito mais do que outros doenças cardiovasculares, depressões, lombalgias e outros transtornos muscular-esqueléticos. Os médicos do trabalho constatam verdadeira epidemia destes sintomas nos assalariados, que aumentam 20% anualmente desde o começo dos anos 1990. Ao lado das patologias diretamente ligadas ao trabalho, o desemprego impõe também um pesado tributo à saúde e ao bem-estar. Depressão, doenças cardiovasculares, suicídios fazem com que um desempregado tenha três vezes mais probabilidades do que um empregado de morrer nos cinco anos seguintes à perda do emprego (COUTROT *apud* SINGER, 2009).

Franqueando os umbrais do patamar intrapsíquico dos contrapoderes de resistência ao desejo de dominação, no ensaio "Como dizer não às crianças", Laurent Bove dá a ver o conflito intergeracional em torno da devoração do Infantil por uma via extremamente prolífica e sugestiva, posto que, articulando ontologia política e antropogênese, a sua matriz metodológica é a um só tempo interdisciplinar e trans-histórica:

> Freud escreve que as formas linguageiras mais primitivas do "sim" e do "não" são a expressão das mais antigas moções pulsionais – a saber, das moções orais: "Isso eu quero comer, ou, então, quero cuspi-lo", no dizer de Freud sobre o Eu da criancinha regida pelo princípio de prazer /desprazer. De modo que o "não", na linguagem, pode ser considerado como expressão primitiva de uma expulsão que toma, em primeiro lugar, a forma do cuspe, de acordo com uma negação que, como escreve Freud, pertence à lógica da pulsão de destruição. E certamente estas pulsões ou impulsos primitivos destrutivos continuam a agir obscuramente na vida do adulto. Os mesmos adultos-pais que, por um amor imoderado e possessivo da sua progênie, dizem desejar "comer"a sua criança, incorrem sem dúvida no risco psíquico – quando ela, essa criança-adolescente vier a ter outros desejos e por isso vier a se mostrar "incomestível" ou mesmo "indigesta"! – de ver reaparecer neles, com eles, em face da criança rebelde que não quer "ser comida", este não primitivo da negação que quer a destruição do outro (da sua singularidade, da sua diferença, em suma, da sua autonomia). Deste ponto de vista, a antropofagia efetiva pode ser a expressão de um ódio extremo: é assim que, na *Ilíada*, Aquiles diz ao derrotado Heitor o quanto deseja "cortar e devorar a sua carne toda nua [...] (BOVE, 2010, p. 54).

Estimulado pelo recurso à literatura de que Bove lançou mão e entendendo a mitologia como expressão coletiva e trans-histórica do inconsciente humano, evoco a narrativa da luta entre o deus Cronos e seu filho (e também deus) Zeus, a fim de plasmar o fantasma concernido na pulsão infantífaga[25]:

> Réia submetida a Crono pariu brilhantes filhos: Héstia, Deméter e Hera de áureas sandálias, o forte Hades que sob o chão habita um palácio com impiedoso coração, o troante Treme-terra e o sábio Zeus, pai dos Deuses e dos homens, sob cujo trovão até a ampla terra se abala. E engolia-os o grande Crono tão logo cada um do ventre sagrado da mãe descia aos joelhos, tramando-o para que outro dos magníficos Uranidas não tivesse entre os imortais a honra de rei. Pois soube da Terra e do Céu constelado que lhe era destino por um filho ser submetido apesar de poderoso, por desígnios do grande Zeus. E não mantinha vigilância de cego, mas à espreita engolia os filhos. Réia agarrou-a longa aflição. Mas quando a Zeus pai dos Deuses

---

[25] "[...] a divindade Cronos (Tempo) dos gregos, como traz um fim a todas as coisas que tiveram um começo, é acusada de devorar a própria prole." Cf. BULFINCH, 2002, p. 14, nota 3.

e dos homens ela devia parir, suplicou-lhe então aos pais queridos, aos seus, à Terra e ao Céu constelado, comporem um ardil para que oculta parisse o filho, e fosse punido pelas Erínias do pai e filhos engolidos o grande Crono de curvo pensar. Eles escutaram e atenderam à filha querida e indicaram quanto era destino ocorrer ao rei Crono e ao filho de violento ânimo. Enviaram-na a Licto, gorda região de Creta, quando ela devia parir o filho de ótimas armas, o grande Zeus, e recebeu-o Terra prodigiosa na vasta Creta para nutri-lo e criá-lo. Aí levando-o através da veloz noite negra atingiu primeiro Licto, e com ele nas mãos escondeu-o em gruta íngreme sob o covil da terra divina no monte das Cabras denso de árvores. Encueirou grande pedra e entregou-a ao soberano Uranida rei dos antigos Deuses. Tomando-a nas mãos meteu-a ventre abaixo o coitado, nem pensou nas entranhas que deixava em vez da pedra o seu filho invicto e seguro ao porvir. Este com violência e mãos dominando-o logo o expulsaria da honra e reinaria entre imortais. Rápido o vigor e os brilhantes membros do príncipe cresciam. E com o girar do ano, enganado por repetidas instigações da Terra, soltou a prole o grande Crono de curvo pensar, vencido pelas artes e violência do filho. Primeiro vomitou a pedra por último engolida. Zeus cravou-a sobre a terra de amplas vias em Delfos divino, nos vales ao pé do Parnaso, signo ao porvir e espanto aos perecíveis mortais. E livrou das perdidas prisões os tios paternos Trovão, Relâmpago e Arges de violento ânimo, filhos de Céu a quem o pai em desvario prendeu; e eles lembrados da graça benéfica deram-lhe o trovão e o raio flamante e o relâmpago que antes Terra prodigiosa recobria. Neles confiante reina sobre mortais e imortais (Hesíodo, 2003, p. 129).

Karen Armstrong (2008, p. 161) interpreta politicamente essa história mitológica:

Hesíodo queria que essas histórias assustadoras de pais e filhos divinos matando e mutilando uns aos outros alertassem os gregos sobre os perigos da luta fratricida que se travava nas pólis.

Discorrendo sobre o tempo na Teogonia, Jaa Torrano (2003, p. 88) esclarece:

Para Hesíodo, o tempo não é de modo algum uma categoria absoluta, nem sequer uma categoria. Nem há, na língua de Hesíodo, uma palavra que designe o tempo (como não há uma que designe o espaço) de um modo abstrato. Nela, o tempo sempre se indica através de expressões adverbiais, adjetivas ou verbais. O tempo não é substantivo e deve sempre subordinar-se às exigências do Ser. E o Ser, na Teogonia, se revela sempre como a força-de-ser, i.e, o poder de fazer-se Presença e de Presentificar.

Na interpretação conjunta dos comentários e do comentado, a luta intergeracional em que o passado se antagoniza com o futuro revela-se fratricida na negação do tempo presente como lugar de construção política fraterna da vida humana. Essa negação do presente irmana pais e filhos, na medida em que incide sobre o encantamento da *criança sempre viva dentro de nós com seus impulsos e angústias* que Freud, na

Interpretação dos sonhos, referiu à expressão *das Infantile,* noção que extrapola o período empírico da infância. Assim, creio que o encantamento do Infantil corresponda, em boa parte,[26] à *Hilaritas* proposta por Laurent Bove como o afeto democrático por excelência. Creio igualmente que o encantamento do Infantil corresponda, também de modo essencial e parcial, à felicidade autogestionária que é o gosto de não dominar e de não ser dominado, conforme a concepção de Paul Singer. Canalizando a força de presença da atividade encantadora e encantada do Infantil (e também da *Hilaritas* e da felicidade autogestionária), em prol da imagem de uma história aquém e além da vida humana atual, o totalitarismo político e o fundamentalismo religioso, à direita e à esquerda, comungam o mandamento de escrever a lei da história e de deus com o sangue do semelhante, terrorizando e coagindo à obediência, à incorporação e à transmissão intergeracional de um conjunto de dispositivos anti-republicanos que, "em face da criança rebelde que não quer 'ser comida', [faz reaparecer] este 'não' primitivo da negação que quer a destruição do outro (da sua singularidade, da sua diferença, em suma, da sua autonomia)", como diz Bove (2010, p. 54).

Na primeira Oficina urbana com o Plano de Autoformação Local de Pinheiros, o medo ancorou-se na angústia do tempo perdido, girando em torno das ansiedades quanto ao andamento, ao foco, à forma e ao lugar dos encontros, espaços de expressão do sentimento de não espaço do sonho, reproduzindo a situação geral em que, em decorrência da perversão do tempo com que o capitalismo adoece a vida humana, vimos irromper "o sentimento de urgência permanente, o temor de cometer erros, a frustração de não poder fazer seu trabalho como se desejaria... A perda de sentido do trabalho, o sentimento de ser um joguete de forças incontroláveis, a incerteza do amanhã" (COUTROT *apud* SINGER , 2009, p. 174). Ora, a perda do tempo e do espaço do sonho − que significa também perda do encantamento do Infantil, da alegria da *Hilaritas* e da felicidade autogestionária − ancora-se assim num modo planetário de trabalhar que nos aliena de nossos desejos. Como poderíamos fazer frente a uma realidade tão massiva e esmagadora?

No encontro fundador de Invenções Democráticas, permitindo especificar sensivelmente essa indagação, Laurent Bove compartiu suas inquietudes na esteira de uma narrativa incrivelmente real (que vou repercutir com fidelidade antes literária que literal, acrescentando palavras e ideias que, ainda que inspiradas nas dele, são minhas):

> A cruzada libertária das crianças foi sem armas, foi anticruzada. Lideradas no século XIII por um jovem de 15 anos, os meninos partiram de Paris em direção à portuária Marselha, onde acreditavam, em crescente entusiasmo, que o mar abriria alas à sua passagem para uma sonhada terra de liberdade. Em lugar, encontraram uma vistosa embarcação, cujo ardiloso capitão ofertou-a à guisa de

---

[26] Se todo pensamento trata de captar essências, não há por que não considerá-las parciais, na medida em que sempre haverão de integrar complexidades infinitas.

180 INVENÇÕES DEMOCRÁTICAS – A DIMENSÃO SOCIAL DA SAÚDE

gentil e gratuita travessia. Uma vez a bordo, foram todos rendidos, tiranizados, vendidos e escravizados.

Educadores democráticos: após a travessia com sua generosa e ensinante companhia, em que terras aportarão as crianças cujo livre desejo porta a adolescência indefinida do mundo? As que não forem lançadas ao mar da miséria, como lograrão escapar da prisão, da tirania e da escravização pelo capitalismo que, mesmo em crise, lhes molda e lhes solda o desejo ao objeto mercantil? Ou poderia a economia solidária nos livrar da lei do livre merca-do, desconstruindo-a no próprio processo de construção de uma via real de emancipação do trabalho assalariado que vassala e avassala corpos e mentes? Poderia a Justiça Restaurativa, procedendo desde o entremeio dos processos em que se cruzam as estratégias espontâneas dos desejos inconscientes, fomentar em escala significativa o reconhecimento recíproco entre cidadãos, baixando à terra o nível de abstração envolvido nos teatros dos tribunais que confrontam com a Lei um sujeito isolado e suspenso no livre-arbítrio, em cuja lógica se apóia a culpabilidade imputada pelo aparelho jurídico do Estado? Poderiam os artesãos da alma rearranjar os regimes afetivos e redirecionar a agressividade desembestada na cegueira dos conflitos selvagens, engendrando dispositivos de reversão da hegemonia do medo da morte por sobre o desejo de vida?

Em perspectiva afim, eu pergunto: o que será feito da justiça, da educação, dos afetos e das riquezas no mercado solidário em que o equilíbrio dinâmico do cultivo e do cuidado de si e do semelhante se apoie na redistribuição equânime do tempo social livre de trabalho abstrato reificado? Para expor o escopo prático dessa sintética e abrangente questão, vou narrar outra história, registrada em filme acessível pelo YouTube. Quando convivi, em junho de 2007, com sócias da Cooperativa de Costureiras Unidas Venceremos (UNIVENS), em Porto Alegre (RS), aprendi que houve, em momento fundador, uma decisão coletiva de dividir o valor líquido da venda de milhares de sacolas (encomendadas pela organização do Fórum Social Mundial) de maneira inversamente proporcional ao número de sócias das cooperativas constituintes da rede produtiva (que prece-deu a Justa Trama). Assim, com relação ao valor líquido obtido com essa grande venda, uma cooperativa de costureiras composta por seis sócias recebeu a mesma proporção que outra composta por 30 sócias (que decidiram, portanto, receber individualmente a quinta parte da remuneração das sócias da cooperativa menor). Contrapondo-se à determinação da remuneração pelos critérios heterônomos do valor médio de mercado, do tempo de produção e do número de unidades produzidas, essa decisão observou o princípio consensual de que "quem é menor precisa de mais incentivo". Pressupondo e pondo a circular os valores de outra moeda, essa encantada e encantadora deliberação democrática, em contraste com as hegemônicas teorias econômicas do Valor-Utilidade e do Valor-Trabalho, põe em prática o que proponho chamar de Teoria do Valor Liberdade.

Com relação à questão do tempo social livre de trabalho abstrato reificado, para que fique claro o alcance revolucionário que enxergo no evento narrado – desdobrado na criação de um Comitê de Preços da Justa Trama –, valho-me das análises e proposições de Castoriadis (1987, p. 281-283):

> De um extremo a outro de sua obra, Marx diz ao mesmo tempo e sucessivamente:
>
> - a economia capitalista *transforma efetivamente*, e pela primeira vez na história, os homens e seus trabalhos heterogêneos no Mesmo homogêneo e mensurável e *faz ser*, pela primeira vez, essa coisa: o Trabalho Simples Abstrato que não tem nenhuma outra determinação pertinente a não ser o "tempo" (do relógio);
>
> - a economia capitalista *faz enfim aparecer* o que desde sempre aí estava escondido, a igualdade/identidade substancial/essencial dos homens e de seus trabalhos, até então mascarada por representações fantásticas;
>
> - a economia capitalista *dá a aparência do Mesmo* ao que é essencialmente heterogêneo: os indivíduos e seus trabalhos mediante a produção de mercadorias e a transformação da própria força de trabalho em mercadoria, portanto, sua reificação (*Verdinglichung*).
>
> Ora, essa oscilação é fatal. Marx sabe muito bem, ele é o primeiro a dizê-lo, que a aparente homogeneização dos produtos e dos trabalhos só emerge com o capitalismo. É o capitalismo que a *faz ser*. Mas como, no quadro ontológico que permanece sendo o seu, Marx pode pensar que o capitalismo poderia fazer ser alguma coisa que já não estivesse aí, pelo menos potencialmente? O capitalismo só pode portanto *fazer aparecer*, ele "revela" a humanidade a si mesma – a humanidade que até então se julgava mágica, política, jurídica, teológica, filosófica e que aprende mediante o capitalismo sua verdadeira verdade: que é econômica, que a verdade de sua vida sempre foi *produção*, a qual é cristalização em valores de uso dessa Substância/Essência, o Trabalho. Mas, se ficássemos nisso, a verdade revelada pelo capitalismo seria verdade propriamente dita: o que implicaria, politicamente, a inanidade de toda revolução e, filosoficamente, um novo (e sinistro) "fim da história" já realizado. Portanto essa verdade é e não é verdade: o capitalismo *dá a aparência* do mesmo ao que não o é (redução, fetichismo) – e o estágio superior do comunismo poderá enfim levar em conta a verdadeira e plena verdade, a incomparabilidade e a alteridade irredutível dos indivíduos humanos. Mas só a poderá levar em conta se levar em conta também a "verdade" econômica que o capitalismo *fez aparecer* ao mesmo tempo lhe *dando a aparência* de ser toda a verdade (reificação). No fundamento do "reino da liberdade" haverá sempre um "reino de necessidade" e, nesse, "*a determinação do valor prevalecerá* no sentido de que será *mais essencial do que nunca* regulamentar o tempo de trabalho e a repartição do trabalho social entre os diversos grupos de produção e enfim manter a contabilidade de tudo isso" (Pi., II, 1457; sublinhado por mim). Como portanto essa "regulamentação" poderá ser feita sem unidade de medida e o que poderia ser esta unidade senão, como o diz Marx, a "determinação do valor" – a saber, o Trabalho levado de uma forma ou outra a suas determinações puramente quantitativas?

Na medida em que o império da abstração quantitativa do trabalho desumaniza a qualidade, o ritmo e os períodos do tempo dos trabalhadores, e na medida em que esses trabalhadores estejam privados do controle dos fins e meios do processo de produção, a pressão automática (determinada pelas leis do mercado livre de humanidade) pelo aumento da taxa de acumulação se efetuará necessariamente como causa primária de doenças físicas e psíquicas. Por outro lado, à medida que a produção de riquezas ande junto da livre associação de produtores autônomos, a liberdade política e a liberdade intelectual e ética experimentarão um proporcional e decisivo influxo democratizante, num feliz encaminhamento da tensão entre a democratização das instituições políticas (que envolve o aumento da justiça participativa, tal como na universalização do direito à saúde e ao sufrágio) e a tirania econômica (fundada na falta de justiça distributiva dos meios de produção). Concebo o Valor Liberdade como a potência política, intelectual e ética resultante do movimento de sincronização entre a justiça participativa e a justiça distributiva, potência que tende a conquistar a Opinião Pública e a insuflar o solidarismo em setores crescentes do próprio segmento capitalista do mercado (que, envolvendo potências contra-hegemônicas, não é só capitalista), no movimento reflexionante cumulativo em que a democracia gera mais democracia.

No plano psicopolítico, contra o argumento de que o autismo dos prazeres perversos seria sustentáculo incontornável da dominação, penso que a mundialização da questão ambiental generaliza a constatação de que um mundo não solidário, além de indesejável, é inviável. Por outro lado, a luta pela existência da própria humanidade tendo na ordem do dia a luta contra a autoextinção, coloca-se o imperativo político amoroso de se ganhar espaço às calamidades antirrepublicanas, às misérias e, enfim, ao terror, invertendo a sua lógica e reparando o mais possível os seus efeitos – donde a necessidade de investigar a exclusão, particularmente nessa sua forma extrema e cada vez mais frequente na atualidade em que consiste a desfiliação.

Trabalhando nesse sentido, em formulação preciosa, Lúcio Kowarick franqueia o aprofundamento na face intrapsíquica mais abissal e brutal da nomeada forma de exclusão que, como veremos, se cristaliza como desmantelamento do modo de produção infraestrutural do conatus-reivindicativo de direitos: "[...] desfiliação significa perda de raízes sociais e econômicas e situa-se no universo semântico dos que foram desligados [...]" (KOWARICK, 2009, p. 57).

Sobre o episódio em que os ouvidos de Hermes foram queimados conforme relato de sua mãe, Dona Violeta – "Eu estava morrendo de sono, meio sonâmbula, não sabia bem o que fazia, Hermes não parava de chorar, esquentei óleo, derramei com a colher no ouvido, ele tentou desviar a colher com a mão, queimou a mão, fez a colher bater no ouvido, queimou a pele do ouvido [orelha], derramei o óleo, logo virei a cabeça pra que o óleo saísse, depois coloquei no ouvido esquerdo, mas já tinha dado tempo de esfriar um pouco, afetou mais o direito. Não percebi que estava quente".

Idade de Hermes à época deste episódio – 4 meses.

Consequências do episódio – No dia seguinte, uma vizinha que estava tomando conta de Hermes chamou d. Violeta para que acudisse o filho, pois "estava saindo sangue vivinho do ouvido. Levei no hospital, o médico me deu a maior lição de moral, queria colocar polícia pra investigar". Indo a outro hospital (Hospital do Ibirapuera), obteve o seguinte prognóstico: "Mãe, infelizmente o seu filho talvez fique com uma *pequena* deficiência auditiva"; afirma ter seguido todas as recomendações terapêuticas lá recebidas.

Intervenções do psicólogo entrevistador – "Precisamos fazer um estudo sério e profundo"; "Hermes tem condições de se desenvolver, mas enfrenta problemas físicos e emocionais"; "a relação mãe-filho é fundamental, todos trazemos a mãe dentro de nós"; "temos que entender Hermes *na* família". Comprometi-me a levar, na entrevista seguinte, indicação de local para teste de audição.

Impressões e considerações pós-entrevista – Em relação ao episódio em que Hermes teve os ouvidos queimados, veio a imagem de uma superposição entre as cabeças de mãe e filho; ela, não aguentando mais ouvir o choro dele, fez "desligar" a audição de Hermes, como que estendendo a Lei de Talião — dente por dente, olho por olho, *ouvido por ouvido...* —, não sendo à toa que ela o alcunhe de "desligado". Que apelo insuportável, para além de sua intensidade sonora, o choro de Hermes endereçava aos ouvidos da mãe?

Considerações ulteriores à primeira entrevista – A qualidade pela qual d. Violeta distingue Hermes de seu irmão Firmino expressa uma inferioridade através de uma categoria de conotação temporal: "Hermes é atrasado".

Sobre a evasão do pai de Hermes – A gestação de Firmino teria sido contemporânea do luto pelo marido.

Sobre a cena da queima dos ouvidos – Na narrativa do derramamento de óleo quente, impressiona que, depois de descrever em detalhe o esquentamento do óleo e a queima da mão e da orelha do filho, d. Violeta declare: "Não percebi que estava quente". É como se estivesse em curso um ato em que o desligamento da audição de Hermes fosse concomitante a um desligamento de si mesma. Após a referência inicial ao choro ininterrupto da criança que desencadeia o gesto dela, é como se toda a sequência da cena imergisse no silêncio (desligou a própria audição; desligou-se ao desligá-lo).[27]

Sobre a intervenção do entrevistador – Quando o psicólogo diz a d. Violeta que todos trazemos a mãe dentro de nós, começa a cavar-se um nexo infinito de alteridades – este outro que é Hermes tem em você um outro que teve outro

---

[27] Esse desenvolvimento da hipótese da superposição ou do recobrimento imaginário das cabeças foi possibilitada por uma grata observação de Betty Svartman, que reproduzo aproximadamente: "Deve ter havido alguma clivagem nessa mãe; como ela não ouviu os gritos de dor do filho?". De fato, na narrativa de d. Violeta, a ameaça representada pelo óleo quente não é denunciada por nenhum som que a criança emita, mas sim por uma constatação visual ("queimou a mão..., a pele do ouvido") e pela resistência que o corpo sente ("ele tentou desviar a colher").

outro –, o que alude a uma ideia já aventada: o sentido e a estrutura do interjogo profundo das diversas sociabilidades deitam raízes no campo do inconsciente.

Sobre a simbiose e a agressividade – Se a queima dos ouvidos do filho tiver o sentido de um desligamento simultâneo de si mesma e do filho, a agressividade em questão pressupõe, em ato, não só uma indiferenciação, como a tentativa de se contrapor a ela.

Nas respostas ao Teste de Apercepção Temática com Figuras de Animais, constatei que, em todas as dez pranchas, Hermes não reconheceu os animais grandes como integrantes do mesmo gênero e linhagem dos pequenos – por exemplo, em lugar de reconhecer galinha e pintinhos, designou as respectivas figuras como galinha e patinhos, em lugar de ursos e ursinho, referiu cachorros e coelho e assim por diante.

Pra órfãos de Pátria / Não há na Via Láctea / Pedaço de chão / Allons enfants de la Patrie / Dos filhos deste solo és mãe gentil / Pátria amada, Brasil: Língua Materna, Mãe Terra, Pátria-Mãe, Fraternidade: da matriz comunicativa ao planeta e à galáxia, da nação de origem à mais solidária e igualitária aliança de amizade, as paradigmáticas referências de idioma, posição no universo, *habitat* nativo e vínculo interpessoal e ético-político exprimem na natureza da cultura o caráter radical e generalizado da nossa filiação coletiva a uma Ordem Simbólica de Representações Familiais.

Ao longo das intervenções e do estudo do caso Hermes, afloraram dados indicativos de que a incidência dos traumas sofridos por D. Violeta em relação a pais violentos (tanto o dela quanto o do filho) propagaram-se nos traumas que ela causou no filho, com a grave especificidade de que não apenas se perpetrou um ato que teve o sentido de desligar a audição de (e para com) Hermes, mas, por identificar o filho a esses pais violentos que a abandonaram e por daí abandonar o filho numa descendência exclusivamente patrilinear que ela rejeitava, desencadeou-se inconscientemente uma série de atuações que tiveram o sentido de desligá-lo da ordem simbólica de representações familiais que permite ao indivíduo humano referenciar-se no universo de sua cultura nativa e de nela e, a partir dela, encontrar filiação.

Na abordagem do patamar intrapsíquico dos contrapoderes de resistência ao desejo de dominação, sendo de capital importância mostrar como na traumatogênese se relacionam a desfiliação e a exclusão e como a partir daí se pode ajudar a reagir – numa resistência afirmativa sobre a qual Bove será muitíssimo esclarecedor –, vou expor o modo de exclusão concretizado no processo onde a mãe abandona o filho numa descendência exclusivamente patrilinear.

[3ª Entrevista com D. Violeta — 29/09/86]

Identificação de Hermes ao pai – A seu ver, Hermes é frio, indiferente ao sofrimento dela, contido nas emoções, guarda rancor, "igualzinho ao pai", espiritual e fisicamente ("tem covinhas igual ao pai"). Firmino é igual a ela, "pra fora", não guarda rancor, tem "cabeção de nordestino, coitadinho".

O que impressiona é que d. Violeta não diga que esse ou aquele filho tenha "puxado mais" a esse ou aquele progenitor. Longe de tal noção compositiva, que implicaria uma proporção, menor embora, de participação do outro progenitor no produto conjunto que é o filho, d. Violeta usa repetidamente a palavra "igual(zinho)". Assim, em relação a Hermes, há razões para supor que esteja em jogo um não reconhecimento de que os filhos são fruto de ambos os pais.[28]

Não obstante, estou seguro de que em d. Violeta não está ausente, de modo absoluto, a noção de que o filho é gerado na relação sexual dos pais. Esse conhecimento, porém, conviveria com aquele não reconhecimento, sem se afetarem. A valer essa ordem de ideias, na base da não integração de linhagens manifestada por Hermes nas respostas ao CAT-A[29] haveria um mecanismo grave; cumpre entender sua natureza antes de indagar se Hermes disporia de algum recurso para metabolizar seus efeitos.

Existe uma noção freudiana destinada a designar esse mecanismo, mas, infelizmente, ela nos foi legada em estado de particular inacabamento. Trata-se da *recusa* (*Verleugnung*).

Seguindo o percurso desse conceito na obra de Freud, Penot (1992, p. 23-24) observa:

> [...] na continuação da obra de Freud, [...] a partir de 1927, ele propõe a clivagem do ego como um dado (tópico) essencial da problemática da recusa. [...] Logo se percebe que não se trata mais tanto, para ele, de considerar a recusa como recusa *de* alguma coisa (o que levaria a uma forma de negação), mas, pelo contrário, como uma relação de rejeição *entre* duas partes clivadas do ego que não se admitem mutuamente [...].

Como estabelece Freud em *O fetichismo* (1927), no quadro psicopatológico que a recusa pode desencadear, conviveriam sem litígios duas crenças perfeitamente contraditórias, derivadas da manutenção e simultâneo abandono da ideia de que as mulheres possuem pênis. Na medida em que as teorias sexuais infantis forneceriam as categorias, os esquemas e os motivos de toda a atividade de simbolização e de pensamento, a recusa-clivagem implicaria a coexistência de lógicas heterogêneas e antagônicas, cavando um hiato no trânsito das representações e ameaçando a função de ligação (*Bindung*), consubstancial ao ego.

A gênese da recusa radicaria nas mensagens parentais afetadas por uma falha, uma não ligação ou uma simbolização insuficiente – expressões equivalentes para denotar um mesmo processo. A primeira tarefa do psiquismo infantil consiste em interpretar as disposições psíquicas daquela de cujos cuidados depende. Se a mãe não reconhece, por exemplo, a castração (isto é, a diferença sexual como

---

[28] Devo a Márcia Arantes este assinalamento fundamental.

[29] Teste de Apercepção Temática com Figuras de Animais.

presença de potências não idênticas de cuja relação se engendra uma terceira), isso tenderá, sob formas diversas, a repercutir como obstáculo ao processo de subjetivação da criança, entendendo-se por isso o modo pelo qual esta conquista o exercício do pensamento e o reconhecimento do próprio desejo. Tendo isso em conta, Penot (1992, p. 34) enuncia o cerne do argumento de *Figuras da recusa*:

> Uma certa falta de simbolização, através das mensagens parentais, de dados que afetam fortemente a criança, seria determinante na incapacidade duradoura desta em tratá-los de outra forma, senão pela recusa. [...] Chegamos, pois, ao próprio nó da questão sugerida pelo título desta obra: a da infiltração do sujeito por figuras mal "psiquizadas", que emanam de sua percepção de certas mensagens (inconscientes) dos pais. Em todo caso, parece que um trabalho psíquico insuficiente, por parte dos pais, é susceptível de aferrolhar, radicalmente, em certos pontos, a atividade de pensamento de seu rebento.

Tendo tratado brevemente da origem e da natureza do mecanismo operante na separação de linhagens, investiguemos agora de que meios Hermes disporia para elaborar a recusa.

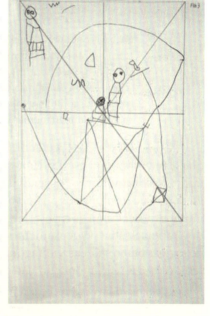

Podemos ler a recusa-clivagem no desalinhamento entre a protoescritura do filho (figurada pelo traçado em zigue-zague, homólogo ao do treino para a escrita, atravessado pela diagonal analítica em vermelho) e a protoescritura da mãe (o outro traçado em zigue-zague, próximo à figura humana situada no quadrante superior esquerdo), assim como na defesa que Hermes ergue sob a forma de um traço circunscritor que separa espaços regidos por forças gravitacionais de sentido inverso (marcados pelo contraste entre a relação inversa das inclinações compensatórias de olhos e membros inferiores nas duas figuras humanas próximas entre si, em comparação com as inclinações da mais distanciada). Mas não somente aí aparecem os efeitos dos traumas.

Pensamentos clínicos contrapostos a violências primevas engendraram a teoria ferencziana da traumatogênese, voltada à investigação e cura de processos originários de dissociação do tecido psíquico. Essa teoria postulou o mecanismo da autoclivagem narcísica do eu, pelo qual o sujeito experimenta uma omnividência mental concomitante a um corpo dilacerado, paralisado e anestesiado, seguindo-se a eventual recuperação de um novo equilíbrio que guarda as cicatrizes e recolhe as potências auferidas entre o trauma e a recuperação.

Retomo uma passagem em que examino esse processo à luz dos múltiplos círculos delineados na cabeça da figura do menino do Desenho da Figura Humana de Hermes, cujos traumas se processaram num continuado contexto de agressividade e violência transmitidas pela mãe. (Observe-se que as figuras humanas maiores indicam que Hermes sabia como delinear olhos de modo mais convencional.)

Que mundo é esse que a multiplicidade de olhos expressa? Consideremos que ela exprime simbolicamente um mundo produzido por fragmentação e ressoldadura, ideia inspirada pelo processo que Ferenczi (s.d., p. 340) chamou de autoclivagem narcísica.

Remontando esse processo a traumas devidos a agressão ou abandono, Ferenczi descreve "a clivagem da pessoa em uma parte sensível, brutalmente destruída, e uma outra que sabe tudo, mas não sente nada, de certa forma" (FERENCZI, s.d., p. 340): "Tudo se passa verdadeiramente como se, sob a pressão de um perigo iminente, um fragmento de nós mesmos se clivasse sob a forma de uma instância perceptiva, querendo vir em sua própria ajuda, e isto desde a primeira, ou primeiríssima infância" (p. 341) [...]. "Isto nos permite entrever aquilo que constitui o mecanismo da traumatogênese: primeiro a paralisia completa de toda a espontaneidade; depois, de todo o trabalho do pensamento, até estados semelhantes aos de choque, ou coma, no domínio físico, seguindo-se a instauração de uma situação nova – deslocada – de equilíbrio" (p. 342).

Teríamos, assim, na multiplicidade dos círculos na cabeça do menino, como que a representação da cicatriz desse equilíbrio recuperado, a ressoldadura não podendo reduzir os olhos ao seu número anterior à fragmentação.

À luz dos presentes escritos de Bove, podemos investigar a natureza ontológico-política dos contrapoderes curativos do trauma desfiliativo na relação entre o desejo primário e o desejo de objeto, assim como na antropogênese da memória do corpo comum.

No ensaio "Viver contra o muro", quando Bove (2010, p. 95) localiza nos "bárbaros pacíficos e sem objetivo, que festejam indefinidamente, em um eterno presente, seu gozo fraternal com a terra, a água e a luz [...] o tipo potente de desejo e de amor ('inocente', 'sem medida' e 'sem objeto') que, no coração da 'vida' dos homens, porta a potente promessa de uma 'criação' ", Bove, por meio da figura desses bárbaros que vivem "um eterno presente", nos remete a uma fonte indeterminada de determinação a partir da qual o "desejo sem objeto", em cuja tensão interna se dá o "tempo da ausência e da presença", pode ou vir a se ausentar numa animalização terrorizada e terrorizante ou vir a apresentar-se como "tempo antropogênico que abre a um porvir".

Ora, a fonte incondicionada de toda e qualquer determinação tem um lugar preciso na filosofia de Espinosa: a Substância Infinitamente Infinita, isto é, Deus ou a Natureza. Assim, para aceder à perspectiva espinosana de Bove quanto à potência interpretante do desejo, precisamos situar diferencialmente essa categoria do desejo em sua relação com Deus e em seu modo de existir com e sem objetos determinados.

Em primeiro lugar, cumpre patentear que o Deus de Espinosa efetua uma ação causal que prossegue em seus efeitos, deles não se separa e neles inere. Tal perspectiva imanentista, pela qual é afirmada a presença do infinito no homem, confrontou Espinosa com os poderes religiosos e estatais que se apoiavam no dogma transcendentalista da criação, afirmando deus como um Criador que se separara da criatura humana após tê-la criado.

A relação espinosana entre Deus e o Desejo remete assim ao destronamento de deus e da natureza como suportes transcendentes da sociedade e da política, causa à qual Espinosa se consagrou em seu já mencionado *Tratado Teológico-Político*, publicado anonimamente em 1672, no qual utilizou o método histórico-crítico para elucidar a gênese teológico-política da dominação, assim como em sua *Ética*, publicada postumamente em 1677, na qual se utilizou do método da geometria genética para deduzir e demonstrar intuitivamente as leis naturais do funcionamento afetivo.

Na articulação dessas obras, vemos Espinosa localizar a condição ética do uso estatal da superstição no espontâneo costume de projetar no mundo material a inadequada ideia de que a natureza age com vista a determinados fins. Na contramão dessa tendência, Bove extrai de Espinosa a desafiadora ideia de que o desejar originário, que move o homem em sua busca de afazeres, não possui no *a priori* de sua natureza inconsciente nenhuma finalidade ou objeto predeterminados.

Esse desejo primário, pura potência de agir, seria anterior aos afetos da ordem da alegria, da tristeza e também do desejo secundário, na medida em que esses envolvem a ligação com um determinado objeto.

Nesse segundo nível em que experimento afetos conscientes, eu desejo uma dada pessoa ou coisa ou ação porque, com base em vivências anteriores (muitas das quais inconscientes), suponho (também de modo consciente ou inconsciente) que me causarão alegria ou afastarão a tristeza.

A meu ver, um dos motivos que tornam desafiadora a naturalização espinosana do campo afetivo humano consiste na subjacente assimilação do inconsciente à natureza do mundo biofísico, refletindo o sentimento do mundo na face de todo o universo. "À flor da pele" e "À flor da terra" é onde creio que Chico Buarque fez emergir semelhantes mergulhos no impensado infinito:

O que será (À flor da pele)[30]

O que será que me dá
Que me bole por dentro, será que me dá
Que brota à flor da pele, será que me dá
E que me sobe às faces e me faz corar
E que me salta aos olhos a me atraiçoar
E que me aperta o peito e me faz confessar
O que não tem mais jeito de dissimular
E que nem é direito ninguém recusar
E que me faz mendigo, me faz suplicar
O que não tem medida, nem nunca terá
O que não tem remédio, nem nunca terá
O que não tem receita

O que será que será
Que dá dentro da gente e que não devia
Que desacata a gente, que é revelia
Que é feito uma aguardente que não sacia
Que é feito estar doente de uma folia
Que nem dez mandamentos vão conciliar
Nem todos os unguentos vão aliviar
Nem todos os quebrantos, toda alquimia
Que nem todos os santos, será que será
O que não tem descanso, nem nunca terá
O que não tem cansaço, nem nunca terá
O que não tem limite

O que será que me dá
Que me queima por dentro, será que me dá
Que me perturba o sono, será que me dá
Que todos os tremores me vêm agitar
Que todos os ardores me vêm atiçar
Que todos os suores me vêm encharcar
Que todos os meus nervos estão a rogar
Que todos os meus órgãos estão a clamar
E uma aflição medonha me faz implorar
O que não tem vergonha, nem nunca terá
O que não tem governo, nem nunca terá
O que não tem juízo

O que será (À flor da terra)[31]

O que será que será
Que andam suspirando pelas alcovas
Que andam sussurrando em versos e trovas
Que andam combinando no breu das tocas
Que anda nas cabeças, anda nas bocas
Que andam acendendo velas nos becos
Que estão falando alto pelos botecos
Que gritam nos mercados, que com certeza
Está na natureza, será que será
O que não tem certeza, nem nunca terá
O que não tem conserto, nem nunca terá
O que não tem tamanho

O que será que será
Que vive nas ideias desses amantes
Que cantam os poetas mais delirantes
Que juram os profetas embriagados
Que está na romaria dos mutilados
Que está na fantasia dos infelizes
Que está no dia a dia das meretrizes
No plano dos bandidos, dos desvalidos
Em todos os sentidos, será que será
O que não tem decência, nem nunca terá
O que não tem censura, nem nunca terá
O que não faz sentido

O que será que será
Que todos os avisos não vão evitar
Porque todos os risos vão desafiar
Porque todos os sinos irão repicar
Porque todos os hinos irão consagrar
E todos os meninos vão desembestar
E todos os destinos irão se encontrar
E mesmo o Padre Eterno que nunca foi lá
Olhando aquele inferno, vai abençoar
O que não tem governo, nem nunca terá
O que não tem vergonha, nem nunca terá
O que não tem juízo

---

[30] "O que será (À flor da pele)". Chico Buarque. 1976 © Marola Edições Musicais. Canção composta para o filme Dona Flor e seus dois maridos de Bruno Barreto.

[31] "O que será (À flor da terra)". Chico Buarque. 1976 © Marola Edições Musicais. Canção composta para o filme Dona Flor e seus dois maridos de Bruno Barreto.

Palpita nessas letras a expressão estética, no ente singular finito, da Substância Infinitamente Infinita (Deus ou Natureza) de que fala Espinosa, a qual, em contraste com o primeiro, não tem medida, remédio, receita, cansaço, descanso, limite, vergonha, governo, juízo, certeza, conserto, tamanho, decência, censura, sentido. Essa experiência poética do infinito aflora como presença insurgente desde uma interioridade situada abaixo da pele e abaixo da terra, de modo que a morada e a fonte propelente do Ser Infinito são localizadas numa região subcutânea e subterrânea do corpo humano e do corpo geológico – os quais, a meu ver, agenciam respectivamente a experiência solitária e a experiência coletiva do inconsciente. Estas, por sua vez, contrastam pelo fato de que a experiência solitária do inconsciente aparece inteiramente atravessada pelo distúrbio e pela carência sexuais implacáveis e inaplacáveis ["E uma aflição medonha me faz implorar / O que não tem vergonha, nem nunca terá"], enquanto que a experiência coletiva do inconsciente comporta o conúbio prazenteiro, espontâneo, rebelde e universal das travessias ["Porque todos os risos vão desafiar / [...] / E todos os destinos irão se encontrar"].

Interessante observar que a pulsão geológica figura como força de harmonia e felicidade também no cancioneiro de Gilberto Gil:

> Debaixo do barro do chão da pista onde se dança / Suspira uma sustança sustentada por um sopro divino / Que sobe pelos pés da gente e de repente se lança / Pela sanfona afora até o coração do menino / Debaixo do barro do chão da pista onde se dança / É como se Deus irradiasse uma forte energia / Que sobe pelo chão / E se transforma em ondas de baião, xaxado e xote / E balança a trança do cabelo da menina e quanta alegria.

Essa pulsão geológica implanta um afeto que suplanta as adversidades do ambiente natural: *De onde é que vem a esperança, a sustança espalhando o verde dos teus olhos pela plantação? / Ô ô, vem debaixo do barro do chão.*

Como a temática da seca imbrica uma problemática natural numa problemática econômico-política, essas figurações de Gil parecem-me confluir a outra canção de Chico que traz a pulsão geológica amalgamada nas vozes dos párias que se reúnem na resistência e contraposição conjunta à opressão e exclusão social: "Mambembe, cigano / Debaixo da ponte / Cantando / Por baixo da terra / Cantando / Na boca do povo / Cantando / Poeta, palhaço, pirata, corisco, errante judeu".[32]

Aí é como se a opressão (que reprime e recalca, isto é, que cerceia, coage e pressiona calcando contra o chão) esbarrasse numa força de resistência que em sua potência afirmativa itinerante e travessa (própria do mambembe, do

---

[32] Chico Buarque / 1972. "Mambembe" [canção composta para o filme *Quando o carnaval chegar*, de Cacá Diegues]. 1977 © Marola Edições Musicais.

cigano e do errante judeu que se movem nos entremeios) reagisse "Cantando / Por baixo da terra".

Essa prodigiosa potência de resistência, reação e afirmação afetiva dos oprimidos destaca-se sobremaneira em "Milagres do povo",[33] de Caetano Veloso:

> É no xaréu / Que brilha a prata luz do céu / E o povo negro entendeu / Que o grande vencedor / Se ergue além da dor / Tudo chegou sobrevivente num navio / Quem descobriu o Brasil / Foi o negro que viu / A crueldade bem de frente e ainda produziu milagres / De fé no extremo Ocidente.

E é num órgão preciso do corpo humano que poderíamos ver Caetano localizar a região subcutânea d' "O que será (À flor da pele)":

> Quem é ateu / E viu milagres como eu / Sabe que os deuses sem Deus / Não cessam de brotar / Nem cansam de esperar / E o coração que é soberano e que é senhor / Não cabe na escravidão / Não cabe no seu não / Não cabe em si de tanto sim / É pura dança e sexo e glória / E paira para além da história.

Esse percurso sensível pelos tratamentos artísticos da exclusão social e da contraposta força geológica e cardíaca que nutre desde o Ser Infinito a resistência afirmativa dos oprimidos delineia quadros propícios à retomada das reflexões de Bove (2010, p 166) sobre o ser e os limites da política e as fontes potenciais do seu alargamento:

> [...] é [...] esta potência "terrível", bárbara, da natureza humana, que Espinosa quer preservar, já que é por ela que existe resistência à dominação do igual-semelhante e pode-se assim construir um mundo "humano" [...]. O "cúmulo da estupidez" está assim efetivamente do lado dos dominadores. Pois a plebe que eles dominam, terrível e bárbara por natureza (como, aliás, todos os homens), mesmo *animalizada* (pois *efetivamente* vítima da opressão e da exclusão), essa plebe *resiste*. E essa resistência é o caldeirão [*creuset*[34]] mesmo da antropogênese. Espinosa nos oferece, portanto, uma abordagem finalmente positiva da plebe, qualquer que seja sua opressão, do ponto de vista de sua resistência mesma, expressão de sua potência, isto é, de seu direito inalienável ou de sua liberdade. Liberdade secreta e selvagem, aquém da lei, aquém mesmo de toda norma *a priori* de humanidade. É dessa liberdade que procede necessariamente o rompimento das clausuras [*clôtures*] dispositivas do corpo comum, segundo a lógica das aberturas [*frayages*] plurais de uma potência ela mesma comum, implícita ou explícita, secreta ou manifesta, que se afirma como direito de reivindicar os direitos. [...] A definição da cidadania, pelo gozo das

---

[33] Caetano Veloso. "Milagres do povo" © Editora Gapa.

[34] "*Creuset*" designa, no âmbito culinário, caldeirão (e, por extensão, lugar em que se cozinha); designa também, no âmbito siderúrgico, cadinho (e, por extensão, lugar em que se forja). Agradeço a Cristiano Novaes de Rezende pelas informações que permitiram essas precisões.

vantagens da vida comum, é assim a posição de uma dinâmica de hominização extensiva, diferencial e continuada, na e pela reivindicação dos direitos, sob a base do princípio do prazer e da resistência comum à tristeza que engendram dominação e sacrifício. Dinâmica da reivindicação, na cooperação, que é dinâmica ético-política da complexificação dos corpos que, segundo a pluralização das maneiras de afetar e ser afetado de que são capazes, como nas maneiras de estar junto, multiplicam indefinidamente as aberturas singulares da liberdade a novos pensamentos capazes da verdade, de novas práticas, de novas potências do fazer, de novos direitos. É a dinâmica da *multitudinis potentia*, constituinte do "direito natural que é próprio ao gênero humano" (ESPINOSA, *TP*, cap. II, art. 15).

Constituindo elementos para uma traumatogênese psicopolítica do corpo comum, *effraction* e *frayage*, em minha interpretação, são os termos-chave que no texto de Bove abrem alas para a região d'*O que será* (ou seja, o infinito positivo atual figurado pelo termo *creuset*). *Effraction* (efração, em português) deriva de *effractura* (arrombamento, em latim), referindo no vocabulário da Psicanálise as fragmentações e as divisões psíquicas metaforizadas no ferimento intracutâneo ocasionado num trauma físico. "*Frayage*" (brecha, fresta, abertura, passagem, interespaço) corresponde ao vocábulo alemão "*Bahnung*", palavra pela qual Freud designa a *facilitação* que acompanha as marcas mnêmicas de uma percepção, à medida que esta imprime uma trilha neuronal cuja resistência, diminuída, favorece que percepções similares passem pelo mesmo caminho "*neuropsíquico*", evocando-se reciprocamente.

Minha leitura de Bove deu a ver que certos processos agudos de dominação (tal como a desfiliação) ocasionariam em sua violência rupturas [*effractions*] das relações de solidariedade que formam o tecido social e envolvem o *corpo comum*, o qual, desde sua resistência física, tende a reagir com uma resposta proporcional de luta correspondente a um direito natural de guerra. Tal *resistência ativa* viria manifestar-se dinamicamente através das aberturas e facilitações [*frayages*] complexamente relacionadas aos ferimentos [*effractions*] infligidos contra o tecido social e registrados na memória do *corpo comum*.[35]

Enriquecendo no meu entender o conceito freudiano de mente coletiva (*Massenpsyche*), essa memória do corpo comum deita raízes num âmbito secreto e inconsciente a que Bove alude pelo termo "*creuset*" (cadinho, caldeirão), onde vejo o *Magma* de que fala Castoriadis, cujas aberturas e facilitações (*frayages*) operam frestas nas clausuras mentais [*clôtures mentales*] que acompanham os segredos

---

[35] No que tange a uma renovação da psicologia social, inestimável riqueza epistemológico-comparativa reside no fato de que, sem deixar de se situar de modo bem rente aos termos e temas fundamentais da psicanálise, o movimento de pensamento que Bove alicerça na filosofia da liberdade de Espinosa contrasta consideravelmente com a direção adotada por Freud, o qual buscava e acreditou encontrar "o caminho que·nos há de conduzir à explicação do fenômeno fundamental da psicologia coletiva, ou seja, da carência de liberdade do indivíduo integrado numa multidão" (cf. FREUD, 1989, v. XVIII, p. 117-118).

políticos que se buscam legitimar em nome das razões de Estado [*arcana imperii*], as quais, cerceando a interrogação radical da própria vida e o vínculo positivo com a alteridade e o estrangeiro, conformam o núcleo comum da animalização e da automatização enquanto funções de bloqueio da livre razão (*libera ratione*), isto é, da reflexão transformadora (ou, ainda, do pensamento singularizante e autonomizante).

Sempre segundo a minha interpretação, reitero aqui que o livro de Bove dá a pensar que não é uma característica afetiva, e sim cognitiva a que melhor permite reconhecer a linha de corte entre o regime de clausura mental da servidão – voluntária e alegre nos antigos hebreus, involuntária e triste nos antigos turcos – e o regime de livre razão da liberdade, definido pela aptidão para a interrogação e pelo seu efetivo exercício ético e político.

No espaço arqueológico-político situado entre as rupturas [*effractions*] das relações de solidariedade e as frestas [*frayages*] que desvendam as clausuras mentais [*clôtures mentales*] existiria, como afirmei, uma relação que é complexa, pois concerne a um processo trans-histórico em que a ressignificação do traumático sobredetermina o retorno do recalcado e a introjeção do recusado.[36]

Busquemos escutar as complexões deste processo na letra da canção de Joaquim Nabuco e Caetano Veloso:

> A escravidão permanecerá por muito tempo como a característica nacional do Brasil. Ela espalhou por nossas vastas solidões uma grande suavidade; seu contato foi a primeira forma que recebeu a natureza virgem do país, e foi

---

[36] A melancólica de esquerda, transfigurando o mortífero (a melancolia) numa forma de resistência política, ilustra exemplarmente a estratégia de ressignificar o trauma – no caso, ocasionado pelo nazismo. *Recusa* diz respeito à cisão que faz uma corrente de representações-afetos conviver, até no nível da consciência, com outra corrente contraditória, cavando um fosso na ligação (*Bindung*) que faria com que se afetassem mutuamente. A introjeção refaz essa ligação, propiciando a simbolização do recusado. Já o retorno do recalcado, movimento do inconsciente em direção à consciência, ocorre, p. ex., nos lapsos [que são formas de *frayages*] onde emerge o proibido que se haja tornado secreto. Sobre a melancólica de esquerda, cf. Matos (1989, p. 20-21): "Fazendo nossa a expressão de Benjamin, poderíamos denominar a Teoria Crítica não como pessimista, mas como melancólica – adotando a idéia de uma 'melancolia de esquerda', no sentido em que os filósofos frankfurtianos se encontram 'não à esquerda desta ou daquela orientação, mas simplesmente à esquerda de tudo o que é possível'. Até o advento do nazismo, o otimismo e a onipotência da práxis foram a característica nuclear da cultura socialista que não se ousava questionar, de tal forma que o marxismo aparece como meio de transcender os efeitos enfraquecedores da resignação melancólica. O interesse na expressão 'melancólica de esquerda' se encontra no fato de haver justaposto duas tradições que se excluíam reciprocamente. Por 'esquerda' sempre se entendera algo progressista, progressivo; 'melancolia', por sua fez, remetia à nostalgia aristocrática e ao tédio romântico. Benjamin, entretanto, reúne os dois termos em uma combinação original, referindo-se àqueles que, na esquerda, se retiram da ação política para uma posição acima da luta." "Linke Melancholie" foi a expressão cunhada por Benjamin, quando, em seu ensaio de 1937 sobre Tucholsky e Kästner, se refere pejorativamente a seu radicalismo político (cf. *Angelus Novus*, Ausgewählte / Schiften Frankfurt, Surhkamp, v. 2, 1966) [nota extraída do livro citado]. [Em minha opinião (DC), tal como no caso da Escola de Frankfurt e de muitos dos que nela se inspiram, a decisão teórica e discursiva de suspender a práxis é efeito e não causa do abandono prático da ação social transformadora – neste sentido, só não suspendeu a práxis (na teoria) quem não suspendeu a práxis (na prática).]

194 INVENÇÕES DEMOCRÁTICAS – A DIMENSÃO SOCIAL DA SAÚDE

a que ele guardou; ela povoou-o como se fosse uma religião natural e viva, com os seus mitos, suas legendas, seus encantamentos; insuflou-lhe sua alma infantil, suas tristezas sem pesar, suas lágrimas sem amargor, seu silêncio sem concentração, suas alegrias sem causa, sua felicidade sem dia seguinte... É ela o suspiro indefinível que exalam ao luar as nossas noites do norte.

"A violência massiva da escravidão espalhando uma grande suavidade por vastas solidões...": essa mestiçagem semântica e sintática entre noções intensas, heterogêneas e opostas aponta quiçá a própria relação entre a linguagem e o real como palco de operações traumáticas. Outra letra,[37] de temática contígua, desta feita do branco-mulato Caetano, ritmada pelo negro-não-retinto Gil, prossegue tal direção de pensamento:

> Quando você for convidado pra subir no adro / Da fundação Casa de Jorge Amado / Pra ver do alto a fila de soldados, quase todos pretos / Dando porrada na nuca de malandros pretos / De ladrões mulatos e outros quase brancos / Tratados como pretos / Só pra mostrar aos outros quase pretos (E são quase todos pretos) / E aos quase brancos pobres como pretos / Como é que pretos, pobres e mulatos / E quase brancos quase pretos de tão pobres são tratados / [...] / Ninguém, ninguém é cidadão / Se você for ver a festa do pelô, e se você não for / Pense no Haiti, reze pelo Haiti / O Haiti é aqui / O Haiti não é aqui / [...] / E quando ouvir o silêncio sorridente de São Paulo / Diante da chacina / 111 presos indefesos, mas presos são quase todos pretos / Ou quase pretos, ou quase brancos quase pretos de tão pobres / E pobres são como podres e todos sabem como se tratam os pretos / E quando você for dar uma volta no Caribe / E quando for trepar sem camisinha / E apresentar sua participação inteligente no bloqueio a Cuba / Pense no Haiti, reze pelo Haiti / O Haiti é aqui / O Haiti não é aqui.

Sem prejuízo de algumas certezas globais a que a letra não se furta ("Ninguém, ninguém é cidadão / E pobres são como podres e todos sabem como se tratam os pretos"), sobressai uma luta renhida entre totalização e não totalização no uso reiterado do quase ("mas presos são quase todos pretos / Ou quase pretos, ou quase brancos quase pretos de tão pobres"), luta consumada em prudente cisão na seqüência em que Caetano conclui que "O Haiti é aqui / O Haiti não é aqui". Já havia 30 anos que Caetano concluíra sua "Alegria, alegria" reiterando a pergunta "Por que não? / Por que não?" – e agora, o não, ele o recoloca a serviço do contrapoder da singularização em face da inevitável generalização. Sim, pois se, como propôs Sartre em suas "Reflexões sobre o racismo", a essência do preconceito passa pela generalização, como não perdoar a linguagem, que generaliza para lidar com o

---

[37] VELOSO, Caetano; GIL, Gilberto. Haiti. Disponível em: <http://caetanoveloso.com.br>. Acesso em: 17 maio 10.

excesso de singularidade com que o real violenta os limites da nossa capacidade perceptiva e cognitiva? Nesse sentido, a poesia de Caetano é a proeza de um perdão de quem cantou "A voz de alguém / Quando vem do coração / De quem mantém toda pureza / Da natureza / Onde não há pecado nem perdão".[38]

"Lutar com palavras é a luta mais vã / No entanto lutamos mal rompe a manhã..." Assim, só pra contrariar (e concordar com) Drummond (ainda que incuráveis, nossos vãos movem lutas não vãs), a fim de perscrutar a temporalidade complexa que medeia os ferimentos [*effractions*] infligidos no corpo comum e as frestas [*frayages*] descortinadas nas clausuras mentais, tenhamos em mente o modo pelo qual o trauma e a sexualidade foram relacionados por Freud em 1896:

"Todas as experiências e excitações que, no período posterior à puberdade, preparam o caminho ou precipitam a eclosão da histeria, só surtem esse efeito, como se pode demonstrar, por despertarem o traço mnêmico desses traumas de infância, que não se tornam conscientes de imediato, mas levam a uma descarga de afeto e ao recalcamento. [...] O recalcamento da lembrança de uma experiência sexual aflitiva, que ocorre em idade mais madura, só é possível para aqueles em quem essa experiência consegue ativar o traço mnêmico de um trauma da infância."[39]

Na multitemporalidade sexual dessa dinâmica entre esquecimento e recordação, perfila-se a proteiforme memória do corpo comum em seu incessante desfazer e refazer, os quais se apresentam como movimentos de uma traumatogênese psicopolítica, a serem continuadamente interpretados no processo de construção dialógica da epistemologia freudo-espinosana que aqui se entremostra.

Assim como Freud postulou a inversão da efetividade relativa entre experiências e respectivas lembranças em função da variação do poder de reação sexual do corpo do indivíduo humano, também minha experiência clínico-política com a *Oficina do Medo e dos Sonhos* vem mostrando que o resgate interpretativo das experiências traumáticas intensifica-se a partir da maior efetividade da

---

[38] VELOSO, Caetano. Alguém cantando. Disponível em: <http://caetanoveloso.com.br. Acesso em: 17 maio 10.

[39] FREUD, S. (s/d). "Sabe-se que ter representações de conteúdo sexual produz processos excitatórios nos órgãos gentais que são semelhantes aos produzidos pela própria experiência sexual. Podemos presumir que essa excitação somática seja transposta para a esfera psíquica. Em geral, o efeito mencionado é muito mais forte no caso da experiência do que no caso da lembrança. Contudo, quando a experiência sexual ocorre durante o período de imaturidade sexual e sua lembrança é despertada durante ou após a maturidade, a lembrança passa a ter um efeito excitatório muito mais forte do que o da experiência na época em que ocorreu; e isso porque, nesse ínterim, a puberdade aumentou imensamente a capacidade de reação do aparelho sexual. Esse tipo de inversão entre a experiência real e a lembrança parece conter a precondição psicológica para a ocorrência de um recalcamento. A vida sexual proporciona – pelo retardamento puberal em comparação com as funções psíquicas – a única possibilidade de ocorrência dessa inversão da efetividade relativa. *Os traumas da infância atuam de modo adiado, como se fossem experiências novas, mas o fazem inconscientemente.*" [Grifos nossos, D.C]

lembrança emergida em contexto cooperativo, em comparação com a tristeza da vivência traumática, dado que a solidariedade corresponde à maior energia possível do corpo comum, a saber, a da *Hilaritas* ou da felicidade autogestionária ou do encantamento simbológeno, nomes da alegria compartida no retorno ao princípio mesmo de toda sociabilidade, isto é, a liberdade que se autoconstrói. Como isso se coloca em Hermes e Laura?

Como saber se os efeitos estruturais dos traumas passados já não se teriam inscrito indelevelmente em Hermes? Com efeito, em nenhuma resposta às pranchas do CAT-A, Hermes designa um grande e um pequeno de maneira a permitir que se incluam numa mesma espécie. A recusa-clivagem parece perpetuar-se com uma constância inamovível. Outro seria o caso, outra seria a brecha, se existisse ao menos uma ocasião em que Hermes não separasse as espécies.

E tal ocasião existe. Não nas respostas ao CAT-A, teste ao qual foi submetido num recinto fechado e isolado, mas sim na designação das figuras centrais do desenho da figura humana de Hermes. Ali ele as identificou como "homem" e "menino". Como teria isso sido possível? Talvez porque, compartindo solidariamente o campo de gravitação e o suporte do menino, a figura do homem que em mais de um sentido se encontra ao seu lado corresponda a quem, trocando as letras, Hermes chamava de Tio Valdir.

LAURA: Nessa questão das pessoas fechada, que a gente sente ter uma certa tristeza guardada e que às vezes ela não solta. Essa oficina do medo e da paz, ela tá dentro desse contexto?

Apresentando indícios de abrangente processo de introjeção entre referentes do psicanalista e referentes da entrevistada, articulando em ato estratégias de Invenções Democráticas distintas (respectivamente o movimento da psicopatologia para a saúde pública e o movimento da Justiça Restaurativa), a locução "oficina do medo e da paz" condensa oficinas do medo (e dos sonhos) e (círculo) de paz, expressões utilizadas por mim em diálogo anterior com Laura. O medo guarda relação com "uma certa tristeza guardada" pelas "pessoas fechada", ao passo que a paz mantém relação com um desejo – compartido pelos dialogantes – de introduzir um parênteses na expressão "às vezes ela (não) solta [a tristeza]". Considerando a abertura de parênteses uma operação sóciotextual (correspondente às *frayages* que desencapsulam as clausuras mentais que fecham as pessoas que se guardam na tristeza), tudo indica que esse compartir "tá dentro desse contexto" onde, do outro lado do medo, o sucedâneo dos sonhos é a paz.

Tendo em conta, enfim, que as clausuras mentais reprimem mas também provocam a força do solidarismo humano que a dominação inconscientiza, o desenvolvimento conjunto de uma teoria da traumatogênese psicopolítica do corpo comum e de uma prática experimental interpretante com os movimentos sociais democráticos poderá doravante alavancar-se na hipótese de trabalho com que este livro de Laurent Bove nos ilumina e gratifica: *as brechas das clausuras mentais catalisam-se na ressignificação interpretante das efrações traumáticas do corpo comum, cujas pulsões de abertura pelo conatus-reivindicativo da Multidão constituem a realidade psicopolítica originária das Invenções Democráticas.*

Referências

ALMEIDA PENIDO, Egberto de. Justiça Restaurativa e a dimensão social da saúde - contribuição aos fundamentos do Nupsi-USP . In: *Documento de proposição do Nupsi-USP à Pró-Reitoria de Cultura e Extensão Universitária da USP*, mimeo, maio de 2009.

ALMEIDA PENIDO, Egberto de. Justiça Restaurativa e a dimensão social da saúde - contribuição aos fundamentos do Nupsi-USP. In: JUSTO, Marcelo G. *Invenções democráticas: a dimensão social da saúde*. Belo Horizonte: Autêntica, 2010. p. 117-199.

ARMSTRONG, Karen. *A grande transformação – O mundo na época de Buda, Confúcio e Jeremias*. São Paulo: Companhia das Letras, 2008.

BOVE, Laurent. De la prudence des corps. Du physique au politique. In: *Introduction a Spinoza*. Traité politique. Librairie Générale Française, 2002.

BOVE, Laurent. *Espinosa e a psicologia social – ensaios de ontologia política e antropologia*. Belo Horizonte: Autêntica, 2010.

BOVE, Laurent. Hilaritas et acquiescentia in se ipso [Hilaridade e contentamento íntimo]. In: CALDERONI, David (Org.). *Psicopatologia: Clínicas de Hoje*. São Paulo: Via Lettera, 2006.

BULFINCH, Thomas. *O livro de ouro da mitologia: (a idade da fábula): histórias de deuses e heróis*. Rio de Janeiro: Ediouro, 2002.

CAMUS, A. *La crise de l'homme. Obras completas*. t. II, p. 744 apud BOVE, Laurent. *Espinosa e a psicologia social – ensaios de ontologia política e antropologia*. Belo Horizonte: Autêntica, 2010.

CAMUS, A. *Ni victimes ni bourreaux. Obras completas*. t. II, p. 438 apud BOVE, Laurent. *Espinosa e a psicologia social – ensaios de ontologia política e antropologia*. Belo Horizonte: Autêntica, 2010

CALDERONI, David (Org.). *Psicopatologia: Clínicas de Hoje*. São Paulo:Via Lettera, 2006.

CALDERONI, David. Psicopatologia para a Saúde Pública. Motivações, conceitos e estratégias metodológicas. In: JUSTO, Marcelo G. *Invenções democráticas: a dimensão social da saúde*. Belo Horizonte: Autêntica, 2010. p. 23-27.

CALDERONI, Maria Lúcia de Moraes Borges. Uma contribuição psicanalítica para a Psicopatologia para a Saúde Pública - contribuição aos fundamentos do Nupsi. In: *Documento de proposição do Nupsi-USP à Pró-Reitoria de Cultura e Extensão Universitária da USP*, mimeo, maio de 2009, p. 109-113

198 INVENÇÕES DEMOCRÁTICAS – A DIMENSÃO SOCIAL DA SAÚDE

CASTEL, Robert. De L'indigence a l'exclusion. La désaffiliation: précarite du travail et vulnérabilité relationnelle. In: DANZELOT, Jacques (Org.). *Face à l'exclusion: le modèle français*. Paris: Esprit, 1991.

CASTORIADIS, Cornelius. Valor, igualdade, justiça, política: de Marx a Aristóteles e de Aristóteles até nós. In: *As encruzilhadas do labirinto*. Rio de Janeiro: Paz e Terra, 1987, p. 281-283.

CLASTRES, Pierre. Liberdade, mau encontro, Inominável. In: BOÉTIE, Etienne de la. *Discurso da servidão voluntária ou o contra um*. 4. ed. Manuscrito de Mesmes. Texto estabelecido por Pierre Léonard. Tradução de Laymert Garcia dos Santos. São Paulo: Editora Brasiliense, 1987.

COMTE-SPONVILLE, A. Spinoza contre les herméneutes, *Une éducation philosophique*. Paris: PUF, 1989.

COUTROT, Thomas, Démocracie contre capitalisme, Paris, La Dispute / SNEDIT, 2005 p. 29-30 *apud* SINGER, Paul. A Economia Solidária e a dimensão social da saúde – contribuição aos fundamentos do Nupsi. In: *Documento de proposição do Nupsi-USP à Pró-Reitoria de Cultura e Extensão Universitária da USP*, mimeo, maio de 2009.

DALGALARRONDO, Paulo. *Psicopatologia e semiologia dos transtornos mentais*. 2. ed. Porto Alegre: Artmed, 2008.

FERENCZI, S. Análise de crianças com adultos. In: *Escritos psicanalíticos*. Rio de Janeiro: Livraria Taurus, s.d.

FREUD, S. Observações adicionais sobre as neuropsicoses de defesa. (1896). In: *Edição eletrônica brasileira das obras psicológicas completas de Sigmund Freud*. Imago, s/d.

FREUD, S., Psicologia de grupo e análise do ego [Massenpsychologie und Ich-Analyse], ESB – *Edição standard brasileira das obras psicológicas completas de Sigmund Freud*. Rio de Janeiro: Imago, 1989, v. XVIII.

GALLO, Paulo Rogério. Sobre o campo complexo das relações entre sociedade e saúde. In: JUSTO, Marcelo G. *Invenções democráticas: a dimensão social da saúde*. Belo Horizonte: Autêntica, 2010. p. 37-38.

HESÍODO. *Teogonia. A origem dos deuses*. Estudo e Tradução de Jaa Torrano. São Paulo: Iluminuras, 2003.

ISAACS, Susan. A natureza e a função das fantasias. In: KLEIN, Melanie; HEIMAN, Paula; ISAACS, Susan; RIVIERE, Joan. *Os progressos da psicanálise*. 2. ed. Rio de Janeiro: Jorge Zahar, 1978.

KELIAN, L. A. A educação democrática e a dimensão social da saúde. In: JUSTO, Marcelo G. *Invenções democráticas: a dimensão social da saúde*. Belo Horizonte: Autêntica, 2010. p. 101-103.

KOWARICK, Lúcio. *Viver em risco. Sobre a vulnerabilidade socioeconômica e civil*. São Paulo: Ed. 34, 2009.

LAPLANCHE, Jean; PONTALIS, Jean-Bertrand. *Fantasia originária, fantasias das origens, origens da fantasia*. Rio de Janeiro: Jorge Zahar, 1988.

LUXEMBURG, Rosa. *A acumulação do capital. Estudo sobre a interpretação econômica do imperialismo*. Rio de Janeiro: Jorge Zahar, 1970.

MATOS, Olgária C. F. *Os arcanos do inteiramente outro. A escola de Frankfurt, a melancolia e a revolução*. São Paulo: Brasiliense, 1989.

MESSAS, Guilherme Peres. Uma perspectiva fenômeno-estrutural para a clínica atual. In: CALDERONI, David (Org.). *Psicopatologia: Clínicas de Hoje*. São Paulo: Via Lettera, 2006.

MIGLIORI, Maria Luci Buff. A Justiça Restaurativa (JR) frente aos princípios e missões do Nupsi-USP – contribuição aos fundamentos do Nupsi. In: *Documento de proposição do Nupsi-USP à Pró-Reitoria de Cultura e Extensão Universitária da USP*, mimeo, maio de 2009.

MIGLIORI, Maria Luci B. A Justiça Restaurativa (JR) perante os princípios e as missões do Nupsi. In: JUSTO, Marcelo G. *Invenções democráticas: a dimensão social da saúde*. Belo Horizonte: Autêntica, 2010. p. 121-133.

PENOT, B. *Figuras da recusa: aquém do negativo*. Porto Alegre: Artes Médicas, 1992.

REZENDE, Cristiano N. Saúde mental pública em Espinosa. In: JUSTO, Marcelo G. *Invenções democráticas: a dimensão social da saúde*. Belo Horizonte: Autêntica, 2010.

SINGER, Paul. A Economia Solidária e a dimensão social da saúde – contribuição aos fundamentos do Nupsi-USP. In: *Documento de proposição do Nupsi-USP à Pró-Reitoria de Cultura e Extensão Universitária da USP*, maio de 2009, mimeo.

SINGER, Paul. A Economia Solidária e a dimensão social da saúde – contribuição aos fundamentos do Nupsi-USP. In: JUSTO, Marcelo G. *Invenções democráticas: a dimensão social da saúde*. Belo Horizonte: Autêntica, 2010. p. 83-87.

SILVER, Hilary (1994). Exclusion sociale et solidarité sociale: trois paradigmes. *Revue Internacionale du Travail*, Genebra, v. 133, n. 5/6 *apud* KOWARICK, Lúcio. *Viver em risco. Sobre a vulnerabilidade socioeconômica e civil*. São Paulo: Ed. 34, 2009.

SINGER, Paul. *Uma utopia militante: repensando o socialismo*. Petrópolis, RJ: Vozes, 1998.

TORRANO, Jaa. O mundo como função de Musas. In: HESÍODO. *Teogonia. A origem dos Deuses*. Estudo e Tradução de Jaa Torrano. São Paulo: Iluminuras, 2003.

VAN NESS, Daniel; STRONG, Karen H. Restoring Justice. Cinciannati: Anderson Publishing, 1997.

Sobre os autores

Alberto Olavo Advincula Reis – Professor doutor do Departamento de Saúde Materno Infantil da Faculdade de Saúde Pública da USP e coordenador do Laboratório de Saúde Mental Coletiva (LASAMEC) da Faculdade de Saúde Pública da Universidade de São Paulo (FSP/USP).

Cristiano Novaes de Rezende – Doutor em Filosofia pela Faculdade de Filosofia, Letras e Ciências Humanas da Universidade de São Paulo (FFLCH/USP) e membro do Grupo de Estudos Espinosanos do Departamento de Filosofia da FFLCH/USP.

David Calderoni – Pesquisador do Núcleo de Psicopatologia, Políticas Públicas de Saúde Mental e Ações Comunicativas da Universidade de São Paulo (Nupsi-USP), doutor em Psicologia pela USP e membro do Departamento de Psicanálise do Instituto Sedes Sapientiae. É autor, entre outros, de *O Caso Hermes: a dimensão política de uma intervenção psicológica em creche – um estudo em psicologia institucional* (Casa do Psicólogo/Fapesp, 2004) e *O silêncio à luz – ensaios para uma ciência do singular* (Via Lettera, 2006).

Egberto de Almeida Penido – Juiz assessor da Presidência da Seção de Direito Público do Tribunal de Justiça do Estado de São Paulo, coordenador do Projeto Piloto de Justiça Restaurativa nas Varas Especiais da Infância e Juventude

202 INVENÇÕES DEMOCRÁTICAS – A DIMENSÃO SOCIAL DA SAÚDE

da Capital e Coordenador do Centro de Estudos de Justiça Restaurativa da Escola Paulista da Magistratura.

Helena Singer – Doutora em Sociologia pela USP, com pós-doutorado em Educação pela Unicamp, diretora pedagógica da Associação Cidade Escola Aprendiz e sócia-fundadora do Instituto de Educação Democrática Politeia.

Isabel Victoria Marazina – Psicanalista institucional, mestre em Psicologia Clínica pela Pontifícia Universidade Católica de São Paulo (PUC-SP) e ex-membro do Comitê de Humanização do Ministério da Saúde.

Lilian L'Abatte Kelian – Historiadora, coordenadora do Núcleo de Pesquisa-Ação da Associação Cidade Escola Aprendiz e diretora pedagógica do Instituto de Educação Democrática Politeia.

Marcelo Gomes Justo – Sociólogo, mestre e doutor em Geografia Humana pela Faculdade de Filosofia, Letras e Ciências Humanas da Universidade de São Paulo (FFLCH/USP), sócio-fundador do Instituto de Educação Democrática Politeia e professor do Centro Universitário SENAC-SP.

Maria Luci Buff Migliori – Procuradora do Estado e doutora em Filosofia pela PUC-SP. Pesquisadora do Núcleo de Estudos da Violência da Universidade de São Paulo (NEV/USP), membro do Grupo de Trabalho visando à criação de uma Comissão de Verdade no Brasil e membro do Grupo de Estudos sobre a Filosofia Política de Hannah Arendt.

Maria Lúcia de Moraes Borges Calderoni – Psicóloga, psicanalista membro do Departamento de Psicanálise do Instituto Sedes Sapientiae e coordenadora de equipe clínica do Instituto Sedes Sapientiae.

Marilena de Souza Chauí – Professora titular e membro do Grupo de Estudos Espinosanos do Departamento de Filosofia da Faculdade de Filosofia, Letras e Ciências Humanas da Universidade de São Paulo (FFLCH/USP).

Nelson da Silva Junior – Professor Associado do Instituto de Psicologia da USP.

Paul Israel Singer – Professor titular aposentado da Faculdade de Economia, Administração e Contabilidade da Universidade de São Paulo. Secretário Nacional de Economia Solidária do Ministério do Trabalho e Emprego (Senaes/MTE).

Paulo Rogério Gallo – Professor doutor do Departamento de Saúde Materno Infantil da Faculdade de Saúde Pública da Universidade de São Paulo (FSP/USP) e coordenador do Laboratório de Áudio (LAUDIO) da FSP/USP.

QUALQUER LIVRO DO NOSSO CATÁLOGO NÃO ENCONTRADO NAS
LIVRARIAS PODE SER PEDIDO POR CARTA, FAX, TELEFONE OU PELA INTERNET.

Rua Aimorés, 981, 8º andar – Funcionários
Belo Horizonte-MG – CEP 30140-071

Tel: (31) 3222 6819
Fax: (31) 3224 6087
Televendas (gratuito): 0800 2831322

vendas@autenticaeditora.com.br
www.autenticaeditora.com.br

ESTE LIVRO FOI COMPOSTO COM TIPOGRAFIA BASKERVILLE
E IMPRESSO EM PAPEL CHAMOIS 80 G NA FORMATO ARTES GRÁFICAS.